ART ESSENTIALS

DIE GESCHICHTE DER KUNST

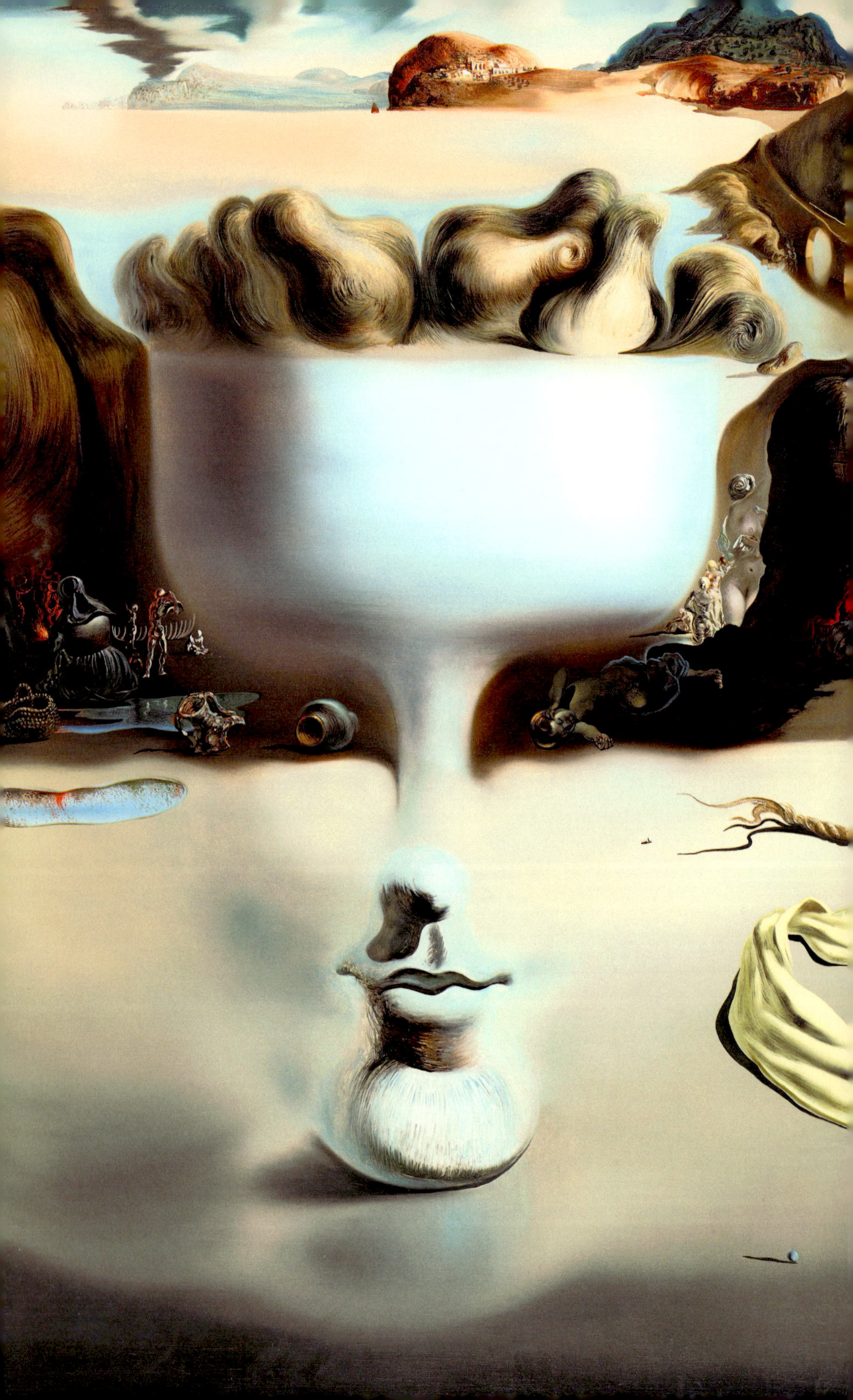

ART ESSENTIALS

DIE GESCHICHTE DER KUNST

JANETTA REBOLD BENTON

MIDAS

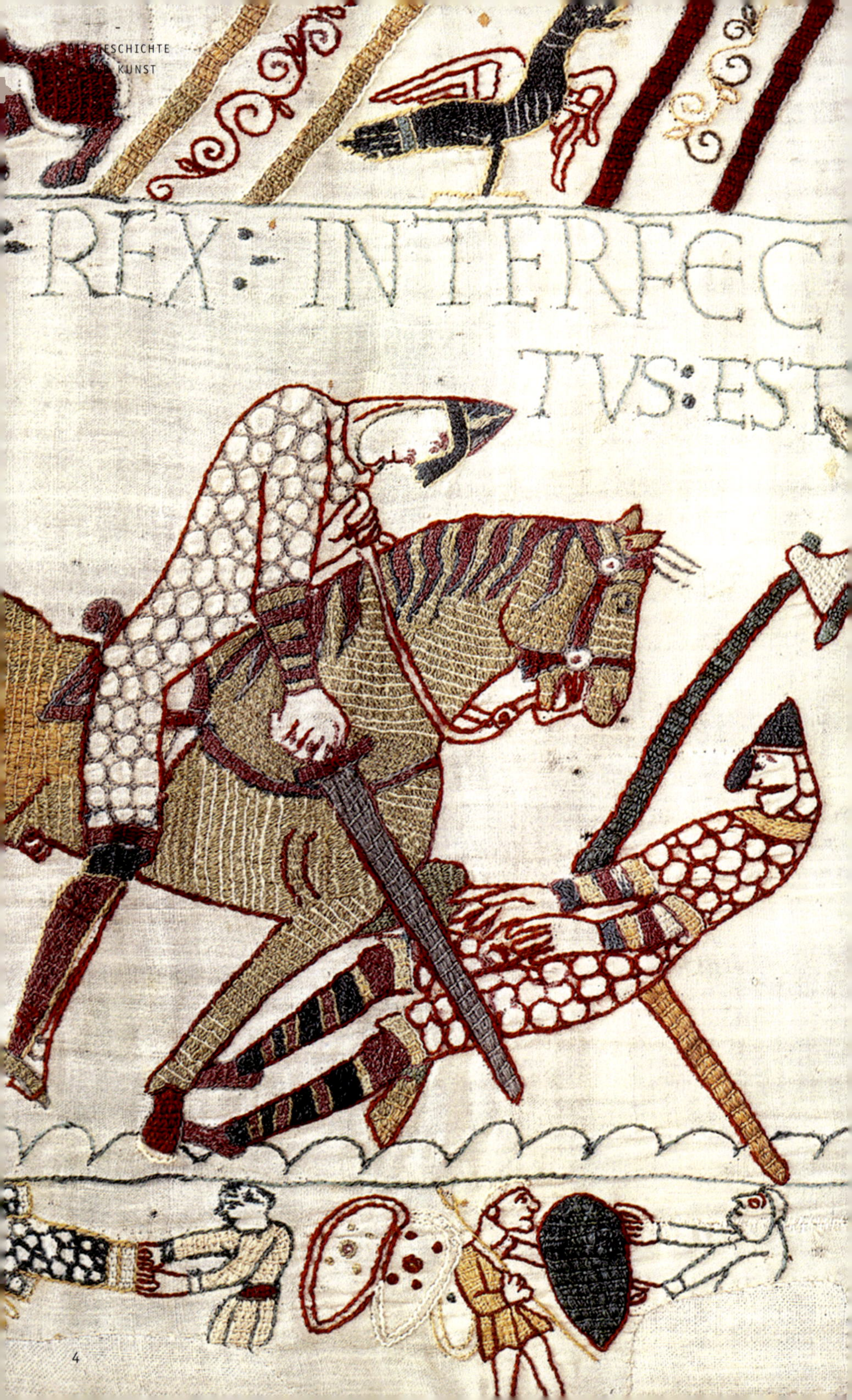
REX: INTERFEC
TVS: EST

INHALT

EINFÜHRUNG

Dieses umfangreich illustrierte Buch bietet eine kompakte Studie der wichtigsten Werke der Architektur, Bildhauerei und Malerei in der westlichen Kunstgeschichte von der Frühgeschichte bis heute. Die Informationen, deren Schwerpunkt auf dem Gebiet der Kunstgeschichte liegt, werden thematisch und chronologisch zu zeitgenössischen Ereignissen, Erfolgen und sogar Katastrophen in Bezug gesetzt.

Die zwölf Kapitel sind in vier Teile gegliedert. Zunächst geht es um die Vorläufer der westlichen Tradition in der prähistorischen sowie der mesopotamischen, ägyptischen, ägäischen, griechischen, etruskischen und römischen Kunst. Die Kapitel des zweiten Teils behandeln die frühchristliche und byzantinische Kunst, die frühmittelalterliche Kunst, Romanik und Gotik. Im dritten Teil werden Renaissance und Manierismus, das Barock des 17. Jahrhunderts und das Rokoko und der Neoklassizismus des 18. Jahrhunderts besprochen. Teil 4 beschäftigt sich mit Romantik, Realismus, Impressionismus und Postimpressionismus sowie der

Kunst des frühen 20. Jahrhunderts und schließt mit der Kunst des späten 20. und frühen 21. Jahrhunderts ab.

Jedes Kapitel enthält eine Zusammenfassung der wichtigsten historischen Entwicklungen dieser Epoche, die sich mit sozialen Strukturen, politischen Organisationen, religiösen Überzeugungen, wissenschaftlichen Fortschritten und Bräuchen befasst. Die Erforschung dieser Themen in Verbindung mit der bildenden Kunst zeigt, dass kreative Werke gleichzeitig die Kultur ihrer Zeit und ihres Ortes formen, reflektieren und dokumentieren. Ein zweiter Schwerpunkt betrachtet die sich ständig weiterentwickelnden ästhetischen Vorlieben als eine Art Pendel, das zwischen Naturalismus, Idealismus und Abstraktion schwingt, wobei jede Epoche und jeder Stil entweder gegen den vorhergehenden rebellieren oder versuchen, sie bzw. ihn zu verbessern.

Jedes Kapitel eröffnet mit einer Frage für den Leser, die zum Nachdenken und hoffentlich auch zu Diskussionen anregt.

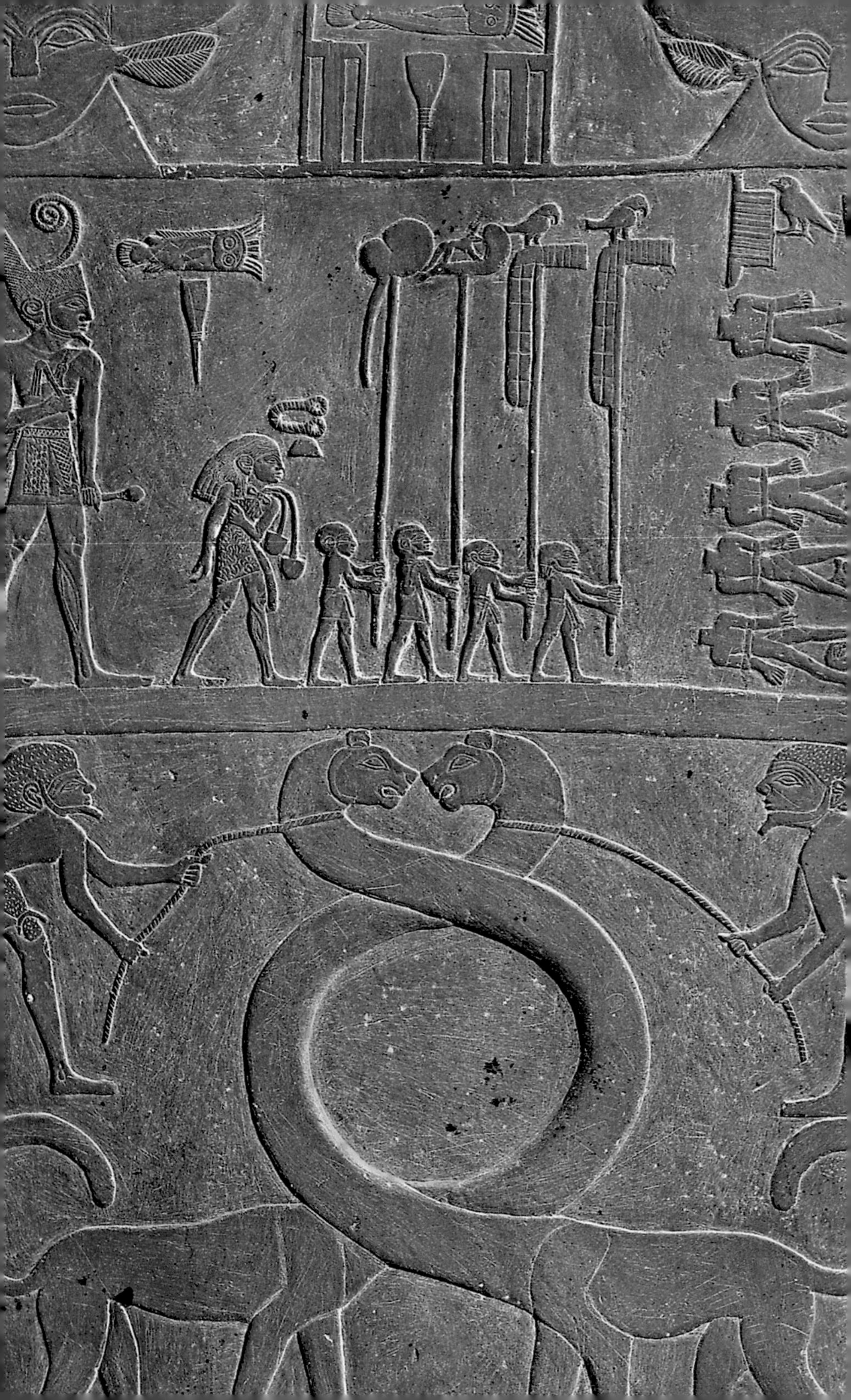

PRÄHISTORISCHE BIS ANTIKE RÖMISCHE KUNST

-

Frühe Kulturen legen den Grundstein für wichtige zukünftige Errungenschaften in Kunst und Architektur.

-

Vorläufer der westlichen Tradition: Prähistorische, mesopotamische und ägyptische Kunst

Kann Kunst helfen, die Stabilität einer Kultur zu fördern?

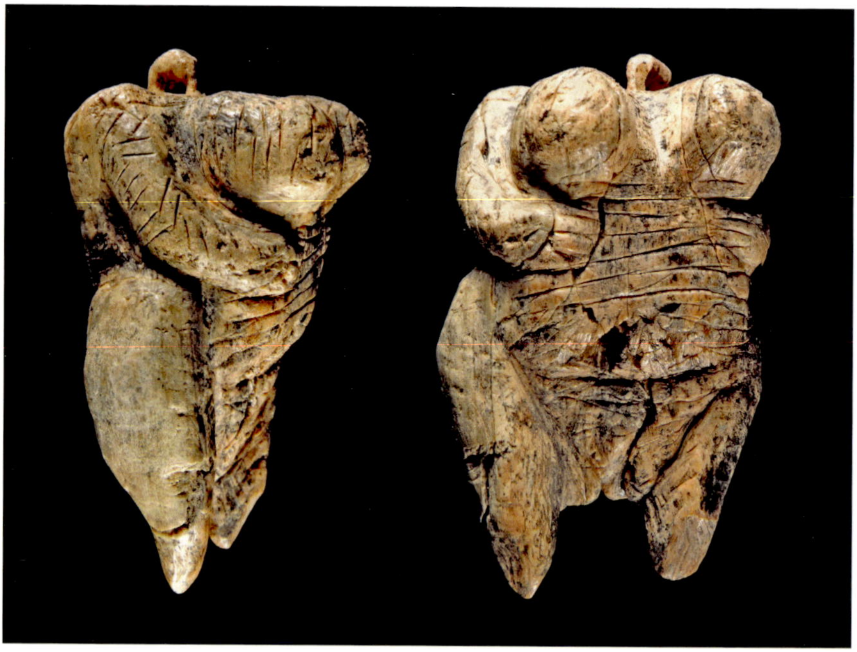

PRÄHISTORISCHE KUNST

Die frühesten Hinweise auf den modernen Homo sapiens in Europa stammen aus der späten Altsteinzeit (43.000–41.000 v. Chr.) und finden sich vor allem an der Mittelmeerküste. Nomadenfamilien folgten dem Wild, bauten provisorische Behausungen und nutzten Höhlen als Unterschlupf. Nach und nach gelang es diesen Gruppen immer besser, die Jagd mit dem Sammeln von Nahrung aus der Umgebung zu verbinden. Während des relativ kurzen Mesolithikums (Mittelsteinzeit) passte sich das Leben an das wärmere Klima an und es entstanden dauerhafte Siedlungen. Die Einführung der Landwirtschaft und die Domestizierung von Tieren um 10.000 v. Chr. markieren den Beginn des Neolithikums (Jungsteinzeit).

Frühe Bestattungsrituale beweisen bereits eine gewisse Spiritualität oder religiösen Glauben.

Unbekannt
Venus vom Hohle Fels,
Seiten- und Vorderansicht
ca. 38.000–33.000 v. Chr.
Mammut-Elfenbein,
Höhe 6 cm
Urgeschichtliches Museum, Blaubeuren, Deutschland

Das Loch in dem winzigen Kopf deutet darauf hin, dass diese Figur als Amulett getragen wurde. Sie wird mit der ähnlich abstrakten *Venus von Willendorf* verglichen, die man in Willendorf, Österreich, entdeckte, und die ca. 24.000–22.000 v. Chr. erschaffen wurde.

Aus prähistorischer Zeit sind Belege für das Interesse an Musik (Glocken, Flöten und Pfeifen) und Kunst (kleine Skulpturen, Höhlenmalereien und Steinsetzungen) überliefert. Die älteste bekannte Skulptur eines Menschen in der westlichen Kunst, die sogenannte Venus vom Hohle Fels (gegenüber), wurde nach ihrem Fundort in einer Höhle in Südwestdeutschland benannt. Gefertigt wurde sie ca. 38.000–33.000 v. Chr. Der Kopf ist nicht mehr als ein Knoten; es handelt sich nicht um das Porträt einer bestimmten Person, sondern um die Verkörperung einer Idee oder eines Konzepts. Die stark vergrößerten Brüste und Vulva scheinen diese Figur mit weiblicher Fruchtbarkeit in Verbindung zu bringen. Die meisten heute bekannten prähistorischen Skulpturen stellen nackte weibliche Ganzkörperfiguren dar, die oft eher verzerrt als genau proportioniert sind. Sie werden als Venusfiguren bezeichnet, und ihr Schwerpunkt scheint auf der Fortpflanzung zu liegen. Vielleicht aber handelt es sich bei diesen Figuren, die klein genug sind, um in eine Hand zu passen, auch um prähistorische Pornografie.

Zu den frühesten in Europa entdeckten Malereien gehören die in der Chauvet-Höhle in Südostfrankreich (siehe unten), wo einige Bilder möglicherweise schon um 34.500 v. Chr. entstanden sind, während andere offenbar erst um 28.000 v. Chr. hinzugefügt wurden. Die Vermutungen hinsichtlich Bedeutung und Zweck der frühen Höhlenmalereien sind sehr unterschiedlich. Die Bilder könnten den Jägern als symbolische Hilfsmittel gedient haben. Die gemalten und echten Speere auf den Tieren, von denen einige bluten, stützen die Theorie,

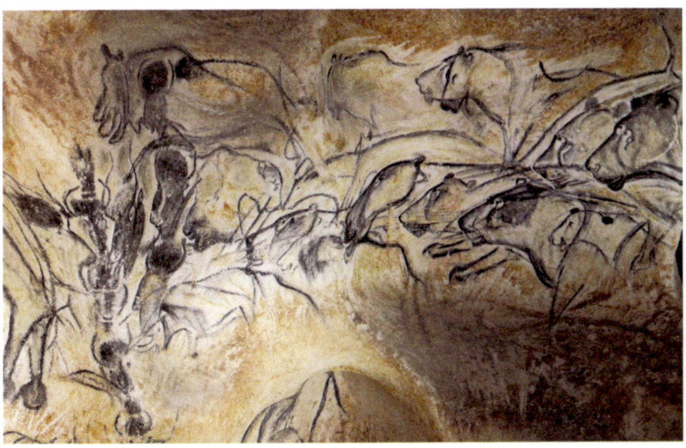

Unbekannt
Chauvet-Höhle, nahe Vallon-Pont-d'Arc, Frankreich,
ca. 34.500–28.000 v. Chr.

Diese aus dem Gedächtnis gezeichneten Bilder sind so naturalistisch, dass noch heute gewisse Tierarten erkennbar sind.

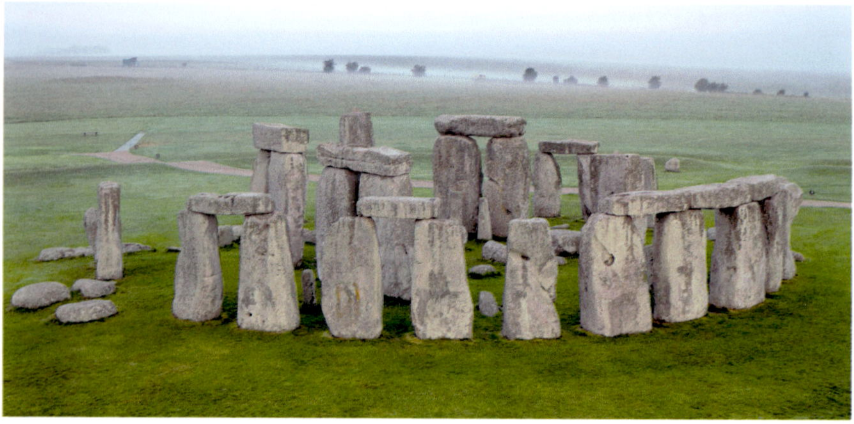

Unbekannt
Stonehenge, Ebene von Salisbury, Wiltshire, England
Fertiggestellt ca. 2000 v. Chr.
Sarsen- und Blaustein, Höhe äußerer Steinkreis: 6,09 m

Stonehenge liegt in einer Gegend voller prähistorischer Fundstellen, darunter Avebury Henge.

dass die Maler glaubten, die Tötung eines Tieres als Abbild vor der Jagd könne den Erfolg bei der eigentlichen Jagd verbessern. Ebenso können Handabdrücke auf den Tieren darauf hindeuten, dass der Jäger das Tier anfassen (und essen) wird. Da Handabdrücke nicht nur auf den Tieren, sondern überall in den Höhlen zu finden sind, könnten sie auch auf eine Urheberschaft hindeuten, ähnlich wie eine Signatur vor der Erfindung der Schrift. Die Bilder der Tiere tief im »Schoß« von Mutter Erde könnten die Herde vergrößern und damit die Chancen bei der Jagd erhöhen.

In der Chauvet-Höhle sind keine Menschen, sondern eine Vielzahl von Tieren abgebildet, darunter Löwen, Leoparden, Nashörner, Bisons, Bären, Hirsche und Hyänen. Die Tiere wurden sorgfältig beobachtet und ihre Merkmale festgehalten. Bevorzugt wurde eine Profilansicht, die auch vier Beine einschließt. Es ist jedoch keine zielgerichtete Organisation oder Komposition erkennbar, und die Tiere überlagern sich scheinbar wahllos.

Das berühmteste Beispiel prähistorischer Architektur im Westen ist Stonehenge (oben) auf der Ebene von Salisbury in Südengland, das um 3100 v. Chr. als kreisförmiger Graben und Damm errichtet und bis 2000 v. Chr. immer wieder erweitert und verändert wurde. Der äußere Kreis besteht aus Sarsen, während der innere, niedrigere Kreis aus Blaustein besteht; beide Steinarten kommen in der Nähe nicht vor. Der Ursprung dieser Megalithen (riesige Steine) und wie sie transportiert und errichtet wurden, ist nach wie vor unklar. Stonehenge wurde in Pfosten-Sturz-Bauweise errichtet, wobei senkrechte Pfosten waagerechte Stürze tragen und die Steine mit einem Zapfenschlitzsystem befestigt sind. Prähistorische Megalithen gibt es auch an anderen Orten in Westeuropa, die wahrscheinlich mit Bestattungen in Verbindung stehen.

Stonehenge diente als Grabstätte. Andere mögliche Verwendungszwecke – z. B. im Zusammenhang mit Außerirdischen – sind umstritten und mal mehr, mal weniger plausibel. Unter den Ideen sind eine religiöse Stätte, ein Ort für die Ahnenverehrung oder rituelle Heilung, ein Denkmal oder ein Observatorium. Die überzeugendste Erklärung ist, dass Stonehenge als riesige Sonnenuhr diente, da die Platzierung bestimmter Steine mit der aufgehenden Sonne bei der Sommersonnenwende und der untergehenden Sonne bei der Wintersonnenwende in Verbindung steht.

MESOPOTAMIEN

Der Name Mesopotamien leitet sich aus dem Griechischen ab und bedeutet »Land zwischen zwei Flüssen«, was auf die Lage zwischen den Flüssen Tigris und Euphrat (im heutigen Irak) zurückzuführen ist. Mesopotamien, die Levante und Unterägypten werden zusammen als Fruchtbarer Halbmond bezeichnet, weil sie eine Bogenform bilden. Diese Region gehörte zu den ersten, in der Tiere und Pflanzen domestiziert wurden. Aufgrund seiner zentralen Lage war Mesopotamien ein wichtiger Bestandteil des Handelsnetzes im östlichen Mittelmeerraum. Dabei wurden nicht nur Waren ausgetauscht, sondern auch Ideen, Kultur, Philosophien und religiöse Überzeugungen, Sprachen, Technik und Recht wurden in der gesamten Region weitergegeben und gemeinsam genutzt. Man fand Statuen aus Ägypten in Mykene, Töpferwaren aus Kreta in Ägypten und tyrischen Purpur (ein einzigartiges Produkt aus Phönizien) im gesamten Mittelmeerraum.

Sumerische Kunst

Die ersten bedeutenden Städte in Sumer im südlichen Mesopotamien entstanden um 5000 v. Chr. Den Sumerern wird die Erfindung des Rades, des Segels und, um 3000 v. Chr., der Keilschrift zugeschrieben. Eine wachsende Bevölkerung führte zur Herausbildung einer sozialen Hierarchie. Ursprünglich bestand Sumer aus vielen unabhängigen Stadtstaaten, von denen einige mehr als 10.000 Einwohner hatten, jeder mit seinem eigenen Gott und Herrscher. Um 2334 v. Chr. schuf Sargon von Akkad durch die Eroberung mehrerer seiner Nachbarn ein zentralisiertes, dynastisches Reich. Die Kontrolle über die Region wechselte häufig. Während einer Periode relativer Unabhängigkeit für die Stadtstaaten der Region regierte Prinz Gudea (umseitig) den Stadtstaat Lagasch (regierte ca. 2144–2124 v. Chr.). Er förderte die Künste und seinen eigenen Ruhm, indem er Tempel baute und sie mit Skulpturen seines Abbildes schmückte.

Die meisten sumerischen Skulpturen scheinen für Tempel angefertigt worden zu sein, doch handelt es sich dabei nicht um Dar-

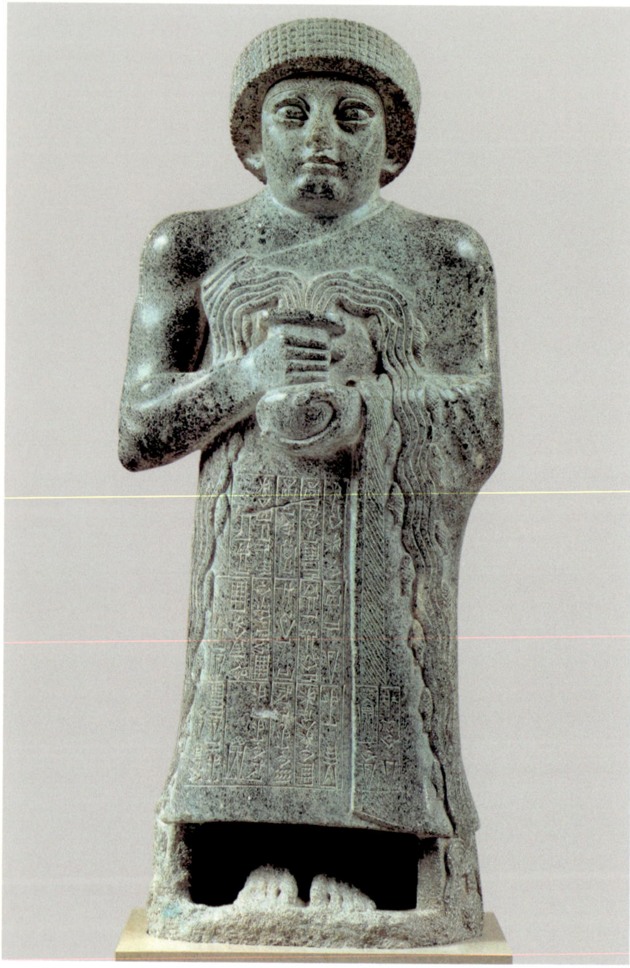

Sumerischer Bildhauer
Gudea
regierte ca.
2144–2124 v. Chr.
Dolerit, Höhe 62 cm
Aus Tello, Sumer
Musée du Louvre, Paris

Prinz Gudea von Lagasch ließ Statuen mit seinem Abbild als muskulöser Jüngling in seinem Stadtstaat aufstellen, ein frühes Beispiel für das Unterstreichen politischer Macht durch die Kunst.

stellungen von Gottheiten, sondern um Votivfiguren von Betenden. Die Figuren besitzen einen unverwechselbaren Stil geometrischer Symmetrie, starr und steif, mit gedrungenen Proportionen, breiten Hüften und schweren Beinen, die Gesichter mit ungewöhnlich großen, starren Augen und einer Monobraue.

Babylonische Kunst

Im 18. Jahrhundert v. Chr. erweiterte König Hammurapi (reg. 1792–1750 v. Chr.) das kleine babylonische Königreich um die sumerischen und akkadischen Stadtstaaten. Hammurapi ist der Schöpfer eines bedeutenden Gesetzbuches, des Codex Hammurapi, das zwar länger und klarer gegliedert ist als seine Vorgänger, aber dennoch deren allgemeiner Anordnung folgt. Die 282 Gesetze betreffen Themen, die auch heute noch Gegenstand von Rechtsstreitigkeiten sind, darunter Falschaussagen, persönliches Eigentum, Land- und Hausbesitz, Handel und Gewerbe, Familienbeziehungen, Körperverletzung und Arbeit. Bestimmte Straftaten wurden mit besonderen, oft schweren Strafen belegt. Die große Steinstele mit dem Codex (unten) ist gleichzeitig eine historische Aufzeichnung des babylonischen Rechts und ein Kunstwerk. Das Relief zeigt Hammurapi, der die Gesetze von Schamasch, dem Gott der Gerechtigkeit und Wahrheit, empfängt; Hammurapis Gesetzbuch stammt also von höchster Stelle. Gestärkt durch die nachgewiesene göttliche Sanktion traten Hammurapis Gesetze an die Stelle derer früherer Herrscher.

Babylonischer Bildhauer
Codex von Hammurapi
ca. 1760–1750 v. Chr.
Basalt, Höhe ca. 2,25 m
Musée du Louvre, Paris

Schamasch hält den Stab und den Ring, Symbole der Gerechtigkeit, in seiner rechten Hand, die er Hammurapi entgegenstreckt.

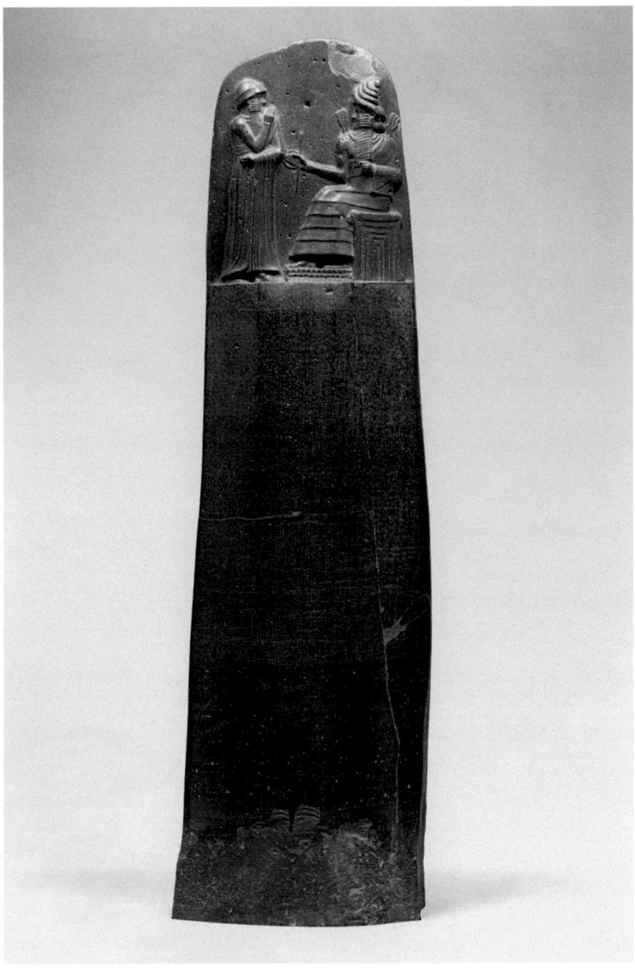

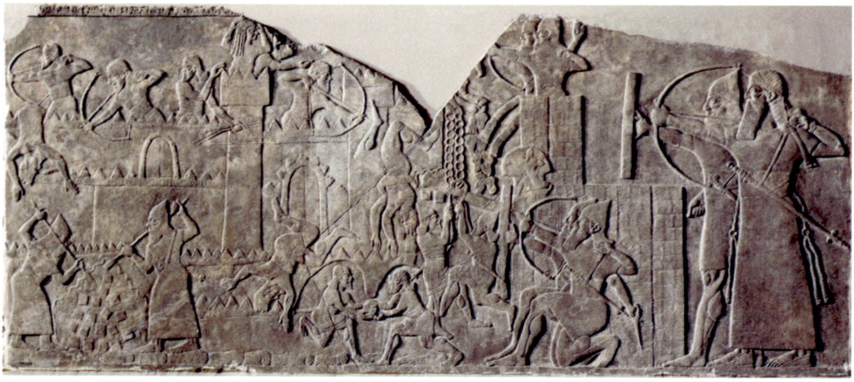

Assyrischer Bildhauer
Assurnasipal II. belagert eine Stadt
Erste Hälfte des 9. Jh. v. Chr.
Gipsrelief
Aus dem Palast von Nimrud, Assyrisch
British Museum, London

Die narrativen Reliefs aus Nimrud sind vergleichbar mit Szenen in einem Theaterstück oder Kapiteln in einem Buch, die tatsächliche Ereignisse schildern.

Assyrische Kunst

Nach Hammurapi schwand die Macht Babylons und die Assyrer im Norden übernahmen die Herrschaft über einen Großteil Mesopotamiens. Der Stellenwert, den die Assyrer dem Kampf und der Eroberung beimaßen, zeigt sich in ihrer Kunst (oben). In der ersten Hälfte des 9. Jahrhunderts v. Chr. dehnte Assurnasipal II. (reg. 883–859 v. Chr.), der für seine Grausamkeit bekannt war, die assyrische Hegemonie über Mesopotamien, nach Anatolien und an die Mittelmeerküste aus. Er gründete die neue Hauptstadt Nimrud am Tigris und errichtete Gebäude in seinem gesamten Gebiet.

Die großformatigen Steinrelieftafeln Assyriens verbinden oft die Dokumentation der Militärgeschichte mit der Verherrlichung des Herrschers. Die Szene der *Belagerung einer Stadt durch Assurnasipal II.* hält Bilder von Waffen, Kleidung und, unten links, Plünderern fest. Die Szenerie ist parallel zur Bildebene angelegt, und alle Figuren und Gesichter sind im Profil dargestellt, was die Wirkung verflacht. Die relative Größe einer Figur gibt eher den Status in der sozialen Hierarchie als die Position im Raum an. Solche Bildmittel tauchen auch in der ägyptischen Kunst auf und wurden im Westen weitergeführt. Das assyrische Reich ging Ende des 7. Jahrhunderts v. Chr. unter.

ÄGYPTISCHE KUNST

Die Zivilisation entwickelte sich um 5000 v. Chr. entlang des Nils und gliederte sich allmählich in Oberägypten (der südliche Teil) und Unterägypten (der nördliche Teil und das Delta), so genannt, weil der Nil von Süden nach Norden fließt. Der Fluss ermöglichte den Transport von Waren, Menschen und Ideen und förderte eine homogene Kultur. Die umliegenden Wüsten boten Schutz vor Invasionen. Um 3200 v. Chr. führte die Fruchtbarkeit des Niltals zu landwirtschaftlichen Überschüssen, die die Organisation der

Gesellschaft in eine an das Land gebundene landwirtschaftliche Klasse, eine handwerkliche Klasse und eine herrschende Elite ermöglichten. Familiendynastien kontrollierten Ober- und Unterägypten mit einer straff strukturierten, zentralisierten zivilen und religiösen Bürokratie.

Ober- und Unterägypten wurden um 3100 v. Chr. von Narmer, dem ersten Pharao der ersten Dynastie, vereinigt, dessen Errungenschaften auf der Narmer-Palette (unten) festgehalten sind. Konventionen, die in Ägypten drei Jahrtausende überdauern sollten, sind hier bereits deutlich erkennbar; ein Maximum an Informationen wird durch standardisierte erzählerische Mittel klar vermittelt. So werden zum Beispiel Ideen durch horizontale Bänder in Register unterteilt; die Körpergröße zeigt die Bedeutung einer Person an; jedes Körperteil wird von seinem am leichtesten erkennbaren Standpunkt aus dargestellt; ein Gegenstand, der über einem anderen gezeigt wird, befindet sich dahinter.

Manche dieser Konventionen verbreiteten sich im Westen, darunter die mesopotamische/ägyptische Darstellung des Körpers aus mehr als einem Blickwinkel zugleich. Griechische Vasenmaler zeigten ebenfalls den Kopf von der Seite, aber das Auge von vorne, die Beine von der Seite, aber die Brust von vorne. Diese Gleichsetzung von Größe und Bedeutung wurde in der westlichen mittelalterlichen Kunst zum Standard.

Ägyptischer Künstler
Narmer-Palette,
Vorder- und Rückseite
ca. 3100 v. Chr.,
1. Dynastie
Schiefer, ca. 64 x 42 cm
Aus Hierakonpolis
Ägyptisches Museum,
Kairo

Diese historische Aufzeichnung der Vereinigung der beiden Teile Ägyptens ist auch eine Palette zum Mahlen von Farbe in der zentralen kreisförmigen Vertiefung.

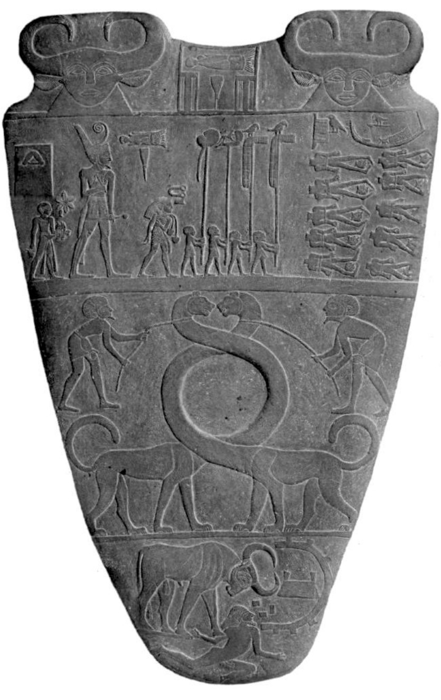

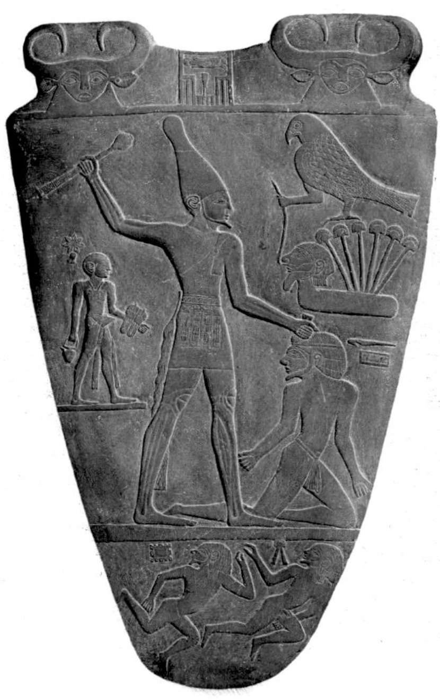

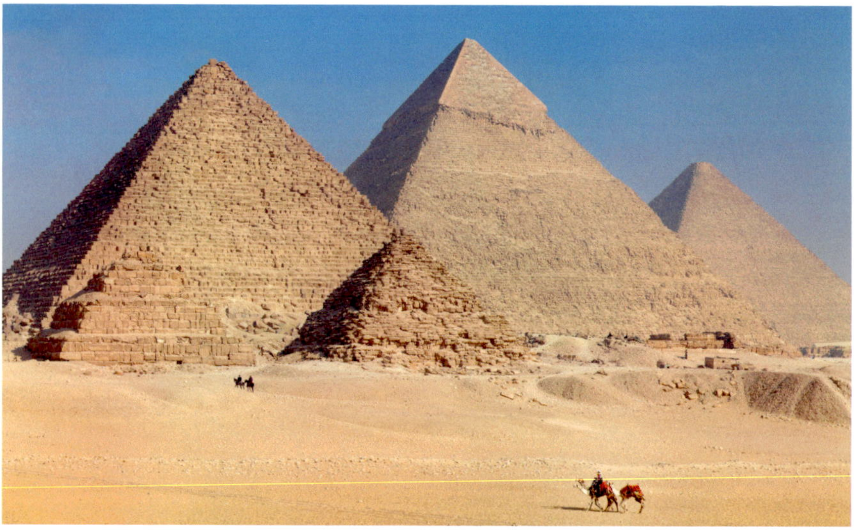

Unbekannte Erbauer
Große Pyramiden, Gizeh
ca. 2550–2490 v. Chr.,
4. Dynastie, Altes Reich,
Sandstein

Die für die Pharaonen Cheops, Chephren und Mykerinos errichteten Pyramiden zeigen die Macht der Pharaonen und geben ihnen Sicherheit für ihr Leben im Jenseits.

Die Geschichte des alten Ägypten gliedert sich in eine vordynastische Periode, gefolgt von dreißig oder einunddreißig Dynastien. Die drei großen Blütezeiten werden als Altes Reich, Mittleres Reich und Neues Reich bezeichnet, gefolgt von einer Spätzeit. Diese Geschichte endet mit der Eroberung Ägyptens durch Alexander den Großen im Jahr 332 v. Chr.

Die Ägypter glaubten, dass die Seele oder Essenz eines jeden Menschen, das Ka, und seine Persönlichkeit, das Ba, unbegrenzt weiterlebten, wenn der physische Körper erhalten blieb. Folglich war die Vorbereitung auf das Leben nach dem Tod ein wichtiger Schwerpunkt dieses Lebens, insbesondere für Herrscher, ihre Familien und hohe Beamte. Die Dauerhaftigkeit der Pyramiden des Alten Reiches, die Mumifizierung der Toten und die Bestattung mit Gegenständen für den Gebrauch im Jenseits entsprechen der ägyptischen Vorstellung vom Leben nach dem Tod. Die Großen Pyramiden (oben), Grabstätten für drei Pharaonen am Westufer des Nils in Gizeh, wurden aus Kalksteinblöcken errichtet, die teils vor Ort geschlagen, teils auf Booten über den Nil herangeschafft wurden. Die Seiten der Pyramiden zeigen ziemlich genau nach Norden, Süden, Osten und Westen. Die Baumeister berechneten die Abmessungen mit mathematischer Präzision: Das Verhältnis der Basisbreite zur Höhe jeder Pyramide beträgt elf zu sieben. Gänge durch die massive Steinkonstruktion führen zu den eigentlichen Grabkammern im Inneren.

Die Herrscher des Mittleren Reiches errichteten ebenfalls Pyramiden, verwendeten aber Sand und Schutt. Im Laufe der Jahrhunderte wurden die Kalksteinplatten, die die Bauwerke bedeckten, gestohlen, wodurch die Innenräume allmählich verfielen.

Im Alten und Mittleren Reich lockten die mit dem Verstorbenen bestatteten Schätze Grabräuber an. Daher wurde im Neuen Reich der Leichnam an einem Ort beigesetzt und an einem anderen ein Totentempel errichtet. So wurde zum Beispiel Pharaonin Hatschepsut in einem Felsengrab im Tal der Könige hinter Deir el-Bahri in Theben bestattet, doch ihr aufwendiger Totentempel, der um 1478–1458 v. Chr. während der 18. Dynastie erbaut wurde, liegt an einem Felsen. Der Architekt Senmut entwarf den Tempel, der zahlreiche Skulpturen von Hatschepsut enthielt.

Ägyptische Bildhauer nutzten vier Posen für die menschliche Figur: stehend mit einem Fuß nach vorn (unten), auf einem Block sitzend, im Schneidersitz auf dem Boden (weniger häufig) und kniend auf beiden Knien (selten). Diese im Alten Reich eingeführten

Ägyptischer Bildhauer
Pharao Mykerinos und seine Königin, evtl. Chamerernebti II
ca. 2548–2530 v. Chr., 4. Dynastie, Altes Reich, Grauwacke, 142,2 x 57,1 x 56,2 cm
Aus dem Taltempel des Mykerinos, Gizeh
Museum of Fine Arts, Boston

Es wird angenommen, dass es sich um die erste Doppelstatue handelt. Sie begründete die Mode, das Königspaar gemeinsam darzustellen. Die Königin umarmt zärtlich den König.

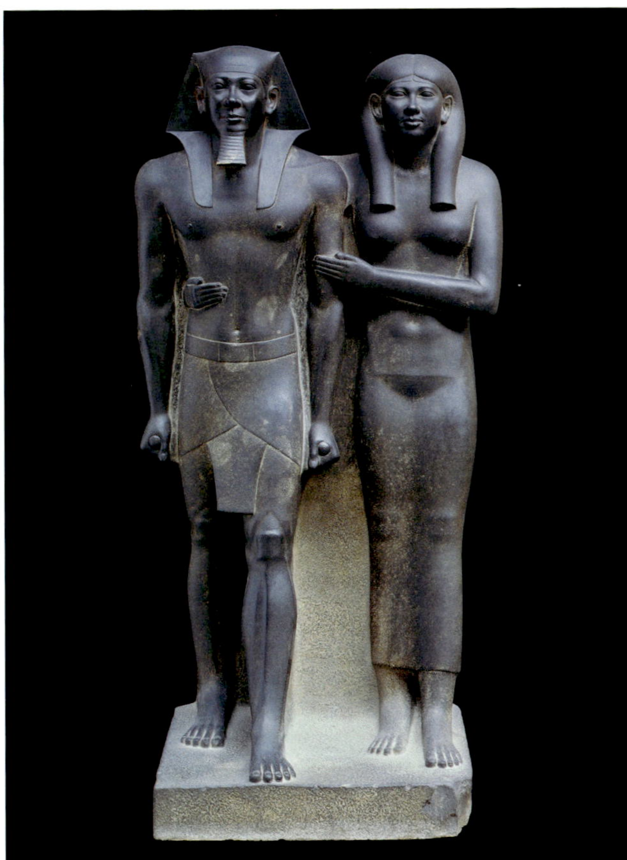

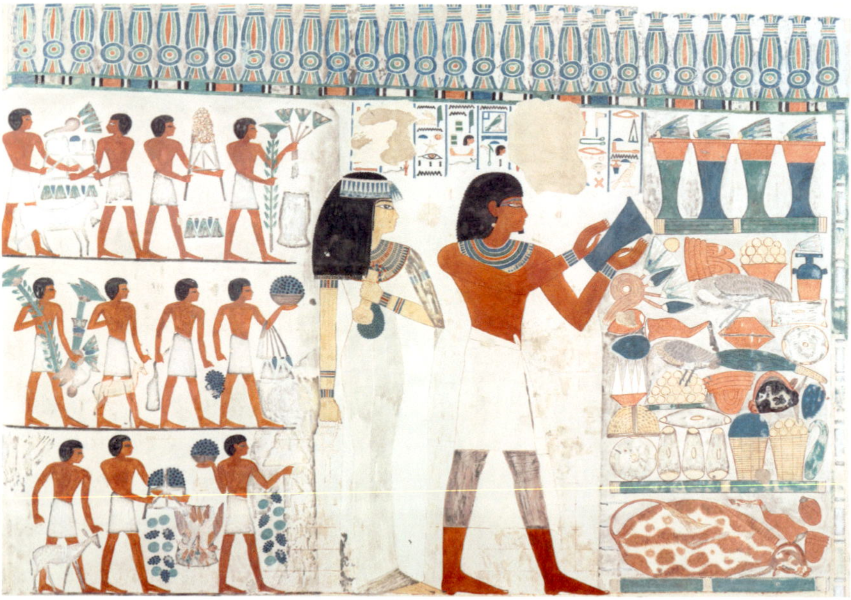

Ägyptischer Künstler
Taui und Nacht beim Opfern
ca. 1410–1370 v. Chr., 18. Dynastie, Neues Reich, Wandgemälde, Grab des Nacht, Theben
Metropolitan Museum of Art, New York

Zwar war er kein Pharao, doch auch hochrangige Beamte wie Nacht erhielten ein aufwendiges Begräbnis.

Posen wurden mit nur geringfügigen Änderungen drei Jahrtausende lang beibehalten.

Tradition war im alten Ägypten wichtiger als Innovation.

Pharao Mykerinos und seine Königin (vorherige Seite) weisen charakteristische Züge ägyptischer Standbilder auf. Sie stehen starr aufrecht mit einem Bein nach vorne, doch ihr Gewicht ruht gleichmäßig auf beiden Füßen, was die Figuren unbeweglich macht. Das Material zwischen den Figuren, ihren Armen und Körpern sowie ihren Beinen verhindert, dass sie zerbrechen, denn Beständigkeit war extrem wichtig. Beide sind idealisiert, wobei die individuellen Merkmale auf ein Minimum reduziert sind, um Macht und Unsterblichkeit zu suggerieren.

Neben dem mumifizierten Körper und den Gegenständen für das Leben nach dem Tod enthielt das Grab eine Skulptur des Verstorbenen, um zu verhindern, dass der Ka im Falle eines Unfalls der Mumie kein Zuhause hatte. Um den Verstorbenen ein angenehmes Leben nach dem Tod zu ermöglichen, schmückten Reliefs und Malereien die Innenräume der ägyptischen Gräber – Kunstwerke, die nie für die Augen der Lebenden bestimmt waren. Ein Gemälde von *Taui und Nacht beim Opfern* (oben) aus dem späten 15. oder frühen

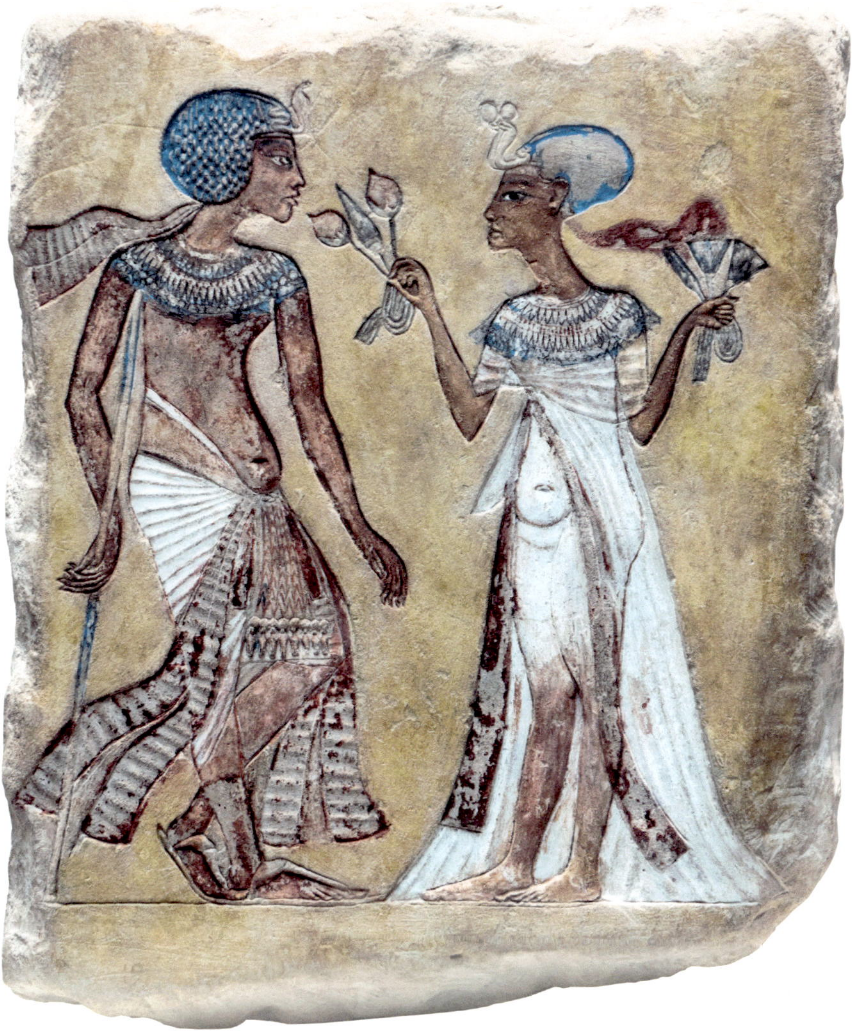

Ägyptischer Künstler
Königspaar, evtl.
Echnaton und Nofretete
Amarna-Stil,
ca. 1335 v. Chr.,
18. Dynastie, Neues
Reich
Sandsteinrelief
mit Pigment,
24,8 x 20 x 6,5 cm
Neues Museum, Berlin

Die einzigen nennenswerten Abweichungen von der charakteristischen Kontinuität des ägyptischen Lebens waren die politischen, religiösen und künstlerischen Veränderungen, die Echnaton in der 18. Dynastie einführte.

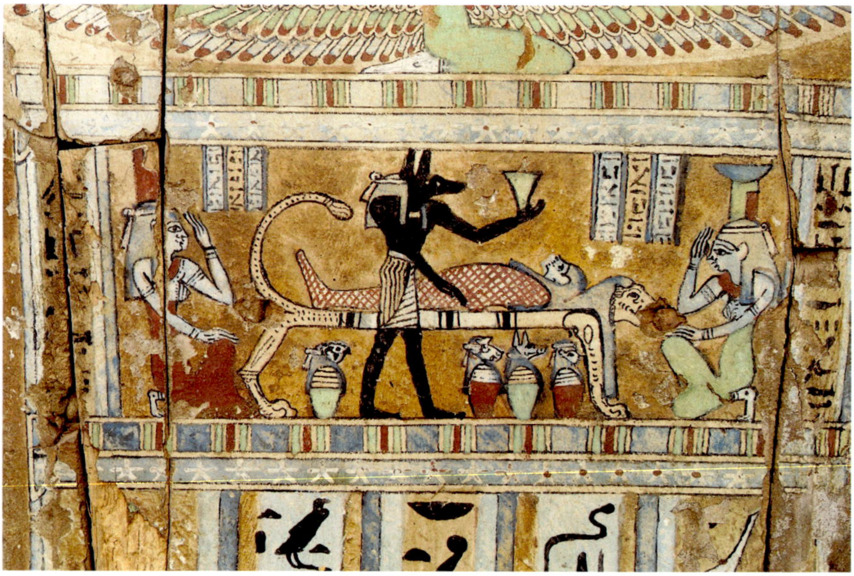

14. Jahrhundert v. Chr. in einem Grab der 18. Dynastie in Theben ist charakteristisch für die ägyptische Malerei. Die klare Vermittlung von Informationen ist immer noch wichtiger als die naturalistische Darstellung. Die ägyptische Kunst stellt nicht das dar, was die Augen sehen, sondern das, wovon der Geist weiß, dass es da ist. Der Künstler bevorzugt weiterhin die Verdichtung und Verkürzung und stellt jeden Teil des menschlichen Körpers auf dieselbe Weise dar wie auf der *Narmer-Palette* (Seite 17), die auf ca. 3100 v. Chr. datiert wird und somit etwa 1.700 Jahre früher entstanden ist. Sowohl Nacht als auch Taui haben jugendliche Idealproportionen.

Malereien auf Grabwänden dokumentieren die Verbindungen zwischen der ägyptischen und der ägäischen Kultur. In den Gräbern ägyptischer Beamter aus der Zeit von Thutmosis III. (reg. 1479–1425 v. Chr.) und Amenhotep IV. (reg. 1353–1336 oder 1351–1334 v. Chr.) werden Ägäer gezeigt, die dem Pharao Geschenke bringen und Tribut zollen.

Ein wichtiger Bruch mit der Vergangenheit erfolgte während der 18. Dynastie, als Amenhotep IV. das gesamte ägyptische Pantheon durch den Sonnengott Aton ersetzte, seinen eigenen Namen in Echnaton änderte und die Hauptstadt von Theben in das neugegründete Achetaton (nahe dem heutigen Tell-el-Amarna) verlegte. Er gab die traditionelle formale Kunst zugunsten eines eher naturalistischen Stils auf. Das auf der vorigen Seite abgebildete

Ägyptischer Künstler
Einbalsamierungsszene
ca. 400 v. Chr.,
27.–31. Dynastie,
Neues Reich
Detail eines bemalten Holzsarkophags
Allard Pierson Museum, Amsterdam

Anubis, Gott der Einbalsamierung und Beschützer des Ka auf seiner Reise ins Jenseits, kümmert sich um den Körper des Verstorbenen. Unter der löwenförmigen Bahre stehen die vier Kanopen, auf denen jeweils das Bildnis eines der vier Söhne des Gottes Horus abgebildet ist, der die Aufgabe hat, das Organ darin zu schützen.

Paar, vielleicht Echnaton und seine Frau Nofretete, sind mit ihren familiären körperlichen Missbildungen dargestellt, die vermutlich auf den inzestuösen Brauch der Geschwisterehe unter den ägyptischen Königen zurückzuführen sind.

Nach dem Tod Echnatons kehrte Ägypten zur alten polytheistischen Religion zurück, Theben wurde wieder Hauptstadt und viele seiner künstlerischen Neuerungen verschwanden.

Während der gesamten langen Geschichte Ägyptens blieb die Bedeutung des Lebens nach dem Tod und die richtige Vorbereitung darauf bestehen. Das komplexe Verfahren der Mumifizierung umfasste das Trocknen und die chemische Behandlung des Körpers, um den Verfall zu verhindern (siehe unten). Da die inneren Organe entnommen und separat verwahrt wurden, hatten die Einbalsamierer die Möglichkeit, sie genau zu untersuchen. Die alten Ägypter unterschieden nicht klar zwischen den Berufen des Priesters und des Arztes, wie wir sie heute kennen. Die Behandlung des Körpers und der Organe nach dem Tod spiegelt dies insofern wider, als die Organe sowohl wegen ihrer spirituellen Bedeutung als auch wegen ihrer physiologischen Funktion konserviert wurden. Während Leber, Lunge, Magen und Eingeweide in Kanopengefäßen aufbewahrt wurden, wurde das Gehirn nicht für das Leben nach dem Tod benötigt und einfach zerkleinert und mit einem scharfen Haken durch die Nasenlöcher extrahiert.

In den ägyptischen Todeszeremonien wurde dem Herzen, das als Sitz des Ka galt, die größte Aufmerksamkeit zuteil. Es wurde entweder an Ort und Stelle belassen oder entnommen, einbalsamiert, durch religiöse Riten und Amulette geschützt und dann vor dem Verbinden wieder in die Körperhöhle zurückgelegt. Die Einbalsamierer beobachteten viele »Kanäle«, die alle Teile des Körpers mit dem Herzen verbanden. Einige (heute als Venen bekannt) enthielten Blut, während andere (Arterien) nur Luft zu enthalten schienen. Daraus folgerten die altägyptischen Ärzte, dass das Herz die Quelle war, aus der Blut, Wasser und Luft zur Versorgung des Körpers flossen. Dies ergab eine treffende Analogie zwischen dem menschlichen Körper und dem Land Ägypten: So wie verstopfte Bewässerungskanäle des Nils dazu führten, dass die Ernte verkümmerte und ausfiel, so würde auch eine Verstopfung der Kanäle des Körpers zu Krankheiten führen.

Künstler waren der Schlüssel zu den ägyptischen Bestattungspraktiken. Die Fertigkeiten der Bildhauer waren erforderlich, um die Kanopengefäße zu gestalten, während die Fähigkeiten der Maler gefragt waren, um die Sarkophage mit Bildern und Schriften zu schmücken. Die Einbalsamierungsszene zeigt die Vorliebe der Ägypter für Tierdarstellungen für ihre Gottheiten, Kanopen und sogar Möbel.

Ägäische und griechische Kunst
Welche Ideen der alten Griechen beeinflussen uns noch heute?

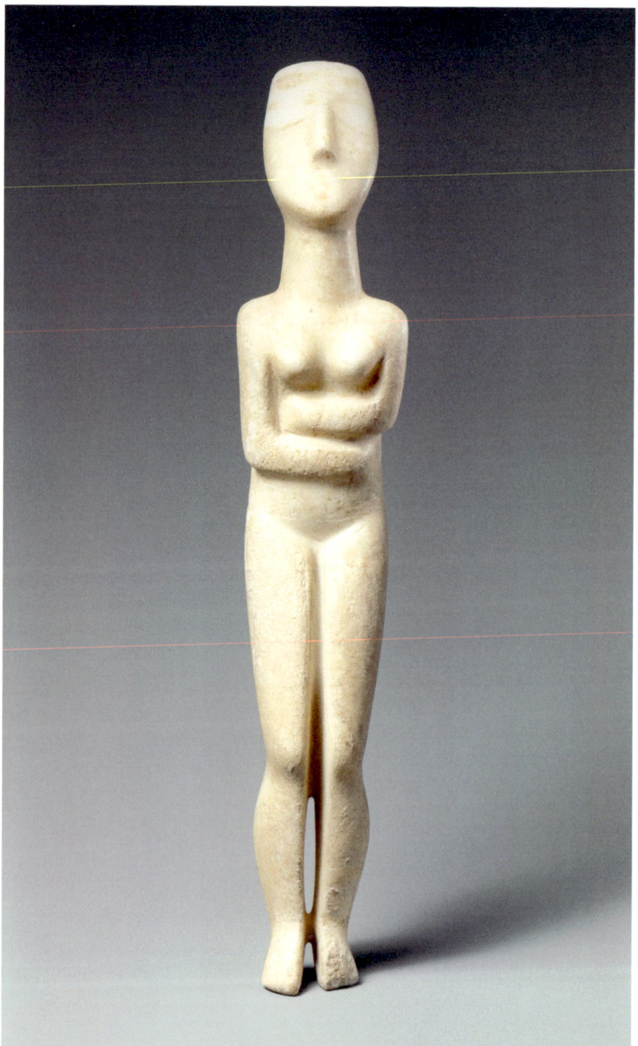

Unbekannter Künstler
Weibliche Figur
ca. 2700–2600 v. Chr.
Marmor, Höhe 37,1 cm
Kykladisch
Metropolitan Museum of Art, New York

Auch wenn wir geneigt sind, die Abstraktion als einen neuen künstlerischen Trend zu betrachten, gehen die ebenfalls abstrakten, minimalistisch gestalteten Kykladenfiguren auf das dritte Jahrtausend vor Christus zurück.

ÄGÄIS

Die Zivilisation entwickelte sich im gesamten Gebiet der Ägäis vor der Jungsteinzeit. Zwischen ca. 3000 und 1100 v. Chr. dominierten nacheinander drei Kulturen: die kykladische auf den Kykladeninseln, die minoische auf der Insel Kreta und die mykenische auf dem griechischen Festland.

Kykladische Kunst

Die Kykladen umfassen 220 Inseln im Ägäischen Meer. Abgesehen von ihren Kunstobjekten ist wenig über diese Kultur bekannt. Viele Marmorfiguren (gegenüber) aus dem 3. und 2. Jahrtausend v. Chr., die meisten nur wenige Zentimeter groß, einige jedoch in Lebensgröße, wurden in kykladischen Gräbern entdeckt, was darauf hindeutet, dass sie Teil der Bestattungstechnik waren. Die meisten sind weiblich, nackt, abgesehen vielleicht von der Andeutung einer Halskette, mit über dem Bauch verschränkten Armen und angezogenen Beinen. Durch die Position der Füße können die Figuren nicht stehen; stattdessen scheinen sie auf dem Rücken zu liegen, vielleicht als Darstellungen der wichtigsten Gottheit im ägäischen Raum – der Muttergöttin, die Fruchtbarkeit brachte.

Charakteristisch für die Kykladen ist die vereinfachte, abstrahierte Anatomie der Figuren. Ihre verzerrten Proportionen variieren, aber die Pose ändert sich nur selten. Die Gesichtszüge können durch Farbe oder Relief angedeutet werden – insbesondere die auffällige Nase. Die Kykladenkultur erreichte ihre Blüte in der Mitte des zweiten Jahrtausends v. Chr.

Minoische Kunst

Kreta, die größte der ägäischen Inseln, war bereits um 7000 v. Chr. besiedelt. Um 1900 v. Chr. wurden in Knossos und anderswo Palastanlagen errichtet. Etwa 1700 v. Chr. zerstörte eine große Katastrophe, vermutlich ein Erdbeben oder eine Invasion, viele der Paläste, die die Minoer dann wieder aufbauten. Der Begriff Minoisch beruht auf einer im 19. Jahrhundert entstandenen Assoziation des Palastes von Knossos (umseitig) mit der Legende von König Minos, dem Minotaurus und dem Labyrinth.

Der Palast des Minos in Knossos wurde von 1700 bis 1300 v. Chr. immer wieder umgebaut und erweitert, bis er aus 1.300 bis 1.500 Räumen auf mehreren Ebenen und mehreren Stockwerken bestand, ohne dass eine klare Organisation erkennbar war. Der Palast verfügte über gute Sanitäranlagen und Spültoiletten. Die Minoer bauten mit umgedrehten Säulen aus auf den Kopf gestellten, bemalten Baumstämmen. Die einfachen kissenförmigen Kapitelle ähneln denen der frühesten dorischen Tempel. Wandmalereien schmückten die Palastwände. Durch ihre Insellage geschützt, bauten die Minoer eher Paläste als Festungen. Entsprechend stellten die Künstler selten militärische Themen dar.

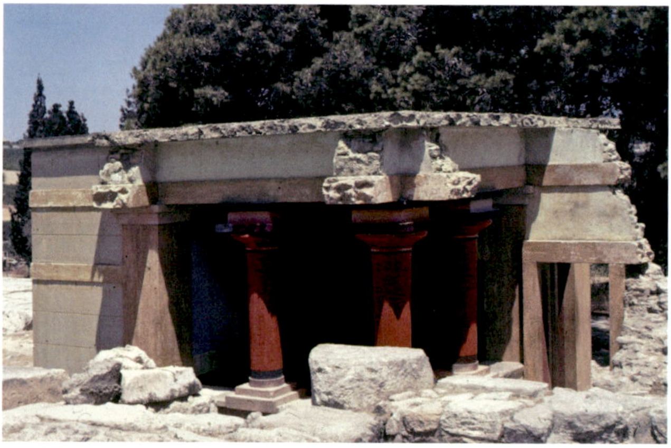

Minoischer Baumeister
Palast des Minos,
Knossos, Kreta
ca. 1900–1300 v. Chr.

Minoische Paläste, die zur Insel hin offen sind und mit den charakteristischen umgedrehten Säulen gebaut wurden, boten farbenfrohen Luxus.

Belege für den Handel zwischen Kreta und den Kykladeninseln, dem griechischen Festland (insbesondere Mykene), Anatolien und Ägypten belegen, dass die Minoer gute Seefahrer waren. Der Niedergang der minoischen Kultur begann um 1450 v. Chr., und schließlich übernahmen die Mykener die Kontrolle über Kreta.

Mykenische Kunst

Während die Macht der militärisch starken Mykener wuchs, förderte ihre Handelsaktivität eine weitreichende wirtschaftliche Expansion. Ähnlich wie bei den Minoern gab es bei den Mykenern separate Staaten; der Name der Kultur leitete sich von ihrem wichtigsten Ort Mykene ab. Obwohl die Mykener die Minoer eroberten, beeinflusste die minoische Kunst die der Mykener.

Das Löwentor (gegenüber), erbaut ca. 1300–1200 v. Chr., war der Zugang zur Stadt Mykene. Der aus einem riesigen Stein gefertigte Sturz wird von einem reliefartigen Dreieck überragt, die Öffnung wird von einer dünnen Kalksteinplatte ausgefüllt, in die symmetrische, wilde Löwen eingemeißelt sind, die eine umgekehrte minoische Säule flankieren. Der mykenische Einfluss im ägäischen Raum endete um 1100 v. Chr.

Griechische Kunst

Die Griechen auf dem Festland entwickelten eine bedeutende Kultur, die historisch in mehrere Perioden unterteilt wird: Geometrisch (ca. 1000–700 v. Chr.), Archaisch (ca. 700–480 v. Chr.), Klassisch (ca. 480–323 v. Chr., dem Todesjahr Alexanders des Großen) und Hellenistisch (323–31 v. Chr., Sieg des römischen Kaisers Augustus über Kleopatra).

Der Begriff Geometrisch beschreibt den Stil der Malerei und Bildhauerei dieser Epoche. Geometrische Vasen sind mit horizontalen Bändern und geometrischen Formen wie Kreisen und Zickzacklinien bemalt. Menschen und Pferde wiederum haben dreieckige Torsi mit eingezogener Taille. Der gleiche Körperbau findet sich bei kleinen Metall- und Elfenbeinfiguren. Das Streben der Griechen nach Perfektion in der bildenden Kunst entspricht ihrem Streben nach körperlicher Vollkommenheit, wie die Olympischen Spiele zeigen, die seit 776 v. Chr. alle vier Jahre zu Ehren des Gottes Zeus ausgetragen wurden.

Während der archaischen Periode schlossen sich benachbarte Dörfer zu Stadtstaaten (Polis, Plural: Poleis) zusammen. Diese wiederum gründeten Kolonien in der gesamten Ägäis, auf dem italienischen Festland, auf Sizilien und anderswo. Die unabhängigen Poleis waren sehr wettbewerbsfähig und verfügten über unterschiedliche

Mykenischer Baumeister
Löwentor
ca. 1300–1200 v. Chr.
Sandstein
Mykene

Die Bezeichnung Zyklopenmauerwerk beruht auf der Vorstellung, dass nur der mystische einäugige Zyklop, ein riesenhaftes Wesen, diese Megalithen hätte bewegen können.

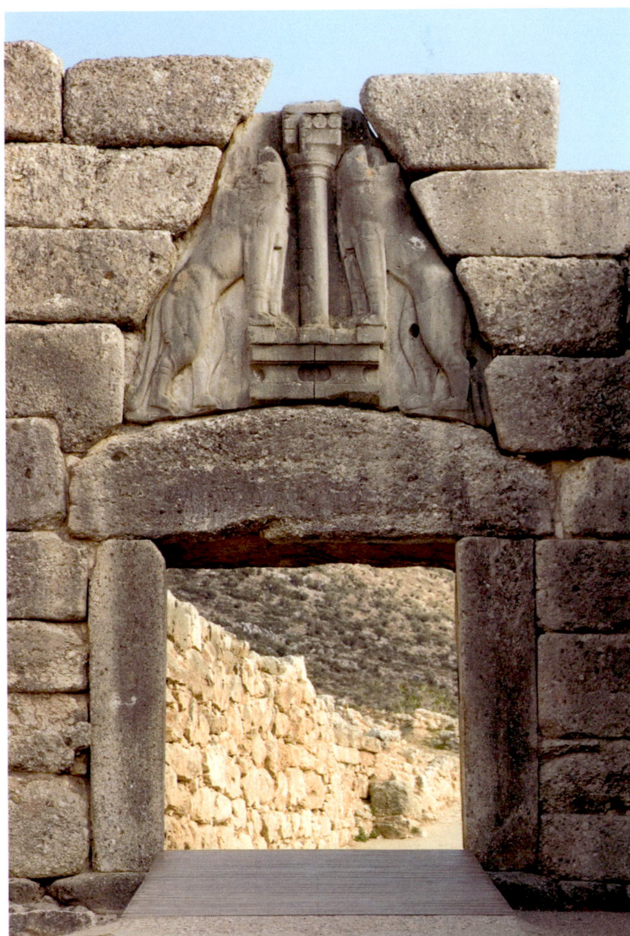

politische Systeme: Königreiche (Sparta), Oligarchien (Korinth) und Demokratien (Athen).

Griechische Malerei ist auf Keramiken überliefert. Die wichtigsten Techniken, die als schwarz- und rotfigurig bezeichnet werden, entwickelten sich in der archaischen Periode. Beide hatten ihren Schwerpunkt in Athen, was der Stadt eine Vormachtstellung in der Vasenherstellung verschaffte. Die schwarzfigurige Technik begann Mitte des 7. Jahrhunderts v. Chr. und erreichte ihren Höhepunkt im 6. Der Künstler malte die Formen mit schwarzer Glasur auf den orangefarbenen Ton von Attika. Die Details wurden mit einem spitzen Werkzeug durch die Glasur geschabt. Die unten und gegenüber gezeigte Amphore stellt Herakles in schwarz- und rotfigurigem Stil beim Gelage dar.

Zuwanderer aus Kleinasien brachten um 530 v. Chr. östliche und ionische Einflüsse auf das griechische Festland. Ihre

Andokides-Maler
Herakles beim Gelage
ca. 520–510 v. Chr.
Bilingue Vase,
Seite mit schwarzen Figuren, Höhe 53,5 cm, Breite 22,5 cm
Staatliche Antikensammlungen, München

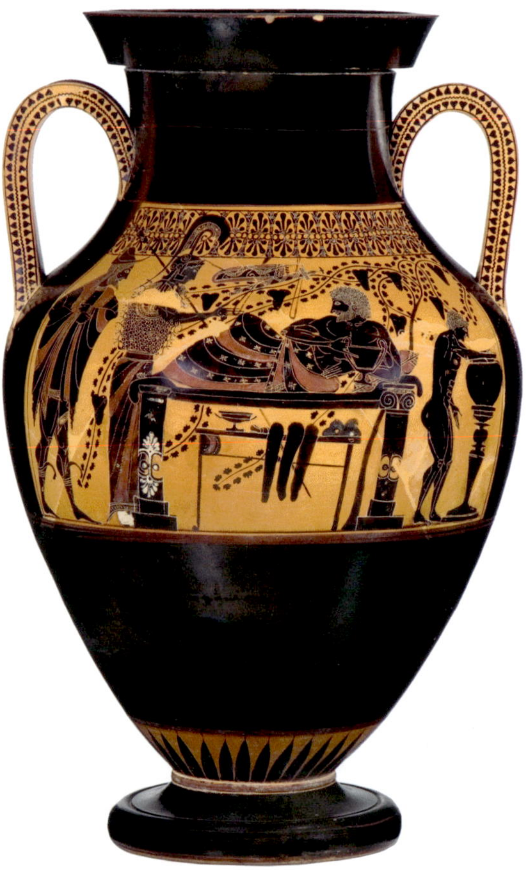

Andokides-Maler
Herakles beim Gelage
ca. 520–510 v. Chr.
Bilingue Vase,
Seite mit roten Figuren,
Höhe 53,5 cm,
Breite 22,5 cm
Staatliche
Antikensammlungen,
München

Auf griechischen Keramiken waren Motive der Mythologie oder aus dem Alltag zu sehen.

Ankunft fällt mit dem Beginn der rotfigurigen Malerei (unten) zusammen, die den schwarzfigurigen Stil allmählich ablöste; der Übergang ist um 500 v. Chr. abgeschlossen. Diese ungewöhnliche Vase, die eine Kombination aus schwarz- und rotfiguriger Technik darstellt und daher als Bilingue bezeichnet wird, zeigt den Übergang zwischen diesen beiden Formen. Technisch gesehen ist die Rotfigur eine Umkehrung der Schwarzfigur: Der Hintergrund wird schwarz bemalt, die Figuren bleiben im orangefarbenen Ton. Mit einem winzigen Pinsel werden Details gemalt, die dadurch fließender sind.

Bilder der menschlichen Figur dominierten sowohl in der Malerei als auch in der Bildhauerei. Eine wichtige Veränderung gegenüber der geometrischen Periode, die vermutlich auf den Kontakt mit Ägypten zurückzuführen ist, besteht darin, dass die

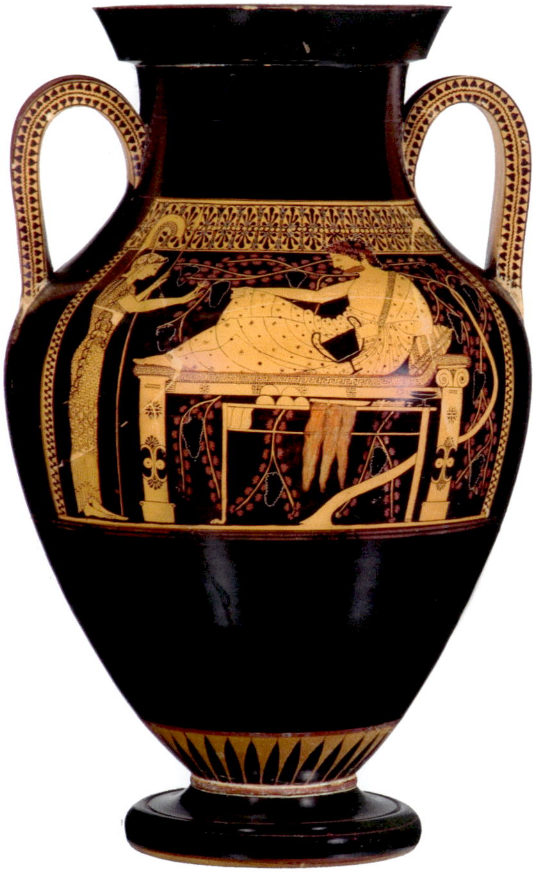

archaischen Bildhauer lebensgroße Steinfiguren sowie die spezifische Pose mit dem linken Fuß nach vorne und den Armen an den Seiten einführten. Die männlichen Kouros-Figuren (Plural: Kouroi) sind nackt, während die weiblichen Koré-Figuren (Plural: Korai) bekleidet sind. Diese Skulpturen dienten als Geschenke an die Götter und als Grabmäler. Ein als *New York Kouros* bekanntes Exemplar im Metropolitan Museum of Art, New York, das um 590–580 v. Chr. geschaffen wurde, ähnelt den ägyptischen stehenden Figuren. Archaische Korai tragen den dorischen Peplos, der in der Taille gegürtet ist und aus dickem Stoff besteht. Einige Korai sind mit Ohrringen, Halsketten und Armbändern geschmückt. Gegen Ende des 6. Jahrhunderts v. Chr. änderte sich die Frauenmode und der dorische Peplos wurde durch den ionischen Chiton ersetzt. Der dünne Stoff des Chitons schmiegt sich mit kompliziert drapierten Falten an den Körper, die Säume sind mit Zierborten besetzt.

Griechische Skulpturen waren ursprünglich bemalt, einige Farbspuren sind bis heute erhalten.

Frühe Kouroi und Korai haben einen unverwechselbaren Gesichtsausdruck, der als archaisches Lächeln bekannt ist. Die Augen sind vergrößert und die Haare bilden ein perfektes, aber unnatürliches Muster. Es handelt sich nicht um Porträts bestimmter erkennbarer Personen. Im Laufe der Zeit wurden die Figuren weniger stilisiert und naturgetreuer.

Die klassische Periode begann 480 v. Chr. mit der Niederlage Persiens und dem Aufstieg Athens, das mit Sparta um die Vorherrschaft in der griechischen Welt wetteiferte. Athen dominierte von 480 bis 404 v. Chr., als es den Peloponnesischen Krieg gegen Sparta und seine Verbündeten verlor.

Die allmählich zunehmende Natürlichkeit, mit der die menschliche Figur in dieser Zeit dargestellt wurde, erreicht im Doryphoros (Speerträger) (gegenüber) ihren Höhepunkt. Die Originalbronze von Polyklet, gegossen um 450–440 v. Chr., ist nur durch römische Marmorkopien bekannt. Polyklet entwickelte ein Regelwerk zur Schaffung perfekter Proportionen für den männlichen Akt, bei dem die Höhe des Kopfes als Maßeinheit diente.

Im Gegensatz zur steifen Haltung der früheren Kouroi steht der Speerträger im lockeren Kontrapost, der erstmals um 480 v. Chr. durch den Bildhauer Kritios beim sogenannten *Kritios-Knaben* (Akropolis-Museum, Athen) eingesetzt wurde. Mehrere Jahrzehnte später ruht das Gewicht des Speerträgers auf nur einem Fuß, seine Hüften und Schultern neigen sich, während er natürlich im Raum schwingt, und

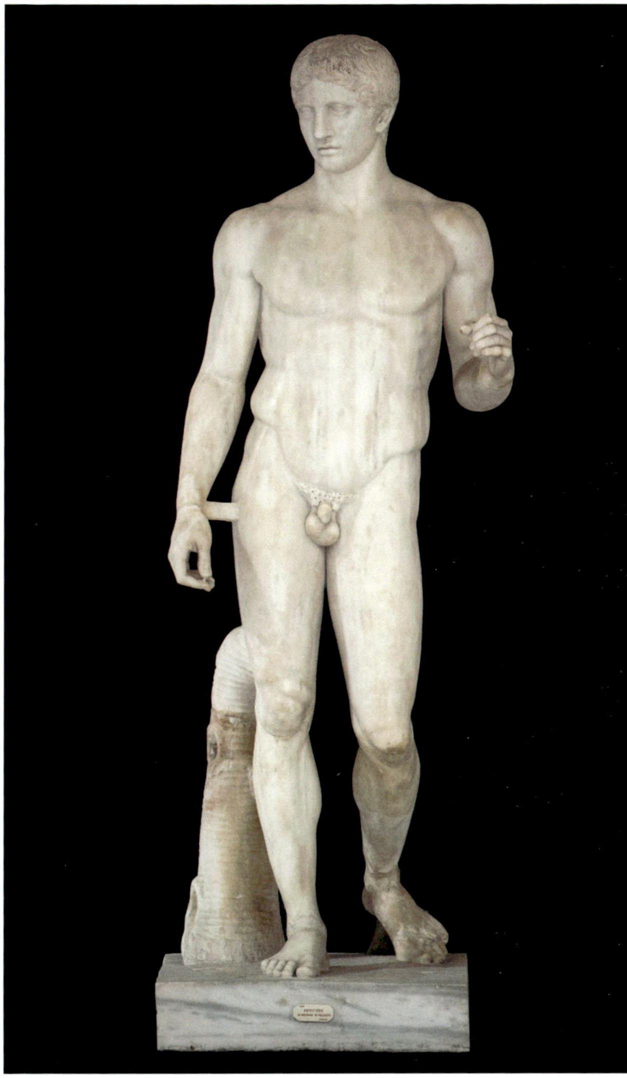

Polyklet von Argos
Doryphoros (Speerträger)
Römische Marmor-Kopie des griechischen Originals aus Bronze
ca. 450–440 v. Chr.
Höhe 2,12 m
Museo Archeologico Nazionale, Neapel

Das hier gezeigte Ideal aus der Mitte des 5. Jahrhunderts v. Chr. war acht Köpfe groß, während das spätere, schlankere Ideal neun Köpfe groß war.

die Anatomie ist korrekt. Das unbeholfene archaische Lächeln ist verschwunden.

Einen etwas lebhafteren Kontrapost zeigt die Venus Medici (umseitig), eine Kopie von Praxiteles' Aphrodite oder Venus pudica (schamhafte Venus) aus dem 4. Jahrhundert v. Chr., die heute nur durch Kopien bekannt ist. Männliche Figuren wurden nackt dargestellt, aber erst viel später wurden auch Frauen in ähnlicher Weise abgebildet. So wie Polyklet einen Kanon idealer Proportionen für

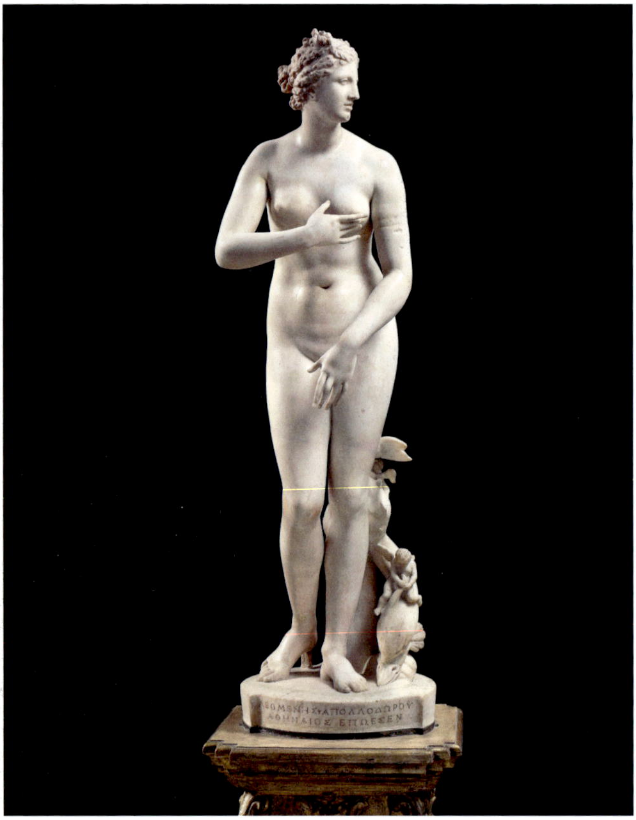

Unbekannter Bildhauer
Venus Medici
(Venus pudica)
Spätes 2. – frühes
1. Jahrhundert v. Chr.
Marmorkopie des
Bronzeoriginals im Stil
der *Aphrodite von Knidos*
des Athener Bildhauers
Praxiteles aus dem
4. Jh. v. Chr.
Höhe: 153 cm
Galleria degli Uffizi,
Florenz

Die Göttin ist ein Beispiel für das zeitgenössische Schönheitsideal der Frau.

männliche Figuren aufstellte, tat Praxiteles dasselbe für die weibliche körperliche Schönheit.

Mit zunehmendem Interesse an der Bewegung scheint der Stein in der hellenistischen Epoche zum Leben zu erwachen. Die *Nike von Samothrake* zum Beispiel, die um 200–190 v. Chr. aus Marmor gehauen wurde (Musée du Louvre, Paris), breitet ihre Flügel aus, während sie vorwärts schreitet.

Mathematisch ideale Proportionen bestimmten nicht nur die Darstellung menschlicher Figuren, sondern auch die Dimensionen griechischer Tempel.

Die Gebäude auf der Akropolis in Athen entstanden in der zweiten Hälfte des 5. Jahrhunderts v. Chr. Der berühmte Parthenon

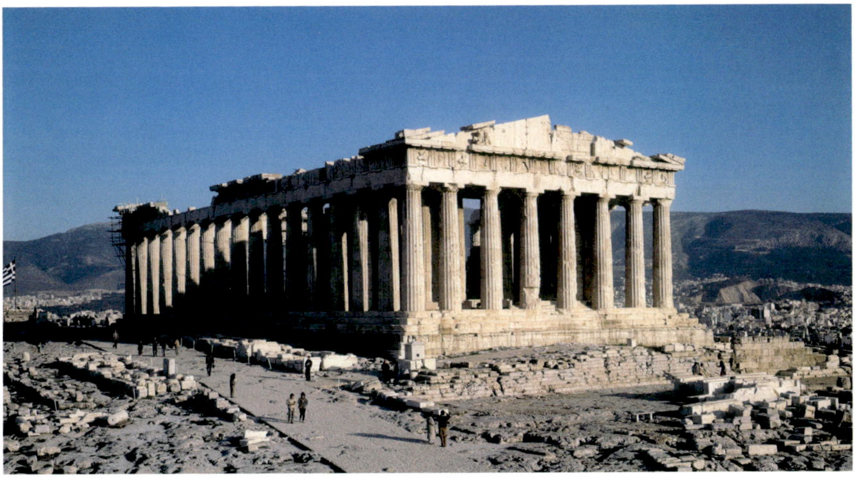

Iktinos und Kallikrates
Parthenon, Akropolis,
Athen
447–432 v. Chr.
Marmor

Der Parthenon ist sowohl im wörtlichen als auch im übertragenen Sinne der Höhepunkt der klassischen griechischen Architektur und setzte den Maßstab für die Perfektion der zukünftigen Architektur.

(oben) ist das Meisterwerk der Architekten Iktinos und Kallikrates. Phidias war für die Bildhauerei verantwortlich, darunter eine riesige, heute zerstörte Statue der Athena Parthenos aus Gold und Elfenbein, die einst im Inneren stand.

Die visuelle Anziehungskraft des Parthenon beruht weitgehend auf seinen Proportionen, die in früheren Tempeln allmählich perfektioniert worden waren. Entsprechend dem Goldenen Schnitt beträgt das Verhältnis von Breite zu Höhe der Fassade etwa 8:5. Darüber hinaus weist der Parthenon eine Reihe spezifischer und absichtlicher Unregelmäßigkeiten auf. So wölben sich beispielsweise sowohl die Plattform als auch das Gebälk in der Mitte nach oben. Die umgebenden Säulen (Peristasis) haben eine sichtbare Wölbung (Entasis) im Schaft, die sich nach oben hin verjüngt. Die Ecksäulen haben einen größeren Durchmesser und stehen näher beieinander als die anderen (Eck- oder Winkelverengung), und die Säulen neigen sich alle leicht nach innen. Obwohl man früher annahm, dass diese Verfeinerungen optische Verzerrungen korrigieren sollten, geht man heute davon aus, dass sie der Schönheit dienen sollten.

Der Parthenon ist ein dorischer Tempel. Es handelt sich um die älteste und einfachste der drei Ordnungen, die von den griechischen Architekten am meisten bevorzugt wurde. Das charakteristische Kapitell besteht aus einem Abakus (quadratischer Block) und einem Echinus (kissenförmiger Unterbau). Die schlanke ionische Form erkennt man an einem rollenförmigen Kapitell. Gekräuselte Akanthusblätter kennzeichnen das korinthische Kapitell. Dies ist das zierlichste und filigranste der drei Kapitelle und wurde von den Griechen am seltensten, von den Römern jedoch am häufigsten verwendet.

Etruskische und römische Kunst

Spielte die Kunst eine Rolle bei der militärischen Eroberung und der Errichtung des Römischen Kaiserreichs?

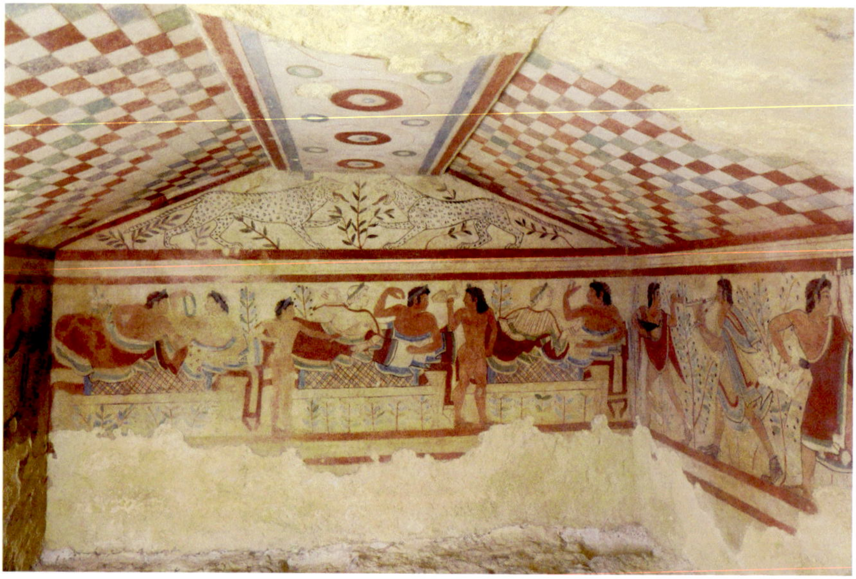

ETRUSKISCHE KUNST

In Italien entwickelte sich aus der eisenzeitlichen Villanovakultur etwa zu der Zeit, als die Griechen in die archaische Periode eintraten, die etruskische Kultur. Die heutige Toskana war das Kernland der Etrusker. Bis zum 8. Jahrhundert v. Chr. hatten die Etrusker wertvolle Beziehungen zu den griechischen und phönizischen Kolonien in Italien geknüpft, handelten mit Eisen, Kupfer und Keramik und nahmen durch diese Kontakte kulturelle Einflüsse aus Assyrien und Ägypten auf.

Über die religiöse Architektur der Etrusker ist relativ wenig bekannt, da nur die steinernen Fundamente der Tempel erhalten sind. Die oberen Teile, die aus unbeständigem Holz und Lehmziegeln gebaut waren, sind verschwunden. Historiker stützen sich auf eine Beschreibung des römischen Architekten Vitruv. Man vermutet, dass die etruskischen Tempel die griechische dorische Ordnung durch Hinzufügen eines Sockels abänderten und so die toskanische Ordnung schufen. Die etruskischen Tempel unterschieden sich von den griechischen durch das Fehlen eines echten Peristyls, einen fast quadratischen Grundriss, einen tiefen Säulengang und Stufen nur an der Vorderseite.

Was über die Etrusker bekannt ist, stammt größtenteils aus ihren Bestattungspraktiken. Etruskische Sarkophage aus dem 6. Jahrhundert v. Chr. lassen auf eine optimistische Einstellung zum Leben nach dem Tod schließen. Ein Ehepaar liegt bequem auf seinem couchförmigen Sarkophag aus Cerveteri, der um 520–510 v. Chr. aus Terrakotta hergestellt wurde (Musée du Louvre, Paris).

Etruskischer Künstler
Bankettszene, Grab der Leoparden, Tarquinia
ca. 480–450 v. Chr.
Wand- und Deckengemälde

Diese Szene bestätigt die Annahme, dass etruskische Frauen und Männer einen vergleichbaren Status hatten.

Die etruskischen Gräber waren entweder mit Erde bedeckte Steinkuppeln (in Cerveteri) oder in Fels gehauene rechteckige Räume (in Tarquinia). Wandmalereien an den Wänden weisen auf den Glauben an ein Leben nach dem Tod mit vergnüglichen Aktivitäten hin. Im Grab der Leoparden, ca. 480–450 v. Chr., ruhen drei Paare, während zwei nackte Männer sie bedienen. An den Seitenwänden sorgen Musikanten für Unterhaltung. Die Etrusker galten bei ihren griechischen und römischen Zeitgenossen als reich und luxusliebend. Wie im alten Ägypten sind die Frauen mit blasserer Haut dargestellt als die Männer. Im Gegensatz zu den griechischen und römischen Frauen traten die etruskischen Frauen in der Öffentlichkeit auf, speisten und tranken mit den Männern, konnten erben und Eigentum besitzen und behielten nach der Heirat ihren Namen.

Besonders bemerkenswert ist das Grab der Reliefs in Cerveteri, da es das Aussehen eines Familienhauses nachahmt und somit ein hervorragendes Dokument des etruskischen Alltagslebens darstellt. Auf gemalten Reliefs sind verschiedene Haushaltsgeräte und andere Gegenstände dargestellt, die Grabnischen in diesem luxuriösen Familienmausoleum sind sogar mit Kissen ausgestattet. Das Grab der Reliefs wird auf das späte 4. oder 3. Jahrhundert v. Chr. datiert. Mitte des 3. Jahrhunderts v. Chr. hatte Rom Etrurien eingenommen.

RÖMISCHE KUNST

Das am Tiber in Mittelitalien gelegene Rom war ein Dorf mit Lehmhütten, die von Hirten und Bauern bewohnt und von etruskischen Königen regiert wurden. Seit seiner Gründung wurde Rom stark von der griechischen und etruskischen Kultur beeinflusst. Nach Verlusten in Kriegen mit den Griechen in Italien ging die Macht der Etrusker zurück und die Roms wuchs. Die antike römische Geschichte gliedert sich in das Königreich (ca. 750–509 v. Chr.), die Republik (509–27 v. Chr.) und das Kaiserreich (27 v. Chr. bis 476 n. Chr. im Westen und 1453 n. Chr. im Osten).

Im Gegensatz zur etruskischen war die römische Gesellschaft stark patriarchalisch geprägt. Der pater familias hatte die absolute Autorität über seine Familie, die die grundlegende soziale Einheit darstellte. Römische Frauen sollten im Allgemeinen außer Sicht bleiben und sich keusch um die häuslichen Pflichten kümmern, während römische Männer sich an militärischen und öffentlichen Angelegenheiten beteiligen sollten. Außerdem war die Gesellschaft in Sklaven und Nicht-Sklaven, in Bürger und Nicht-Bürger und unter den Bürgern in Plebejer und Patrizier unterteilt, je nach Geburt.

Der Dichter Horaz schrieb im 1. Jahrhundert v. Chr.: »Graecia capta ferum victorem cepit« (Das gefangene Griechenland erobert seinen wilden Eroberer); obwohl die Römer die Griechen im Kampf besiegten, dominierte die griechische Kultur die römische.

Tatsächlich lobten römische Schriftsteller eher griechische Künstler wie Polyklet, Praxiteles und Lysippos als römische Künstler.

Die römische Kunst war jedoch nicht nur eine Fortsetzung oder Nachahmung der griechischen Kunst. In der Wandmalerei führten die Römer Bilder ein, die gleichzeitig dekorativ und täuschend echt waren. In der Bildhauerei schufen sie die ersten wirklich naturalistischen Porträts, in der Architektur nutzten sie die Möglichkeiten des Bogenprinzips und der Betonbauweise.

Man unterscheidet vier Stile der römischen Wandmalerei. Der erste Stil, die Inkrustation, 2. Jahrhundert bis ca. 80 v. Chr., besteht aus bemalten Imitationen von farbigen Mauerplatten. Im Haus der Samniten in Herculaneum zum Beispiel betonen die bemalten Marmorimitationen die flache Wandoberfläche.

Der zweite Stil, der architektonische, stammt aus der Zeit von ca. 80–30/20 v. Chr. Tatsächliche Architektur wird in Farbe nachgeahmt, wie im Haus der Greifen auf dem Palatin in Rom (gegenüber). Bei dieser Zurschaustellung von Reichtum und Status schmückt die fiktive Architektur einen ganzen Raum. Die festen Wände verschwinden, während der Künstler die Dimensionen des Raums scheinbar erweitert. Die antiken Römer bewunderten visuelle Kunstgriffe: Plinius der Ältere schreibt in seiner Naturgeschichte, dass ein Gemälde mit Dachziegeln Lob erntete, als Krähen versuchten, sich auf ihnen niederzulassen.

Der dritte Stil, der ornamentale, stammt aus dem späten 1. Jahrhundert v. Chr. bis zur Mitte des 1. Jahrhunderts n. Chr. Große Flächen sind in einer einzigen Farbe bemalt – entweder rot, schwarz oder weiß – und betonen die flache Wandoberfläche. Kleine Szenen sind in gemalten Rahmen dargestellt. Dekorative architektonische Details, zarte florale Motive und Figuren verschönern das Bild. Die Casa della Farnesina in Trastevere, Rom, ist ein Beispiel dafür.

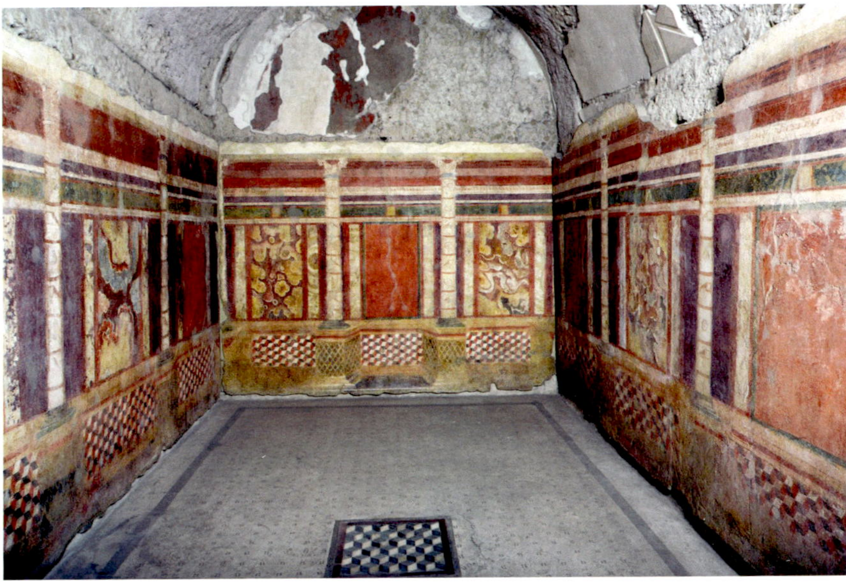

Römischer Künstler
Cubiculum (Schlafraum)
Aus dem Haus der Greifen, Rom
ca. 80–40 v. Chr., früher zweiter Stil

Das meiste, was wir über die antike römische Wandmalerei wissen, stammt aus den Städten Herculaneum und Pompeji, die durch den Ausbruch des Vesuvs (79 n. Chr.) konserviert wurden. Das Haus der Greifen ist dagegen eines von mehreren erhaltenen Werken in Rom.

Der vierte Stil, der Kompositstil, der von der Mitte des 1. Jahrhunderts n. Chr. bis zum Ausbruch des Vesuvs im Jahr 79 n. Chr. verbreitet war, kombiniert Elemente der drei vorangegangenen Stile. So finden sich im Ixion-Saal des Hauses der Vettii, Pompeji, 63–79 n. Chr., nachgemachte Marmorplatten, imitierte Architektur und kleine Szenen, umgeben von großen Flächen in Volltonfarben.

Obwohl keine griechische Wandmalereien erhalten sind, geht man davon aus, dass römische Gemälde griechische Vorbilder kopieren. Es ist sicher, dass die griechische Bildhauerei die römische beeinflusst hat. Die griechischen Statuen stellen jedoch Götter und Helden dar, während die römischen Bildhauer Statuen von Menschen schufen. Die Konzentration auf naturalistische Porträts hängt mit der Bedeutung der Familie zusammen, wie die Skulptur eines römischen Patriziers mit den Büsten seiner Vorfahren (Kapitolinische Museen, Rom) aus dem späten 1. Jahrhundert zeigt. Darüber hinaus verehrte die Römische Republik das Alter als eine Tugend. So hielten die Bildhauer die unvermeidlichen Veränderungen fest, die mit den Jahren eintreten (umseitig).

Nach Jahren des Bürgerkriegs begründete Augustus das römische Kaisertum und regierte von 27 v. Chr. bis 14 n. Chr. Der Augustus von Primaporta (gegenüber), der um 20 v. Chr. geschaffen wurde, fällt mit einer Veränderung des künstlerischen Stils zusammen. Als Augustus mehr griechische Künstler importierte, milderte der griechische Fokus auf jugendlichen Idealismus die strengen

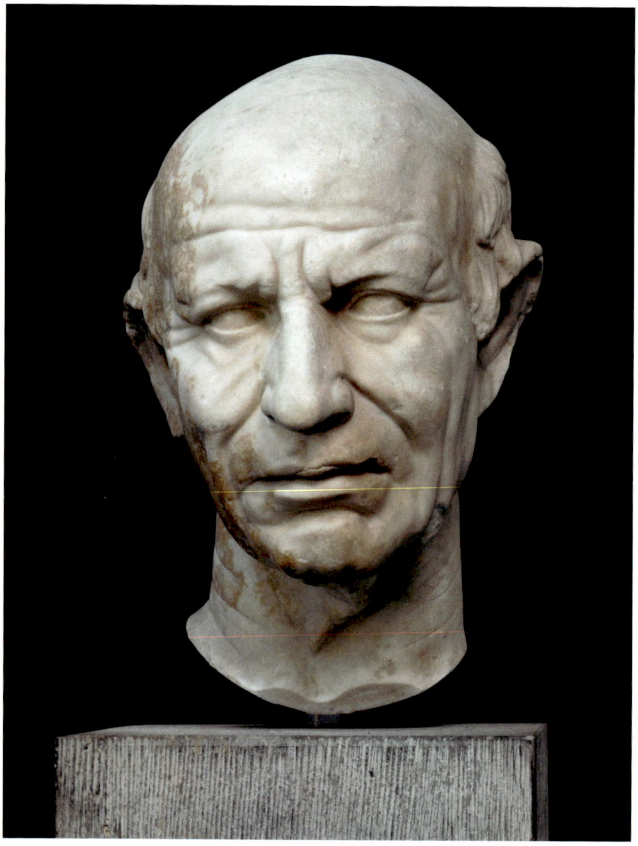

Römischer Bildhauer
Porträt eines republikanischen Römers
ca. 70–60 v. Chr.
Marmor, lebensgroß
Glyptothek, München

Falten, schlaffe Haut, Haarausfall, die körperlichen Unregelmäßigkeiten und Unvollkommenheiten des Alters wurden von den republikanischen Bildhauern nicht nur erkannt, sondern scheinbar bewusst hervorgehoben.

republikanischen römischen Porträts. Dies ist ein erkennbares, wenn auch etwas idealisiertes Porträt des Augustus. Die Verzierung auf dem Brustpanzer ist ein symbolischer Verweis auf die Pax Romana (Römischer Frieden), die unter Augustus eintrat.

Römische Architekten wurden stark von ihren griechischen und etruskischen Vorgängern beeinflusst. Der rechteckige römische Tempeltyp, wie das Maison Carrée in Nîmes, das in den ersten Jahren des 1. Jahrhunderts n. Chr. errichtet wurde, geht auf eine Verschmelzung griechischer und etruskischer Vorbilder zurück. Die Römer verwendeten die griechische dorische, ionische und korinthische sowie die etruskische toskanische Ordnung und schufen die Kompositordnung, indem sie die Volute der ionischen mit den Akanthusblättern der korinthischen Ordnung kombinierten. Die römische Innovation ging noch viel weiter.

Zahlreiche Theater, Amphitheater und Arenen boten der Bevölkerung im ganzen Reich Unterhaltung und Abwechslung. Das

Römischer Bildhauer
Augustus von Primaporta
ca. 20 v. Chr.
Marmor, Höhe 2,03 m
Braccio Nuovo, Vatikanische Museen, Rom

Diese überlebensgroße Marmorfigur verherrlicht den Kaiser und den römischen Frieden unter seiner Herrschaft.

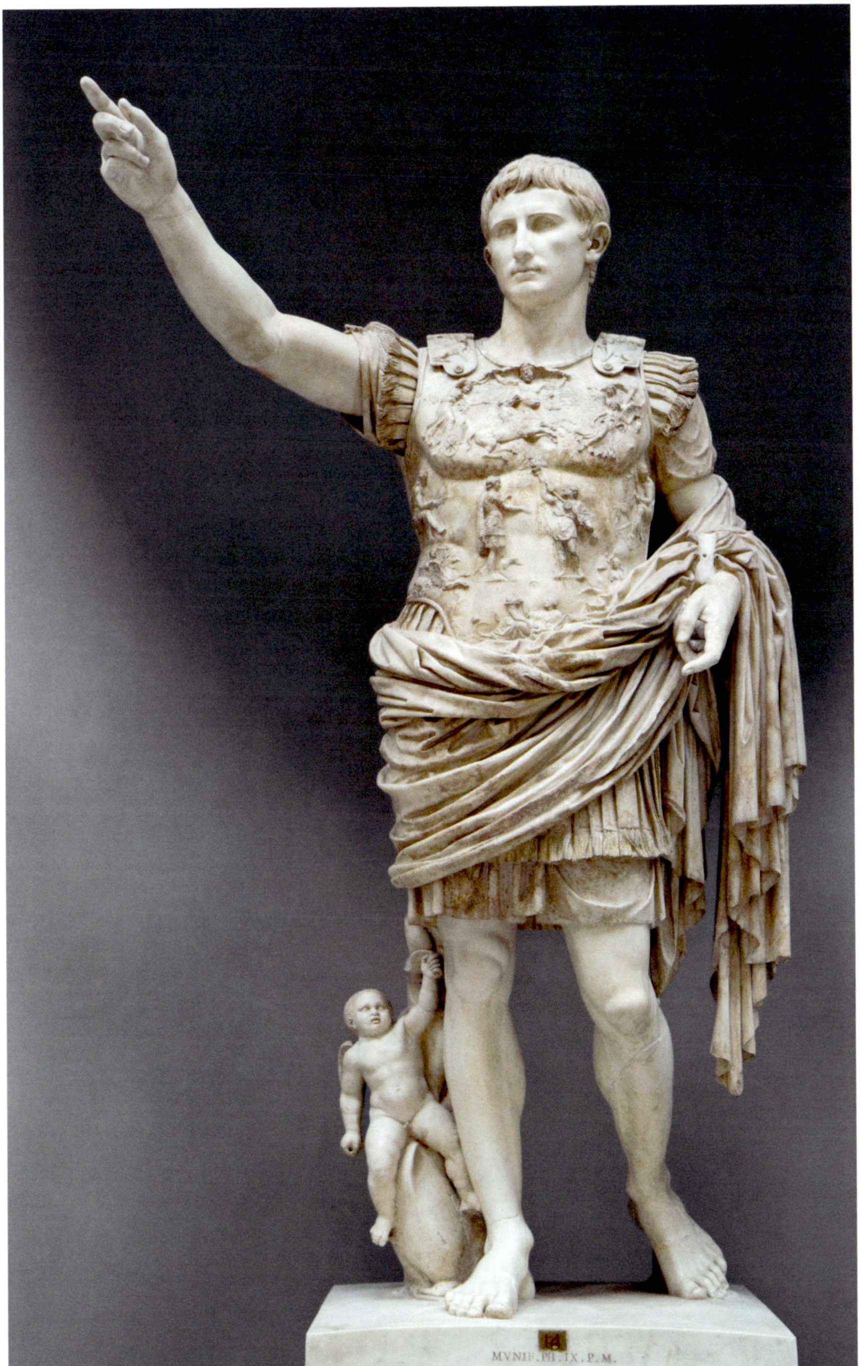
MVNIF.PII.IX.P.M.
AN.XVIII

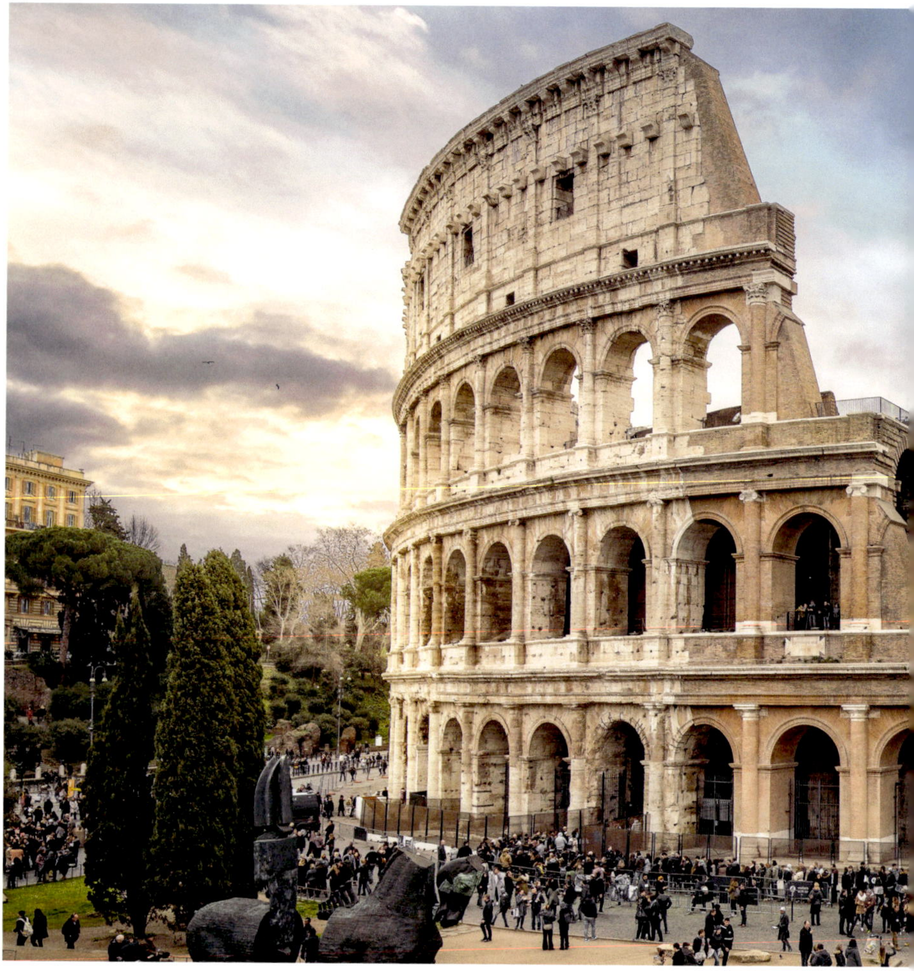

griechische Theater war halbkreisförmig; die Römer verdoppelten es und schufen so eine runde oder ovale Struktur. Das Kolosseum in Rom (oben), das 70–80 n. Chr. erbaut wurde, war das größte Amphitheater der antiken Welt. Mehr als 50.000 Menschen konnten den Veranstaltungen beiwohnen, während sie durch ein bewegliches Vordach vor der starken Sonne Roms geschützt waren. Zu den Spektakeln gehörten Einzel- und Gruppenkämpfe, importierte Tiere und sogar inszenierte Seeschlachten.

Sowohl der Beton als auch das Gewölbe sind älter als die Römer, aber die Römer waren die ersten, die sich ihre Möglichkeiten zunutze machten. Die innere Struktur des Kolosseums besteht aus Beton, der durch das Mischen von Zement mit kleinen Steinbrocken hergestellt

Römischer Baumeister
Colosseum, Rom
71–80 n. Chr.
Stein und Beton

Römische Architekten und Ingenieure schufen außergewöhnliche Großbauten, in denen die von der römischen Öffentlichkeit erwartete, staatlich geförderte Unterhaltung präsentiert wurde.

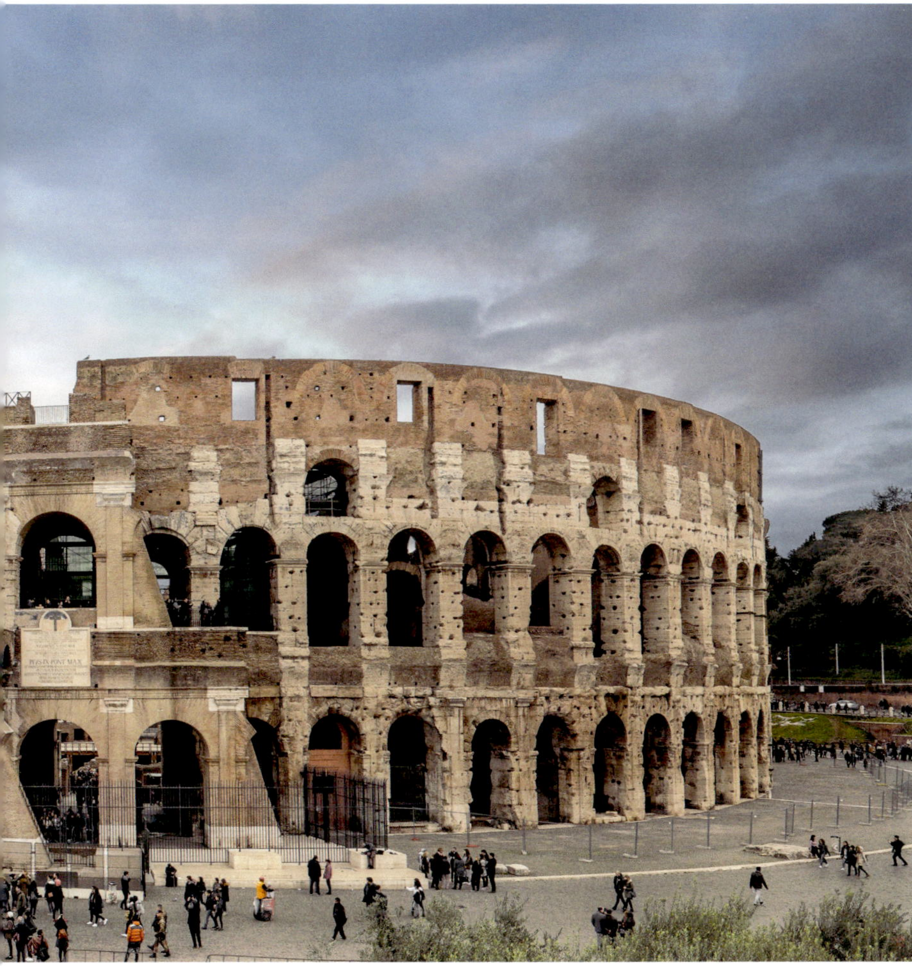

wurde, ein hervorragendes Material, um schnell und kostengünstig starke Wände zu bauen. Die Wände wurden mit Travertin und Tuffstein (einer Art Kalkstein) verkleidet, wobei die Steine durch Bronzeklammern zusammengehalten wurden. An der Außenseite sind verankerte Säulen dreier architektonischer Ordnungen kombiniert: die unterste Ebene ist die toskanische Ordnung, darüber die ionische und die dritte Ebene die korinthische. Auf der vierten Ebene werden die Säulen durch Pfeiler ersetzt, die ebenfalls korinthisch sind. Achtzig Bögen um das Kolosseum herum ermöglichen einen einfachen Ein- und Ausgang für eine große Anzahl von Menschen.

Das Pantheon (umseitig), ein allen römischen Göttern geweihter Tempel, der 118–125 n. Chr. unter Hadrian erbaut wurde, ist ein

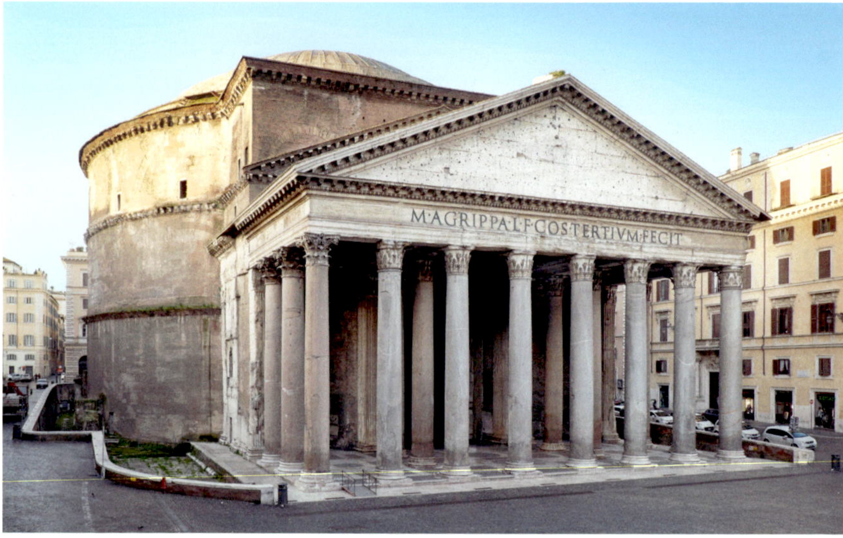

weiteres wichtiges rundes Gebäude des antiken Roms. Er wurde von Apollodorus von Damaskus entworfen und ist einer von vielen Tempeln, die für die polytheistische Religion der Römer gebaut wurden. Das ursprüngliche Aussehen war noch beeindruckender, als Stufen zum Eingang hinaufführten und die Vorhalle umfangreicher war.

Apollodorus von Damaskus
Pantheon, Rom,
118–125 n. Chr.

Das Pantheon ist noch heute die größte ungestützte Betonkuppel der Welt.

Viele spätere Bauwerke nutzten das Pantheon als Vorbild.

Die Betonkuppel ermöglicht es, einen großen Raum ohne Unterbrechung durch innere Stützen zu umschließen. Die Höhe des kreisförmigen Sockels unter der halbkugelförmigen Kuppel des Pantheons entspricht ihrem Radius, sodass die Gesamthöhe und der Durchmesser der Kuppel jeweils 44 Meter betragen. Das Opaion (Rauchloch) lässt das Sonnenlicht durch eine Öffnung mit einem Durchmesser von 9,1 Metern an der Spitze der Kuppel herein. Die Kassetten (viereckige Vertiefungen) auf der Innenseite der Kuppel haben ihre Vergoldung und ihre Bronzerosetten verloren, nicht aber ihre Funktion, das Gesamtgewicht der Kuppel zu verringern.

Römische Architektur wurde häufig mit Skulpturen zu dekorativen, dokumentarischen und/oder gedenkenden Zwecken kombiniert. Eine römische Spezialität sind monumentale Säulen und Bögen, in die erzählende Szenen zur Erinnerung an einen militärischen Triumph eingemeißelt sind. Nach einer Reihe von Feldzügen erreichte das römische Reich 117 n. Chr. unter Trajan (reg. 98–117 n. Chr.) seine größte Ausdehnung. Apollodorus von Damaskus, der Architekt des Pantheons, entwarf auch die Trajanssäule auf dem Trajansforum in Rom, 106–113 n. Chr. Von unten nach oben gelesen, dokumentieren die Reliefs die Ereignisse mit bemerkenswerter Präzision. Dargestellt sind Trajans erfolgreiche Kriege gegen die Daker (das heutige Rumänien), 101–3 n. Chr. und 105–7 n. Chr.

Die Römer waren auch unter Mark Aurel (reg. 161–180 n. Chr.) in den Markomannenkriegen entlang der Donau 166–180 n. Chr. siegreich. Die Ereignisse aus diesen Kriegen sind auf der Säule und dem (inzwischen zerstörten) Triumphbogen des Mark Aurel, beide in Rom, dargestellt. Das freistehende bronzene Reiterstandbild dieses Kaisers auf dem Kapitolinischen Hügel in Rom ist das Vorbild für viele spätere Darstellungen militärischer Anführer. Er ist hier unbewaffnet und wirkt friedliebend – ein stoischer Philosoph, sanft und weise.

Der Niedergang des Römischen Reiches begann mit der Herrschaft von Mark Aurels Sohn Commodus (reg. 180–192 n. Chr.), dessen Ermordung interne Konflikte auslöste. Von den 26 Kaisern, die zwischen 235 und 284 n. Chr. regierten, wurden 25 ermordet, was zu ständigen Umwälzungen führte. Im Jahr 324 erlangte Konstantin die Kontrolle über das gesamte Reich und verlegte 330 n. Chr. den Regierungssitz nach Konstantinopel (früher Byzanz, heute Istanbul). Rom war nicht länger das kulturelle Zentrum der westlichen Welt. Konstantin regierte bis zu seinem Tod im Jahr 337. Im Jahr 395 teilte sich das Reich in einen östlichen und einen westlichen Teil mit gleichberechtigten Kaisern. Im Jahr 476 wurde das westliche Reich, das durch Gebietsverluste an eindringende germanische Stämme geschwächt war, endgültig überrannt.

WICHTIGE IDEEN

- Prähistorie: Bilder und Architektur dokumentieren das Leben vor den schriftlichen Aufzeichnungen.
- Mesopotamien: In der sumerischen, babylonischen und assyrischen Kultur spielt die Kunst eine Rolle bei der Begründung politischer Macht.
- Ägypten: Kunst und Architektur spiegeln den Glauben an ein ewiges Leben nach dem Tod wider.
- Ägäis: Die Kulturen der Kykladen, Minoer und Mykener haben gemeinsame Einflüsse.
- Griechenland: In der geometrischen, archaischen, klassischen und hellenistischen Periode entstehen die Grundlagen der westlichen Kunst und Architektur und setzen dauerhafte Standards.
- Rom: Die Bewunderung für die griechische Kunst wird mit der naturalistischen Porträtmalerei kombiniert. Pantheon und Kolosseum entstehen durch die Verwendung von Beton und Bögen.

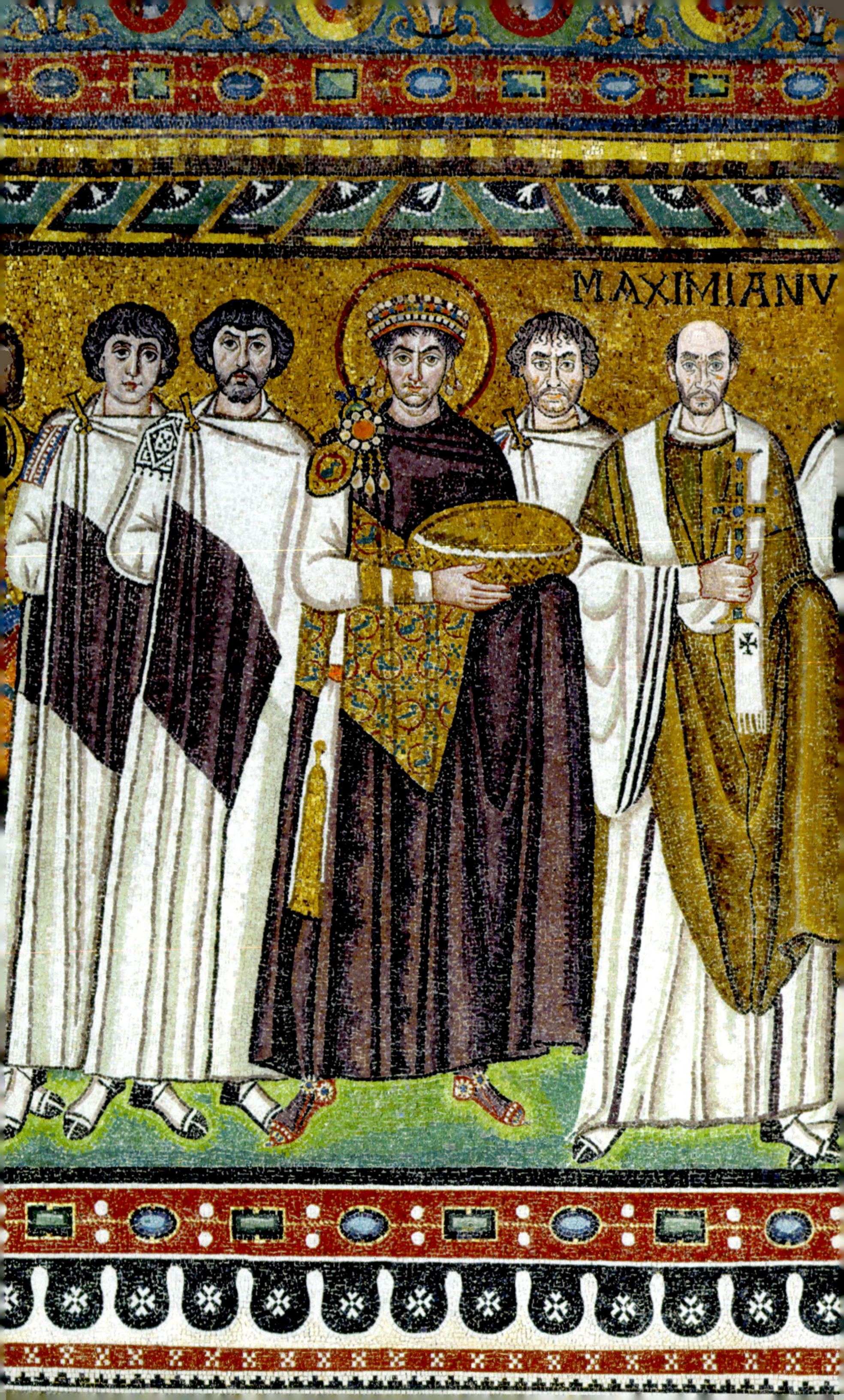
MAXIMIANVS

FRÜHCHRISTLICHE BIS MITTELALTERLICHE KUNST

-

Die Einführung neuer Themen in der Malerei und neuer Bautechniken in der Architektur fiel mit dem Aufkommen des Christentums zusammen und brachte bedeutende ästhetische Errungenschaften hervor.

-

Frühchristliche und byzantinische Kunst
Wie verwendete die christliche Religion Kunst, um ihre Position zu festigen?

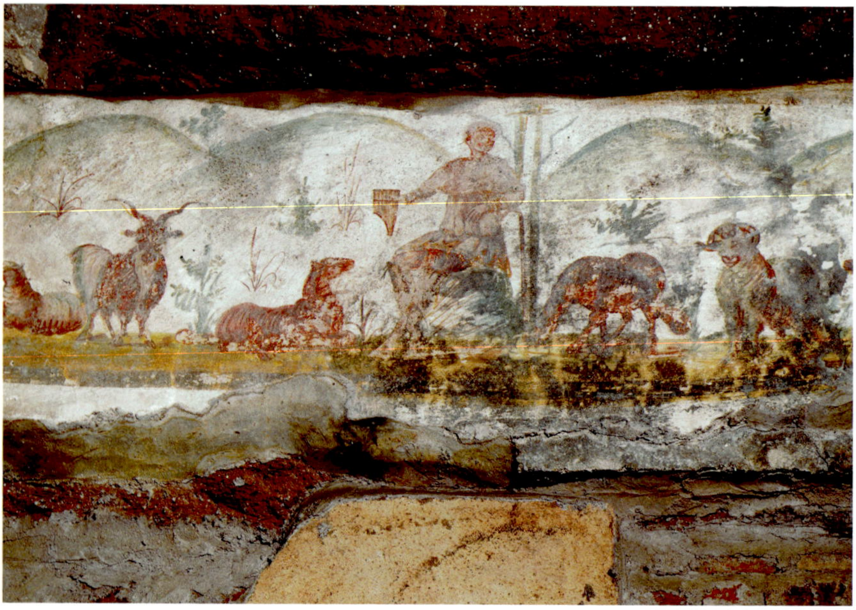

Römischer Künstler
Der gute Hirte,
Katakomben von Domitilla, Rom
3.–4. Jahrhundert n. Chr.
Fresko

Jesus wird als Hirte dargestellt, der seine Herde von treuen christlichen Anhängern führt und bewacht.

FRÜHCHRISTLICHE KUNST

Von seinen Ursprüngen in Judäa aus verbreitete sich das Christentum rasch im gesamten Römischen Reich. Die erste staatliche Sanktion gegen die neue Religion wurde 64 n. Chr. von Kaiser Nero verhängt, der die Christen zum Sündenbock für den verheerenden Brand in Rom in jenem Jahr machte. Trotz lokaler Verfolgungen herrschte im Reich allgemein religiöse Toleranz, und die Christen stiegen in einflussreiche und mächtige Positionen auf. Im Jahr 250 n. Chr. verlangte Kaiser Decius jedoch von allen Bewohnern des Reiches, den römischen Göttern zu opfern, was den Christen ein Gräuel war. Zwischen 250 und 313 kam es im ganzen Reich zu Christenverfolgungen, vor allem unter den Kaisern Valerian und Diokletian. Das Edikt von Mailand, das Kaiser Konstantin 313 erließ, stellte jedoch die Toleranz gegenüber allen Religionen wieder her. Mit dem Dreikaiseredikt von 380 wurde das Christentum zur offiziellen Religion des Reiches.

Das Aufkommen des Christentums führte zwar zu einem verstärkten Mäzenatentum in der Kunst, doch gibt es keinen »frühchristlichen Stil«. Religiöse Lehren wurden in bildlicher Form dargestellt, um die weitgehend analphabetischen Gläubigen zu unterrichten.

Bilder halfen, den christlichen Glauben zu verbreiten.

Die ältesten frühchristlichen Malereien sind an den Wänden und Decken der Katakomben erhalten, von denen einige so umfangreich sind, dass sie unterirdische Städte mit Gängen, Grabkammern und Grabkapellen darstellen, die in den Fels gehauen wurden. Beliebte Themen des Alten Testaments waren die Arche Noah, Daniel in der Löwengrube und Jona und der Wal. Beliebte Themen aus dem Neuen Testament stammen aus dem Leben Jesu, zeigen ihn als guten Hirten (gegenüber) und erzählen von seinen Wundern, wie der Heilung des Gelähmten und der Auferweckung des Lazarus.

In der Kirchenarchitektur ist Alt-St. Peter in Rom (unten) ein Beispiel für die frühchristliche Basilika. Sie wurde von Konstantin über dem Grab des Heiligen Petrus errichtet und von Papst Julius II. ab 1503 abgerissen, um Platz für den heutigen Petersdom zu schaffen (Seite 94).

Der Besucher betrat die Kirche durch das Atrium, einen rechteckigen, nach oben offenen Vorhof, der von Säulenarkaden umgeben war. Über den Narthex – eine Eingangs- oder Vorhalle –

Unbekannter Künstler
Zeichnung des Alt-St. Peter, Rom
Erbaut ca. 333 n. Chr.
(zerstört)

Die frühchristliche Basilika lieferte den Prototyp für viele Kirchen, die auf dem Grundriss eines lateinischen Kreuzes mit einer Längsachse errichtet wurden.

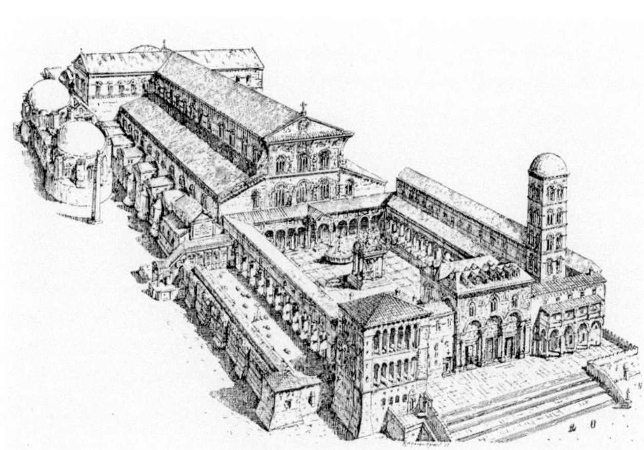

gelangte man in die eigentliche Kirche, die aus dem Kirchenschiff und dem Querschiff bestand, das senkrecht zum Kirchenschiff stand und dem Grundriss die Form eines T verlieh. Der Altar stand vor der halbkreisförmigen Apsis am Ende der Kirche. Das Licht kam aus den Oberlichtern des Kirchenschiffs, die durch eine leichte Holzdecke strukturell ermöglicht wurden.

Neben Basiliken mit dem Grundriss eines lateinischen Kreuzes errichteten die frühen Christen auch runde oder mehreckige Gebäude mit zentrischem Grundriss, wie Santa Costanza in Rom, die ursprünglich um 350 n. Chr. als Mausoleum für Konstantins Tochter Constantia errichtet wurde. Obwohl das Äußere aus schmucklosem Backstein besteht, ist das Innere reich verziert. Im Gegensatz zum Kreuzgrundriss wird Santa Costanza von einer Kuppel gekrönt, die einen großen, ununterbrochenen Raum bildet, der hier von einem Wandelgang umgeben ist, der von einem mit Mosaiken verzierten Tonnengewölbe bedeckt ist.

BYZANTINISCHE KUNST

Konstantin verlegte 330 n. Chr. die Hauptstadt des Römischen Reiches nach Byzanz und benannte sie in Konstantinopel um. Im Jahr 395 teilte Theodosius I. das Reich in zwei Verwaltungsgebiete auf: der Osten wurde von Konstantinopel aus kontrolliert, der Westen von Rom aus.

Während das westliche Reich zerfiel, überlebte der östliche, byzantinische Teil des Reiches und gedieh über Jahrhunderte. Auf einem seiner zahlreichen Höhepunkte, unter Kaiser Justinian (reg. 527–565), herrschte Byzanz über die Adria, einen Großteil Italiens, einschließlich Ravenna, Rom und Sizilien, sowie über Teile der westlichen Mittelmeerküste in Europa und Nordafrika. Zu Justinians Errungenschaften gehörte seine Kodifizierung der Gesetze, die die Entwicklung des Rechts in ganz Europa beeinflusste. Zusammen mit seiner Frau, der Kaiserin Theodora, führte seine großzügige Förderung der Künste zum ersten Goldenen Zeitalter der byzantinischen Kunst. Justinian soll der letzte der byzantinischen Kaiser gewesen sein, dessen Muttersprache Latein war. Griechisch war zur Sprache der Ostkirche, des täglichen Lebens und des Handels zwischen den Teilen des Reiches geworden.

Wie die runde Santa Costanza hat auch die achteckige byzantinische Kirche von San Vitale in Ravenna an der Ostküste Italiens, die 526–47 erbaut wurde, einen zentrischen Grundriss. Ein Vorteil dieser Kuppelbauten, der große Innenraum, ist zugleich ein Nachteil, weil die Kuppel den Blick des Besuchers nach oben zieht und mit dem Altar um Aufmerksamkeit konkurriert. Im Gegensatz dazu lenkt die Längsachse des kreuzförmigen Grundrisses die Aufmerksamkeit automatisch auf den Altar. Obwohl San Vitale auf allen drei Ebenen Fenster hat, fällt das Licht nur durch das Oberlicht im obersten Stockwerk direkt in das Kirchenschiff, wo es am hellsten ist und das farbenfrohe Innere hervorhebt: eine opulente Umgebung aus funkelndem Glas, goldenen Mosaiken und polierten Marmorplatten.

In San Vitale befindet sich ein Mosaikpaar aus der Zeit um 547, das Justinian (unten) und Theodora mit ihren Dienern um den Altar versammelt zeigt. Anders als die alten Römer interessierte sich die byzantinische Kunst nicht für die Illusion dreidimensionaler Figuren und des Bildraums. Die byzantinischen Figuren sind nur geringfügig individualisiert, alle haben nahezu identische Gesichtszüge, und ihre Kleidung gibt nur wenige Hinweise auf die darunter liegenden Körper. Ätherisch und immateriell scheinen sie zu schweben – was ein Glück ist, denn sonst würden sie sich gegenseitig auf die Füße treten.

Die Hagia Sophia, die »Kirche der Heiligen Weisheit«, erbaut 532–37 (umseitig), wurde ebenfalls für Justinian und Theodora errichtet. Sie wurde von Anthemios von Tralleis und Isidor von Milet entworfen und verbindet die Vorteile des zentrischen Grundrisses (offener Raum) mit den Aspekten der ursprünglichen Basilika als eines Ortes der Versammlung oder des Marktes. Strukturell wird

Byzantinischer Mosaikkünstler
Justinian und sein Hof,
San Vitale, Ravenna
ca. 547
Mosaik

Die Kunst dient dazu, politische Macht zu demonstrieren und Justinian (und Theodora) in der Öffentlichkeit als fromm darzustellen.

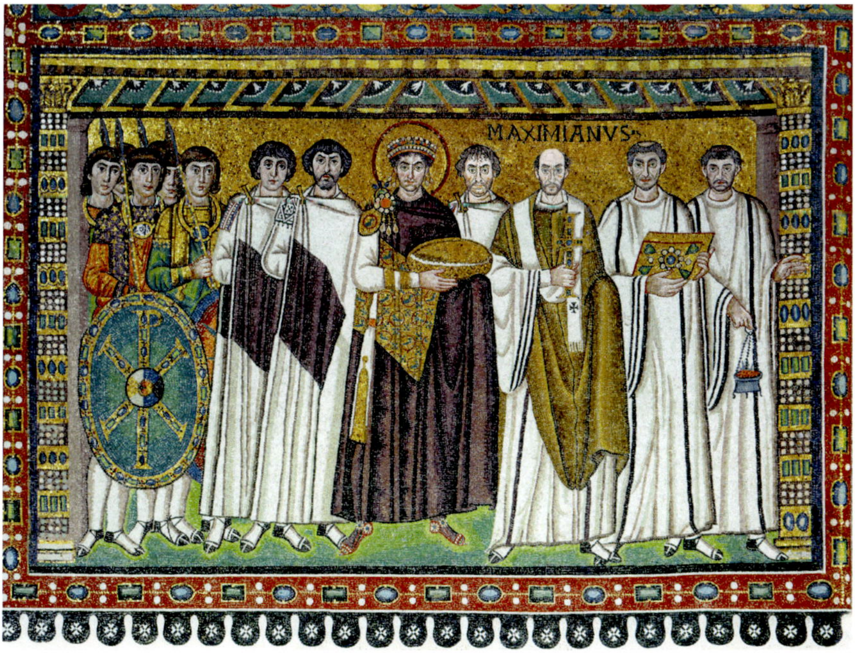

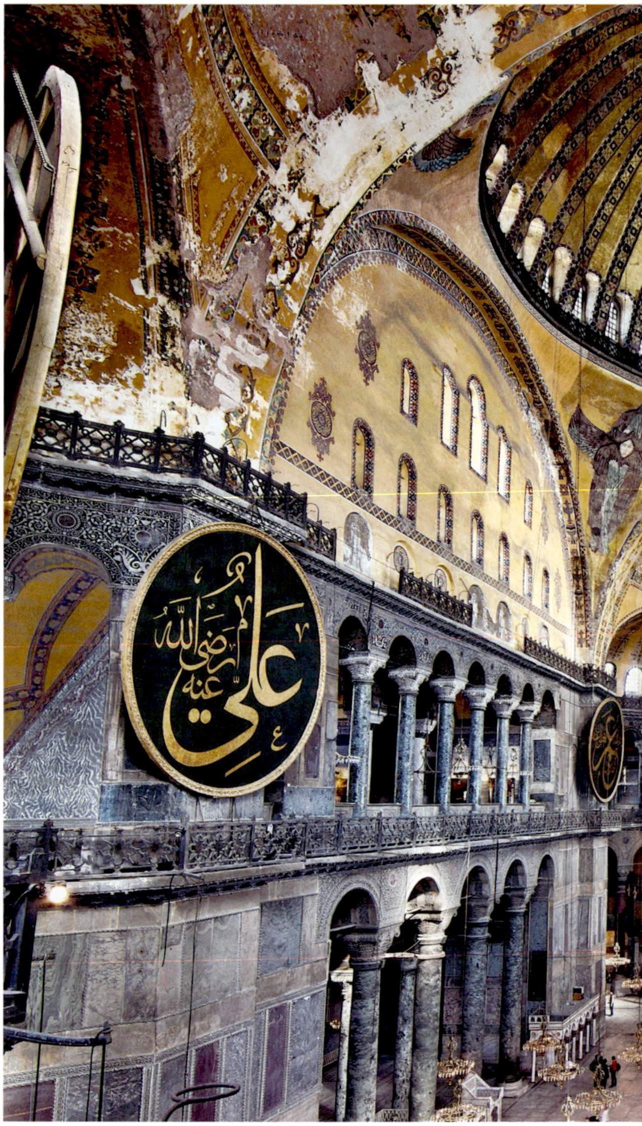

Anthemios von Tralleis und Isidor von Milet
Hagia Sophia, Istanbul, Innenaufnahme
532–37

Während San Vitale in Ravenna die byzantinische Macht und den Reichtum Justinians im Westen demonstrierte, tat die Hagia Sophia dies in Istanbul im Osten. Das Gebäude wurde nach dem Fall von Konstantinopel 1453 in eine Moschee umgewandelt und hat seither mehrmals seine Bestimmung geändert.

die riesige Zentralkuppel der Hagia Sophia auf gegenüberliegenden Seiten von zwei Halbkuppeln mit demselben Durchmesser wie die Zentralkuppel gestützt, die ihrerseits von zwei kleineren Halbkuppeln gestützt werden. Die Komposition wird durch die Wiederholung der geschwungenen Formen vereinheitlicht.

Im Gegensatz zur massiven Betonkuppel des Pantheon (Seite 42), die auf einem kreisförmigen Sockel ruht, stützt bei der

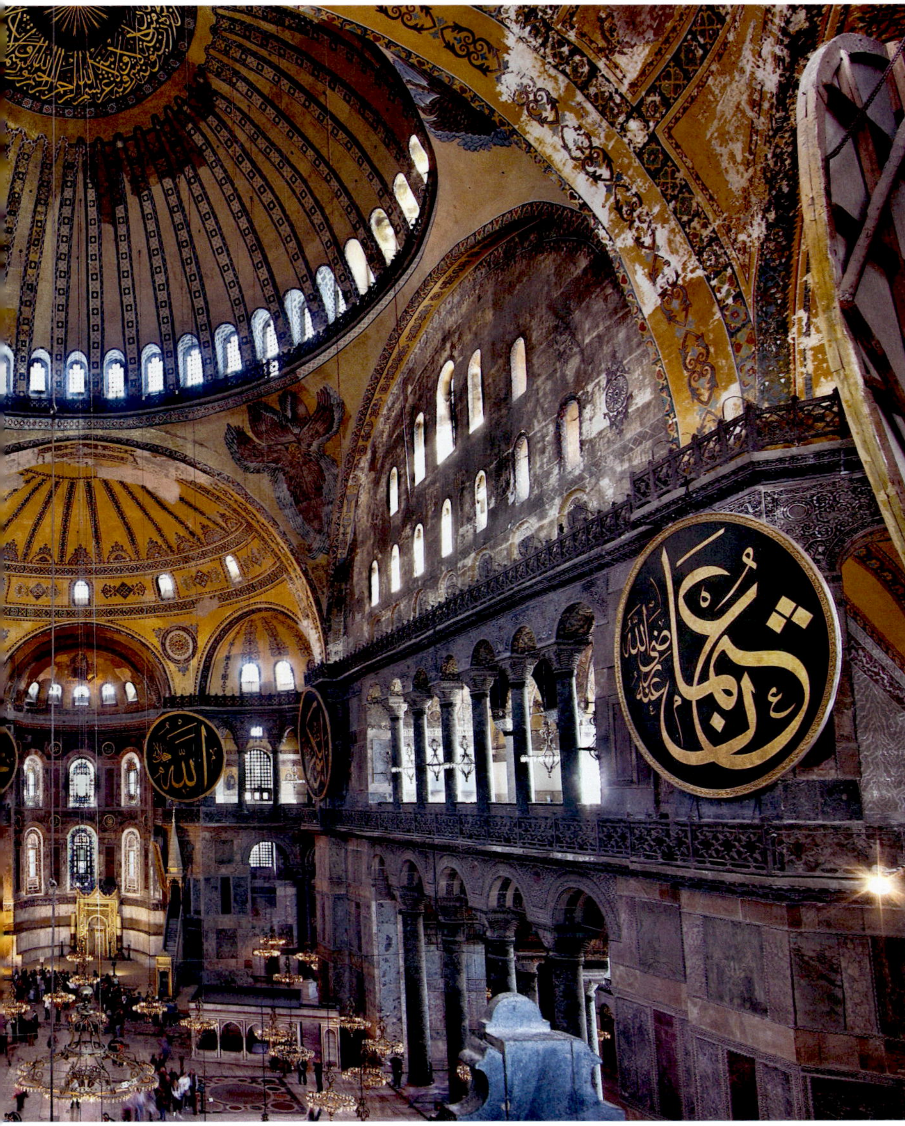

Hagia Sophia ein quadratischer Sockel, der aus vier stabilen Pfeilern besteht, die leichte Ziegelkuppel. Der Übergang vom quadratischen Sockel zur runden Kuppel wird durch vier Pendentifs – dreieckige Segmente einer Kugeloberfläche – aus Mauerwerk (zwei sind oben zu sehen) erreicht, die hier erstmals zum Einsatz kamen.

Justinian gründete auch das Katharinenkloster am Berg Sinai in Ägypten, das 548–65 erbaut wurde und eine der weltweit größten

Sammlungen bedeutender früher Manuskripte beherbergt. Die Byzantiner bewahrten viele der Werke der antiken griechischen Autoren für die Zukunft, wo diese einen großen Einfluss auf das europäische Denken haben sollten. Darüber hinaus enthält das Kloster Gemälde und Mosaike. Die thronende Madonna mit Kind, Heiligen und Engeln (rechts) ist das früheste bekannte Beispiel. Maria sitzt mit dem Jesuskind auf dem Schoß, flankiert von den drachentötenden Heiligen Theodor Tiro und Georg, wobei jeder ein Kreuz trägt, das symbolisch die Kreuzigung Jesu vorwegnimmt.

Mit dem Verbot religiöser Ikonen im Jahr 726 begann der byzantinische Bilderstreit, der das erste Goldene Zeitalter der byzantinischen Kunst beendete. Die Ikonodulen (Ikonenverehrer) überwanden jedoch 843 die Ikonoklasten (Ikonenzerstörer) und leiteten ein zweites Goldenes Zeitalter ein. Die ostgriechische, in Byzanz beheimatete Version des Christentums unterschied sich von ihrem lateinischen, in Rom beheimateten Gegenstück in verschiedenen Fragen: sprachlich, religiös und politisch (insbesondere in Bezug auf das Ausmaß der Macht des Papstes über die griechische Ostkirche). Der endgültige Bruch erfolgte 1054 mit dem Großen Schisma, bei dem sich die orthodoxe und die römisch-katholische Kirche gegenseitig exkommunizierten.

Ein Symbol für das zweite Goldene Zeitalter ist der Markusdom in Venedig, der 1063 begonnen wurde. Der Markusdom ist auf dem Grundriss eines griechischen Kreuzes mit vier gleich langen Armen gebaut, im Gegensatz zu einem lateinischen Kreuz mit einem längeren Arm, wie der Alt-St. Peter. St. Markus hat eine Kuppel in der Mitte und eine über jedem Arm.

Betritt man den Markusdom, erwartet einen funkelnde Pracht. Die sechzehn Fenster im Fuß jeder Kuppel schaffen Atmosphäre, aber keinen hell erleuchteten Raum – die ideale Kulisse für die glitzernden Mosaike aus Gold- und Glassteinen (kleine, in nassen Putz gepresste Würfel) an den Wänden und Kuppeln. Die Mosaike stellen verschiedene religiöse Figuren und Geschichten dar.

Umgeben von aggressiven Staaten wuchs und schrumpfte die territoriale Ausdehnung des Byzantinischen Reiches im Laufe der Jahrhunderte. Der Verlust der Herrschaft über die Meere an Venedig, insbesondere nach 1204, und der Verlust eines Großteils Anatoliens an die osmanischen Türken im 13. und 14. Jahrhundert beeinträchtigten sowohl die Landwirtschaft als auch den Handel und damit die Wirtschaft sowie die Fähigkeit von Byzanz, sich zu verteidigen. Im Jahr 1453 fiel Konstantinopel an die osmanischen Türken und die Stadt wurde zum muslimischen Istanbul.

Byzantinischer Künstler
Thronende Madonna und Kind mit Heiligen und Engeln,
Katharinenkloster, Berg Sinai, Ägypten
Spätes 6. Jahrhundert
Enkaustik auf Holztafel, 68,5 x 49,7 cm

Viele westliche Darstellungen von Maria und Jesus basieren auf byzantinischen Modellen wie diesem. Diese Ikone half den Gläubigen beim Gebet, während sie vor dem Bild meditierten. Obwohl man glaubte, dass sie die dargestellte Person verkörperte und Wunder vollbringen konnte, durfte sie nicht als Götze verehrt werden.

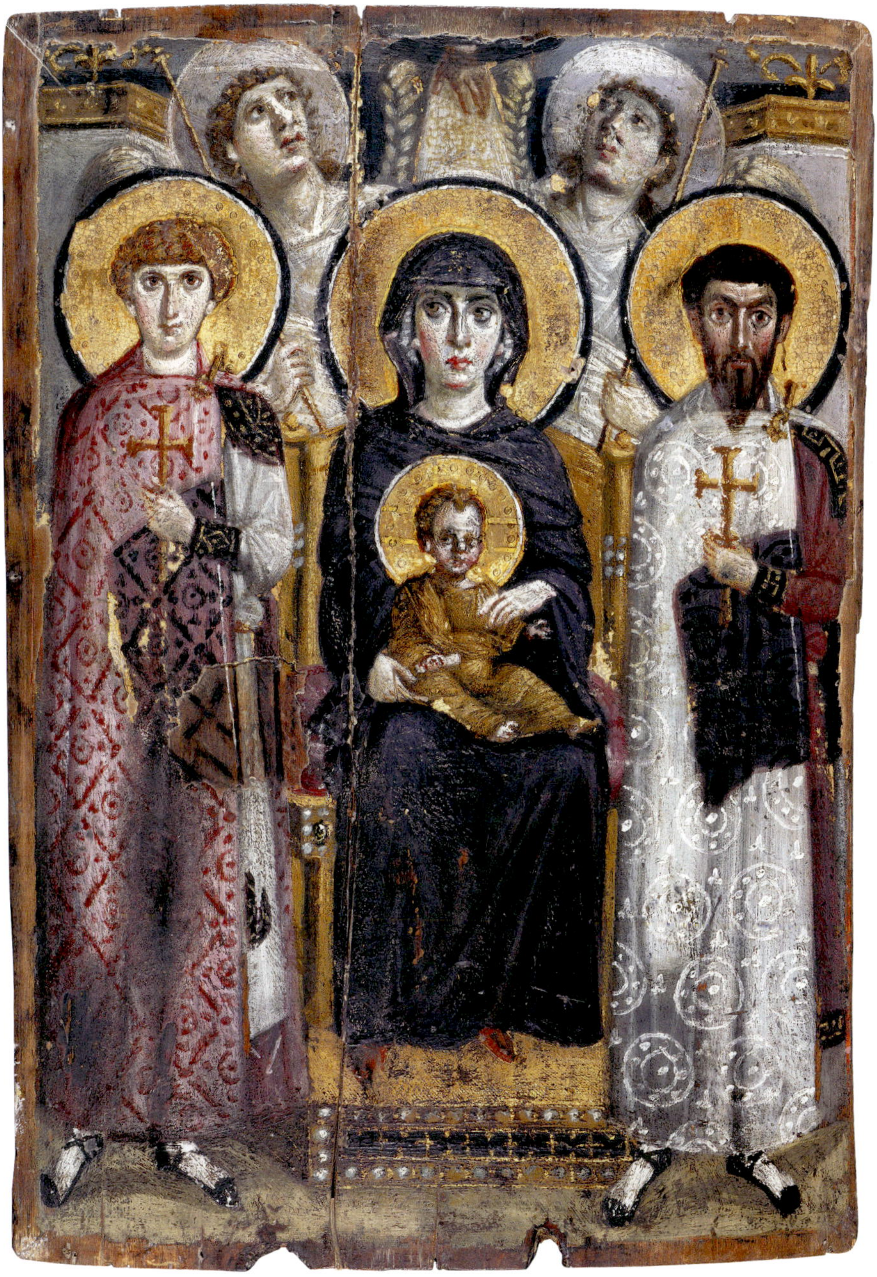

Frühmittelalterliche und romanische Kunst
Sind didaktische Bilder ein wirksames Mittel für die Lehre?

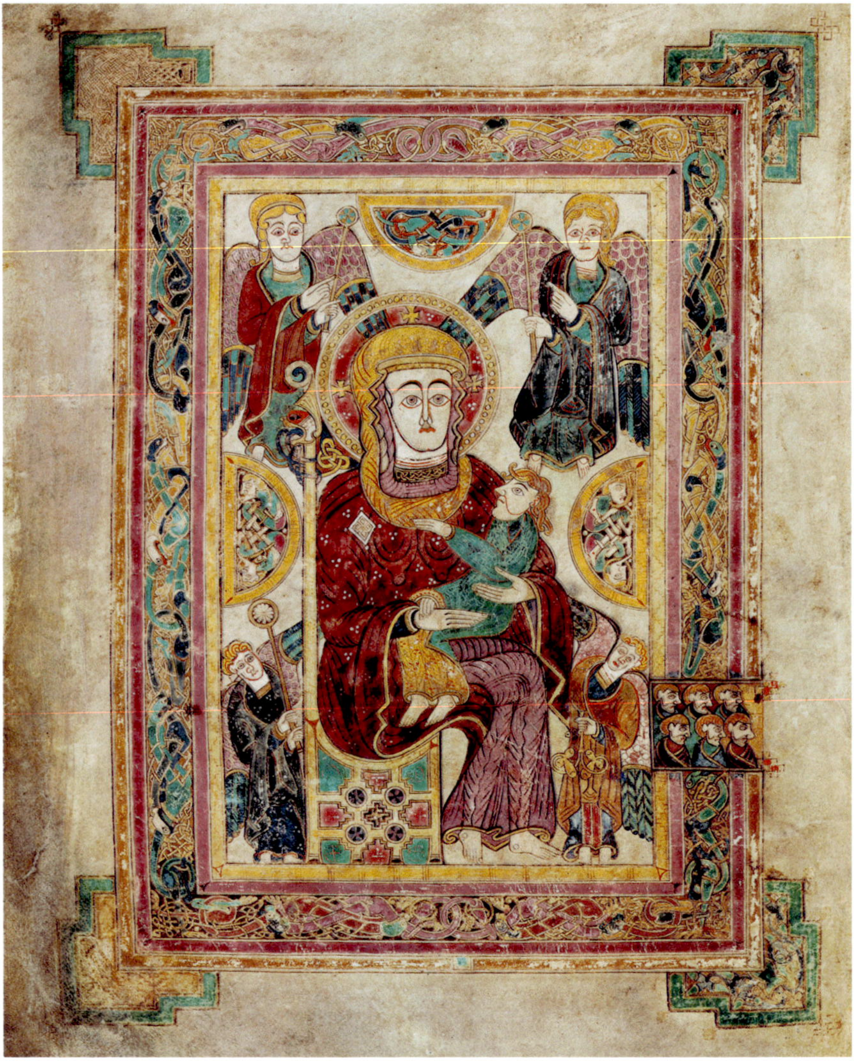

FRÜHES MITTELALTER (500–1000)

Wie Bevölkerungsstatistiken zeigen, befand sich Westeuropa seit dem Fall Roms im Jahr 476 bis etwa 1000 in einem politischen und sozialen Wandel. Um 500 lebten in den von den Römern kontrollierten Gebieten schätzungsweise 22 Millionen Menschen, diese Zahl sank dann bis 650 auf etwa 14,5 Millionen und stieg mit der unter Karl dem Großen (reg. 768–814) und seinen Nachfolgern erreichten Stabilität wieder auf etwa 29 Millionen an. Mit der Bevölkerungszunahme wuchsen auch die Anbauflächen und der Handel, wodurch sich der Reichtum des Adels und der Kirche für außerlandwirtschaftliche Investitionen erhöhte.

Irischer Illuminator
Madonna und Kind,
aus dem *Book of Kells*
ca. 800
Manuskript-Illumination,
33 x 24,1 cm
Trinity College Library,
Dublin

Dies ist die früheste bekannte Darstellung der Madonna mit Kind in der westeuropäischen Handschriftenmalerei.

Kunst der Völkerwanderung (sogenanntes dunkles Zeitalter)

Der Druck der Völkerwanderung aus dem Norden und Osten Europas nach Süden und Westen in das Reichsgebiet führte zu einer Epoche, die als Völkerwanderungszeit oder dunkles Zeitalter bezeichnet wird. Bis zum 9. Jahrhundert veränderte der Zustrom verschiedener nördlicher und östlicher Stämme die Bevölkerung Europas. Wie ungenau und irreführend der Begriff »dunkles Zeitalter« für die Kunst dieser Epoche ist, zeigen die Schätze des Schiffsgrabes, das auf die Jahre 625–633 datiert ist und in Sutton Hoo im englischen Suffolk entdeckt wurde. Zu den Fundstücken gehören Luxusgegenstände wie eine Gürtelschnalle, Schulterschließen und ein mit Gold, Granaten und Emaille kunstvoll verzierter Geldbeuteldeckel. Die Muster zeigen u. a. Tiere und andere, nicht identifizierbare Kreaturen.

Tiergeflechte tauchen auch in irischen und angelsächsischen Manuskripten auf – Bücher, die von Hand auf Tierhaut geschrieben wurden, die detaillierten Illustrationen werden als Illuminationen bezeichnet. Heidnische Motive wurden in Manuskripten aufgegriffen und an christliche Themen angepasst. Aus dieser Zeit sind keine weiteren Gemälde erhalten. Das Book of Kells (links), das um 800 von irischen Mönchen geschaffen wurde, enthält die lateinischen Texte der vier Evangelien. Die Mönche glaubten, dass die Schönheit der Ausschmückung die Bedeutung des Textes widerspiegelt. Trotz seines technischen Geschicks war der Künstler nicht an der genauen Wiedergabe des menschlichen Körpers interessiert, denn Maria und Jesus sind als dekoratives lineares Muster dargestellt. Diese Verlagerung des Schwerpunkts von der physischen Genauigkeit, mit der die alten Römer den menschlichen Körper darstellten, hin zur spirituellen Abstraktion des *Book of Kells* deutet darauf hin, dass der wachsende Reichtum und die zunehmende Macht der Kirche eine neue Quelle des Mäzenatentums für die Kunst darstellte.

Karolingische Kunst

Karl der Große (742–814) bestieg 768 als König der Franken (im Wesentlichen das heutige Frankreich) den Thron. Durch fast ununterbrochene Kriege dehnte er die fränkischen Gebiete bis in die Lombardei aus und stieß im Norden bis weit in das heutige Deutschland vor. Im Jahr 800 salbte Papst Leo III. ihn zum Kaiser der Römer.

Karl förderte das Studium der Klassiker und der klassischen Kunst. Seine Wiederbelebung der Klassik erhöhte die Bedeutung der menschlichen Figur in der Kunst. Im Krönungsevangeliar aus dem späten 8. Jahrhundert, das sich im Kunsthistorischen Museum in Wien befindet, ist der Heilige Johannes beispielsweise mit normalen Proportionen dargestellt und trägt eine scheinbar römische Toga. Karl der Große war bibliophil und stiftete klösterliche Skriptorien, in denen Manuskripte abgeschrieben wurden. Er hob den Stand der Alphabetisierung und der Bildung so weit an, dass seine Herrschaft als karolingische Renaissance bezeichnet wird.

Die Ausbreitung des Christentums in ganz Europa ging mit dem Wachstum des Mönchtums einher. Das tägliche Leben in einem Kloster folgte im Allgemeinen der Regel des heiligen Benedikt aus dem Jahr 516, die Gebet, Arbeit, Disziplin und Gehorsam gegenüber dem Abt vorschrieb. Karl der Große förderte die Benediktsregel in seinem gesamten Reich. Aus der karolingischen Zeit ist zwar nur wenig Architektur erhalten geblieben, aber ein großer Plan für ein ideales Kloster, der um 820–30 auf Pergament gezeichnet wurde, ist noch vorhanden. Da er in der Stiftsbibliothek Sankt Gallen (Schweiz) aufbewahrt wird, ist er weithin (und irrigerweise) als der Plan von Sankt Gallen bekannt. Er vermittelt einen guten Eindruck von den grundlegenden Bestandteilen eines mittelalterlichen Klosters: Kirche, Kreuzgang, Küchen, Gärten, Tiere, Krankenstation, Friedhof, Bedienstetenunterkünfte und eine Schule – Klöster waren im Mittelalter eine wichtige Quelle der Bildung.

Ottonische Kunst

Diese Epoche ist nach der Dynastie der Ottonen benannt, die sich in dem Teil des Karolingerreichs etablierte, der heute Deutschland ist. Gegründet wurde die Dynastie von Otto I., den Papst Johannes XII. 962 zum Heiligen Römischen Kaiser krönte.

Das *Gerokreuz* (rechts) ist eine Rarität und gehört zu den ältesten monumentalen Holzfiguren des Mittelalters. Lebensgroß, 1,88 m hoch, datiert um 965–70, wurde es von Erzbischof Gero dem Alten Dom zu Köln gestiftet. Im Gegensatz zu früheren Darstellungen dieses Themas soll diese bewusst ergreifende Skulptur tiefe Emotionen vermitteln und das Mitgefühl des Betrachters wecken.

Die ottonische Handschriftenmalerei wird durch das *Evangeliar Ottos III.* aus dem späten 10. Jahrhundert oder um 1000 repräsentiert

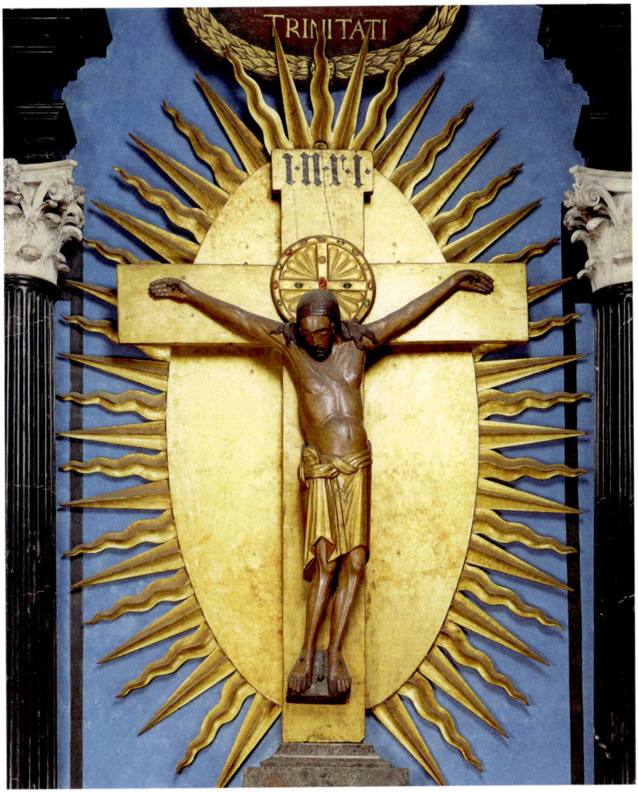

Mittelalterlicher Künstler
Gerokreuz
ca. 965–70
Eiche, Farbe und Gold,
Höhe 1,88 m
Kölner Dom

Andere Darstellungen des gekreuzigten Christus zeigen ihn lebendig am Kreuz, mit einer Königskrone, triumphierend über den Tod. Das Gerokreuz hingegen stellt den im Tod leidenden Christus dar. Der Korpus und das Kreuz sind original, die Goldverzierung dahinter stammt aus dem 17. Jahrhundert.

(Bayerische Staatsbibliothek, München). Vergleichbar mit dem *Gerokreuz* sollen auch hier die Gesten und Posen der gemalten Figuren Bedeutung und Emotionen vermitteln – ein mittelalterliches Modell für die nonverbale Kommunikation, heute als »Körpersprache« bekannt.

ROMANISCHE KUNST (1000 BIS MITTE 12. JH.)

Der Begriff Romanik leitet sich aus einer Assoziation mit den romanischen Sprachen ab, die sich aus dem Lateinischen entwickelten. In dieser Zeit begannen sich die Nationalstaaten in Frankreich, Spanien und England zu festigen. Die wachsende Bevölkerung wurde durch das Feudalsystem organisiert, in dem die Grundbesitzer als Gegenleistung für ihre Dienste die Bewirtschaftung ihres Besitzes erlaubten. Entgegen den landläufigen Erwartungen brachte das Jahr 1000 keine globale Katastrophe mit sich, und die Erleichterung nach der Jahrtausendwende führte zu religiösem Eifer, Pilgerreisen, dem Bau von Kirchen und Klöstern und einer blühenden Kunstszene.

Die Romanik blühte vor allem in Frankreich auf, und viele romanische Kirchen haben dort überlebt, häufig als Wallfahrtskirchen. Wallfahrten waren ein wichtiger Aspekt des mittelalterlichen Lebens; die Pilger reisten, um Reliquien (greifbare Erinnerungsstücke an die Heiligen und Christus) zu verehren.

Reliquien wurden häufig Wunderkräfte zugesprochen, vor allem die Fähigkeit zu heilen.

Beliebte Ziele in Westeuropa waren Santiago de Compostela (St. Jakobus von Compostela) in Spanien, Canterbury in England und Rom. Obwohl das Ziel der Pilger vordergründig religiöser Natur war, bot die Reise auch Abenteuer, Gefahren und die Möglichkeit, sich mit Menschen aus fremden Kulturen auszutauschen.

Die kleine Wallfahrtskirche Notre-Dame-la-Grande in Poitiers (gegenüber) weist zahlreiche Merkmale der romanischen Architektur auf: Rundbögen, dicke Steinmauern, kleine Fenster und niedrige, breite Proportionen mit Betonung der horizontalen Linien. In den Bögen der Fassade sind die zwölf Apostel und zwei Bischöfe dargestellt, die Hochreliefs zeigen verschiedene biblische Szenen.

Romanischer Baumeister
Notre-Dame-la-Grande, Poitiers, Fassade
Zweites Viertel des 12. Jahrhunderts

Diese romanische Kirchenfassade ist berühmt für ihren Reichtum an Skulpturen, die Säulenbündel unterschiedlicher Größe und die Vielfalt an Mustern und Texturen.

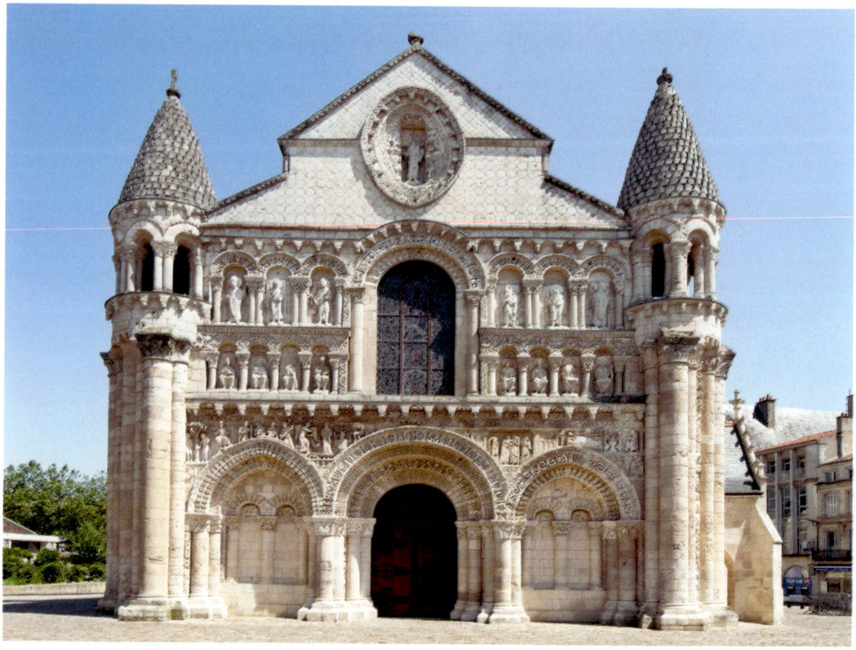

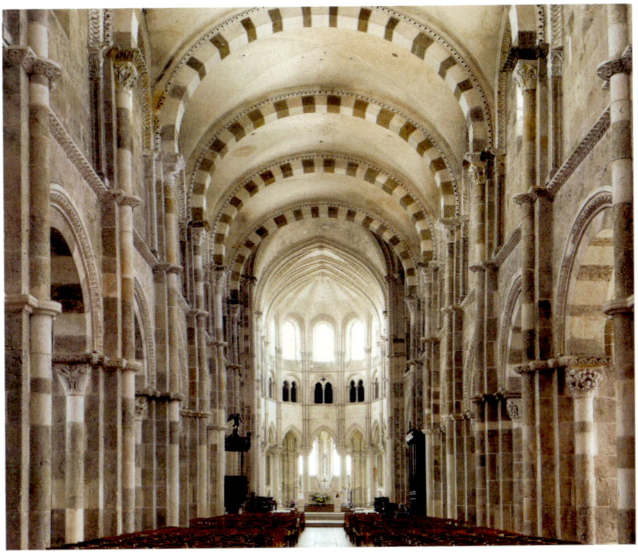

Romanischer Baumeister
Sainte-Madeleine, Vézelay, Kirchenschiff mit Blick zum Altar
1120–50

Die optisch harmonischen Proportionen des Kirchenschiffs von Vézelay ergeben sich aus der Verwendung einfacher mathematischer Verhältnisse zur Bestimmung der Abmessungen.

Ursprünglich waren die Skulpturen farbig bemalt, was die Figuren sichtbarer machte und besser wirken ließ, heute sind jedoch nur noch Spuren von Pigmenten vorhanden.

Die Baumeister romanischer Kirchen verwendeten verschiedene Gewölbeformen. Am weitesten verbreitet war das Tonnengewölbe (Tunnelgewölbe), wie in Notre-Dame-la-Grande in Poitiers und Santiago de Compostela. Ein steinernes Gewölbe bietet eine hervorragende Akustik und minimiert die Brandgefahr, die im Mittelalter oft Holzdecken zerstörte. Da ein steinernes Tonnengewölbe jedoch schwer ist und seitlichen Druck auf die Wände ausübt, müssen die Fenster des Kirchenschiffs möglicherweise weggelassen werden, um eine stärkere Struktur zu schaffen, was zu einem dunklen Innenraum führt.

Im Gegensatz dazu ist das Kirchenschiff der Wallfahrtskirche Sainte-Madeleine in Vézelay (oben), erbaut 1120–50, für eine romanische Kirche ungewöhnlich hell. Dies ist das Ergebnis des Baus mit Kreuzgewölben (Kreuzgratgewölbe) – zwei sich rechtwinklig kreuzende Tonnengewölbe, wodurch an den oberen Wänden automatisch flache Räume für Fenster entstehen. Die Voussoirs (keilförmige Steine) der Gewölbe, die abwechselnd schwarz und beige sind, bilden zebraartige Muster.

Die Tatsache, dass die Kirche im Mittelalter eine wichtige Quelle für das Mäzenatentum war, und der weit verbreitete Analphabetismus förderten die Verwendung der Kunst als Dekoration und didaktisches Lehrmittel zugleich. Indem sie biblische Geschichten erzählten und moralisierende Botschaften vermittelten, schufen die Künstler das

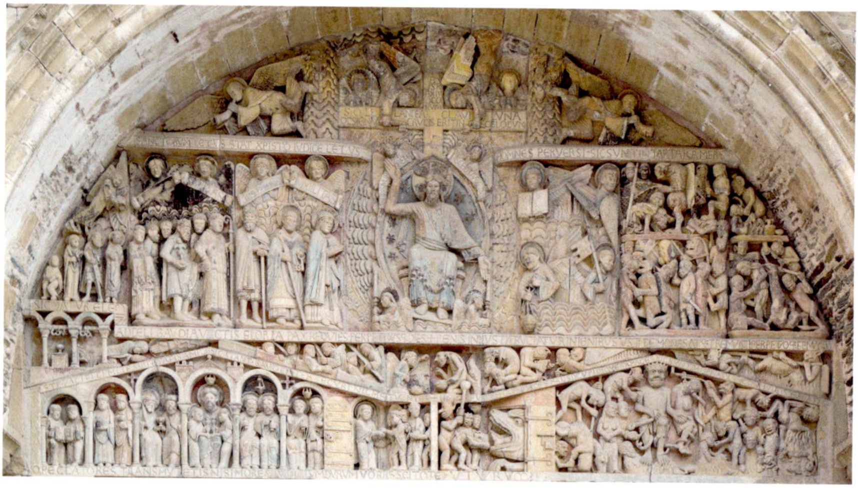

Äquivalent von Bilderbüchern für diejenigen, die nicht lesen konnten. Schwerpunkte der romanischen Bauplastik waren Tympana (Singular: Tympanon, die halbkreisförmige Fläche über einem Portal), Säulenkapitelle und Dachrinnen in Form von Wasserspeiern. Das Tympanon der Wallfahrtskirche Sainte-Foy in Conques (oben) aus dem frühen 12. Jahrhundert erzählt die Geschichte des Jüngsten Gerichts. Charakteristisch für romanische Tympana ist die große zentrale Christusdarstellung in einer Mandorla (ein spitzes Lichtoval, das Wort leitet sich vom italienischen Wort für Mandel ab). Die Seelen werden gewogen, das Schicksal hängt buchstäblich in der Schwebe. Zur Rechten Christi befinden sich die Geretteten, zur Linken die Verdammten, von denen einige in den Schlund der Hölle gezwungen werden. In Conques werden die sieben Todsünden dargestellt, die in der Hölle eine Strafe erhalten. So wird der Wilderer des Wildes der Abtei von vergeltenden Kaninchen am Spieß gebraten. Die Darstellungen der Höllenstrafen sollten das Verhalten der Menschen beeinflussen; es hieß, wenn die Liebe zu Gott die Menschen nicht von der Sünde abhalte, dann vielleicht die Angst vor der Hölle.

Besonders beliebt bei den Bildhauern der Romanik war die Darstellung der thronenden Madonna mit Kind (gegenüber). Dies ging mit dem Aufschwung des Marienkults einher, der durch zahlreiche Kirchen und Kathedralen belegt wird, die Maria geweiht sind. Anders als in dem Bild aus dem *Book of Kells* sitzen Mutter und Kind hier steif und unbeweglich und starren nach vorne, anstatt miteinander zu kommunizieren; nicht die geringste Andeutung von mütterlicher Wärme wird in dieser formalen Darstellung angedeutet. Die nicht-naturalistischen Proportionen der menschlichen Figur sind

Romanischer Bildhauer
Jüngstes Gericht
Tympanon, Sainte-Foy, Conques
Frühes 12. Jahrhundert
Sandstein und Farbe

Dieses Tympanon, wie auch andere romanische Beispiele, vermittelt eine Botschaft, die durch visuelle Verkündigung einprägsam gemacht wird, wobei eine Ikonographie verwendet wird, die dem analphabetischen Publikum des 12. Jahrhunderts vertraut war.

charakteristisch für die romanische Kunst. Die Falten des Gewandes bilden parallele Grate, die in einem perfekten Zickzack-Saum enden, der selbst für den geschicktesten Schneider unmöglich in Stoff zu realisieren ist. Indem sie die sichtbare irdische Welt in Richtung himmlische Welt verlassen, müssen die Gewänder nicht den Gesetzen der Schwerkraft gehorchen, denn die Falten fließen an Marias Beinen nach unten, aber an ihren Armen nach oben.

England

Der ursprünglich in Frankreich entwickelte romanische Stil verbreitete sich rasch in ganz Europa. England hatte eine besondere Verbindung zur französischen Romanik, denn der englische König

Romanischer Bildhauer
Jungfrau mit Kind auf dem Thron, Notre-Dame d'Orcival (Auvergne), Frankreich
12. Jahrhundert
Walnuss, Silber, versilbertes Kupfer und Farbe, Höhe 70 cm

Hier wird Maria als Thron der Weisheit dargestellt, vom lateinischen *sedes sapientiae*, auf dem mit Jesus die göttliche Weisheit sitzt. Die Familienähnlichkeit zwischen Mutter und Kind, das als kleiner Mann dargestellt ist, ist stark.

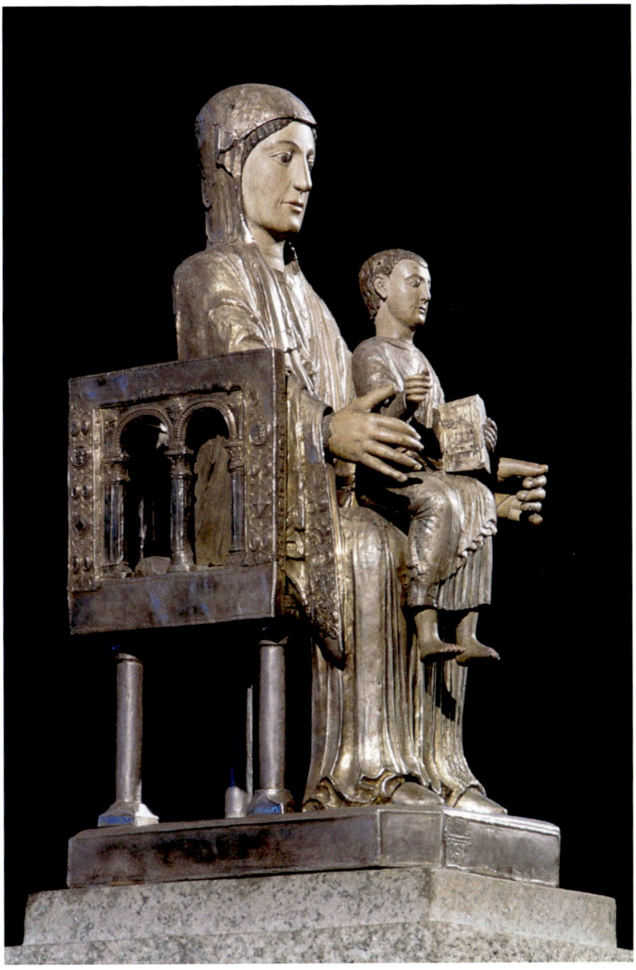

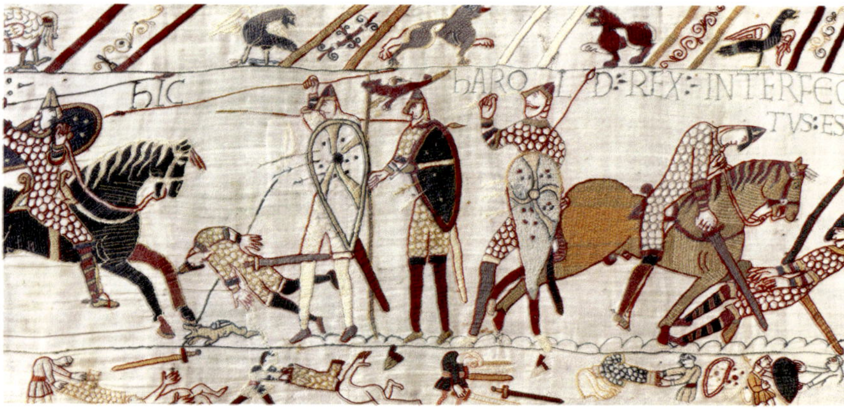

Unbekannter Künstler
Harold fällt in der Schlacht, Teppich von Bayeux,
ca. 1066–77
Wollstickerei auf Leinen, Höhe ca. 48–53 cm, Gesamtlänge ca. 68,38 m
Centre Guillaume le Conquérant, Bayeux

Normalerweise entsteht bei einem Wandteppich das Muster beim Weben des Stoffes auf einem Webstuhl. Dieses Exemplar müsste man eigentlich als Bayeux-Stickerei bezeichnen, da es sich um Leinengewebe handelt, das mit farbigen Wollfäden bestickt ist. Dieser Abschnitt zeigt den Tod von Harald Godwinson.

Edward der Bekenner wuchs in der Normandie auf und brachte Maurer mit, die am frühesten romanischen Bauwerk in England – der Westminster Abbey in London – arbeiteten.

Als Edward 1066 ohne Nachkommen starb, gab es gute Gründe für Wilhelm, Herzog der Normandie (ca. 1027–87), der durch Heirat mit der herrschenden Familie Englands verbunden war, den englischen Thron zu beanspruchen. Der Kampf um die Krone endete, als Wilhelm Harald Godwinson in der Schlacht von Hastings besiegte. Wilhelm wurde der erste normannische König von England und war fortan als Wilhelm der Eroberer bekannt. Diese Geschichte ist auf dem *Wandteppich von Bayeux* (oben) dargestellt, der um 1066–77 entstand und in einem einfachen Stil die wesentlichen Ereignisse zeigt. Dargestellt werden militärische Strategien, Waffen, Rüstungen und vieles mehr, darunter Soldaten im Kampf, beim Essen und auf Reisen.

Obwohl Wilhelm Aspekte der angelsächsischen Traditionen und Gesetze beibehielt, gewann die normannisch-französische Kultur einen bedeutenden Einfluss auf England. Die gewaltige Kathedrale von Durham mit ihrem Kreuzrippengewölbe zeigt den Einfluss der normannisch-romanischen Architektur.

Italien

In Italien, insbesondere in Pisa, entwickelte sich eine einzigartige Version der romanischen Architektur. Der 1063–92 erbaute Dom und der 1173 begonnene Glockenturm (Campanile), der berühmte »schiefe Turm von Pisa«, zeichnen sich durch mehrstöckige Arkaden und mit weißem und grünem Marmor verkleidete Flächen aus.

Die Kathedrale wurde von dem Baumeister Buscheto entworfen, die Fassade von Rainaldo. Der von Bonanno Pisano entworfene

Glockenturm ist ein – wie häufig in Italien – eigenständiges Bauwerk, während in anderen westeuropäischen Ländern zwei in die Fassade integrierte Glockentürme üblich waren. Aufgrund eines mangelhaften Fundaments neigt sich der Glockenturm.

Spanien

Wie bereits erwähnt, war das Ziel vieler Pilger die Kathedrale von Santiago de Compostela im Nordwesten Spaniens, die angebliche Grabstätte des Apostels Jakobus des Älteren. Obwohl die Fassade in einem späteren Barockstil renoviert wurde, ist das große Kirchenschiff mit seinem Kreuzrippengewölbe authentisch romanisch geblieben (unten). Halbkreisförmige Rippen verstärken das Gewölbe, dessen seitlicher Druck durch die flankierenden Seitenschiffe und die dicken Mauern abgeleitet wird. Auf Fenster in den Außenwänden wurde verzichtet, sodass der Innenraum recht dunkel ist. Das Motiv der zwei kleinen Bögen in einem größeren ist in der romanischen Architektur weit verbreitet.

Spanischer Baumeister
Kathedrale von Santiago de Compostela, Spanien 1075–1211, Kirchenschiff mit Blick zum Altar

Am Ende ihrer beschwerlichen Reise empfing Santiago de Compostela die Pilger und sollte sie nicht enttäuschen.

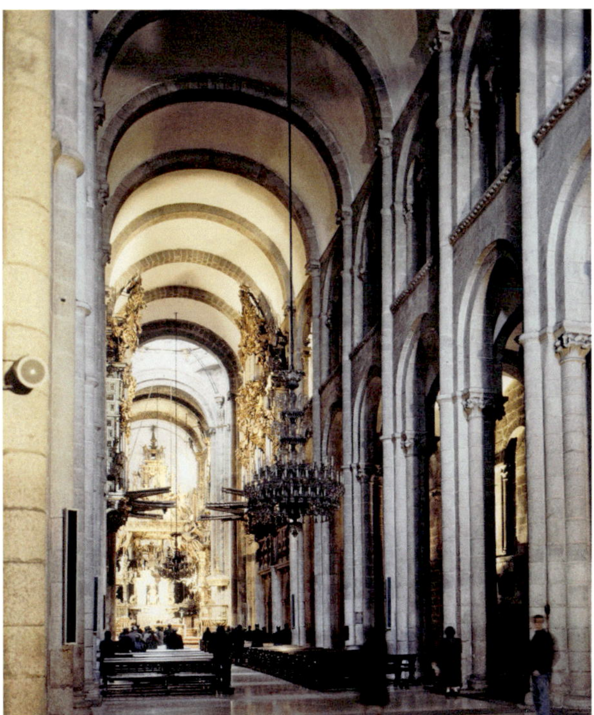

Gotische Kunst

Wie anders wäre die gotische Architektur ohne die Erfindung des Strebepfeilers und des Spitzbogens gewesen?

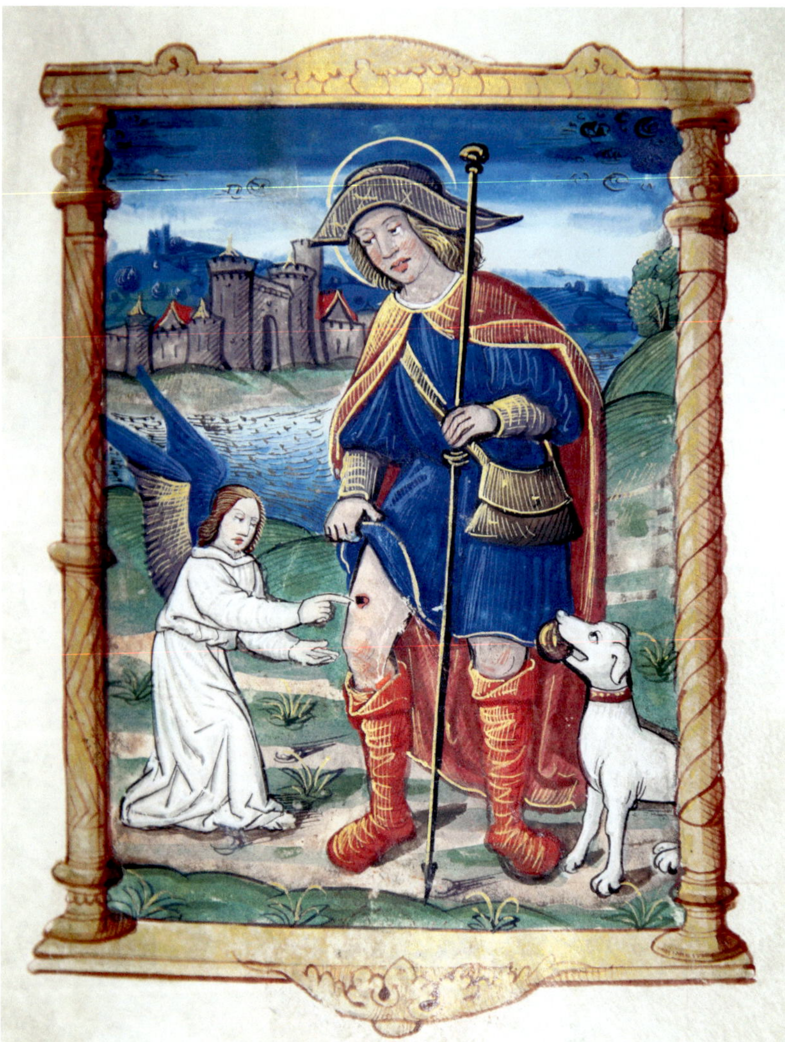

Französischer Illustrator
Detail aus *St Roch*, aus einem französischen Stundenbuch
Drittes Viertel des 15. Jahrhunderts
Handschriftmalerei, Gesamtgröße 19 x 14 cm
Rauner Library, Dartmouth College, Hanover, NH, MS. Codex 003103

Rochus zeigt einem Engel einen Bubos (daher Beulenpest) oder Pestabszess. Die Menschen wussten noch nicht, dass diese bakterielle Infektion von Flöhen ausging, die von Ratten übertragen wurden.

Der Begriff Gotik bezieht sich auf den Kunst- und insbesondere den Architekturstil, der in der Mitte des 12. Jahrhunderts in der Gegend um Paris entstand. Der Stil verbreitete sich in ganz Westeuropa und blieb bis zum 15. Jahrhundert in Frankreich populär, wobei einige Aspekte später auch in Deutschland und England erhalten blieben.

Durch das Wirtschaftswachstum in der Mitte des 14. Jahrhunderts wuchs der verfügbare Reichtum des Adels, der durch die Erhebung von Pachten und Steuern auf seinen Grundbesitz zu Wohlstand kam. Die Menschen waren hauptsächlich in der Landwirtschaft tätig, wurden aber zunehmend urbanisiert. Die Bevölkerung Westeuropas mag sich zwischen 1000 und 1340 verdoppelt haben, doch Hungersnöte während des 14. Jahrhunderts und wiederholte Ausbrüche der Beulenpest in den 1340er Jahren und am verheerendsten 1347–51, reduzierten die Zahlen drastisch um bis zu ein Drittel. Die Pest hatte erhebliche wirtschaftliche und geistige Auswirkungen.

In der Annahme, dass die Pest die Strafe Gottes für ihre Sünden sei, wandten sich viele Menschen ihrem Glauben zu in der Hoffnung, verschont zu bleiben. Künstler zeichneten schreckliche Bilder von der Krankheit und der Bestattung der Toten. Einige Menschen versuchten, den Zorn Gottes durch extreme Bußhandlungen zu besänftigen. Flagellanten traten vor großen Menschenmengen auf und peitschten sich selbst blutig – was die Seuche eher verschlimmerte als eindämmte.

Der heilige Rochus ist der Schutzpatron der Pestopfer. Er wurde um 1348 in Montpellier als frommer Sohn eines französischen Adligen geboren und soll sich die Pest zugezogen haben, als er während einer Epidemie Kranke auf wundersame Weise heilte. Auf dieser Illumination in einer französischen gotischen Handschrift ist eine charakteristische erhabene, geschwärzte Wunde an Rochus' Bein zu sehen. Der Hund, der ihm Brot brachte und seine Hautverletzungen während seiner Krankheit aufleckte, begleitet ihn.

FRANKREICH

Obwohl die spätmittelalterliche Architektur weitgehend im Dienste der Kirche stand, errichteten wohlhabende Bürger für sich, ihre Familien und den Hof Verteidigungsburgen. Hinter dem heiligen Rochus sieht man eine mittelalterliche Burg – mit dicken Steinmauern und zinnenbewehrten Türmen mit Schießscharten, zu der man über eine Zugbrücke gelangte und die von einem – manchmal wassergefüllten – Graben umgeben war.

Was heute als »gotische Kunst« bezeichnet wird, hieß ursprünglich »französischer Stil«. Die Italiener, die den klassischen Stil bevorzugten, betrachteten den gotischen Stil als barbarisch. Da der bekannteste Barbarenstamm die Goten waren, nannten sie den Stil spöttisch

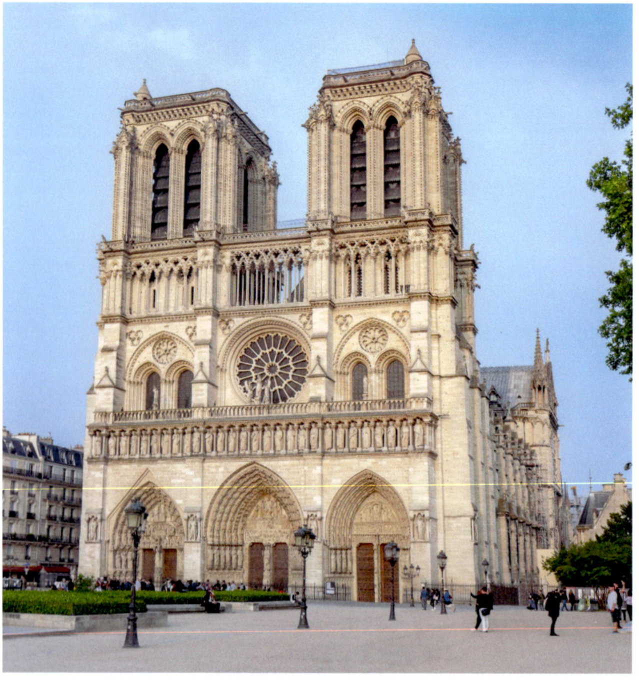

Französischer Baumeister
Kathedrale von Notre-Dame, Paris, Westfassade 1163–ca. 1250, vor allem 1. Hälfte des 13. Jahrhunderts

Das im Mittelalter gefürchtete Feuer richtete am 15. April 2019 in Notre-Dame verheerende Schäden an. Die Ursache des Brandes, der die Dächer und die Turmspitze zerstörte, ist noch immer umstritten.

»gotisch«. Im Gegensatz zu den soliden, massiven, dicken Mauern, rundbogigen Fenstern und der Betonung des Horizontalen bei den romanischen Kirchen streben die gotischen Kirchen in die Höhe und wirken filigran, wobei die Mauern durch den Bau von Spitzbögen und Strebepfeilern weitgehend verschwinden.

Der Schlüssel zu den Anfängen der gotischen Architektur war Abt Suger (1081–1151), ein Benediktinermönch, Berater der französischen Könige und Regent von Frankreich während des Zweiten Kreuzzugs. Mit dem Wiederaufbau der Abteikirche von Saint-Denis nördlich von Paris wollte Suger Gott, den König und sich selbst verherrlichen. Ab etwa 1140 arbeitete er an der Fassade, dem Narthex und der Ostseite. Er brachte sein Bildnis in Glasmalereien und Skulpturen sowie seinen Namen in Inschriften ein. In den gotischen Kirchen diente die Fassade von Saint-Denis als Vorbild für die drei Portale, zwei Türme (geplant) und eine kreisförmige Fensterrose (Rad).

Der Bau der frühgotischen Kathedrale Notre-Dame-de-Paris (oben) begann 1163 mit der Apsis, wie es damals üblich war. Bis auf wenige Ausnahmen sind christliche Kirchen so gebaut, dass sich Apsis und Altar im Osten und der Eingang im Westen befinden. An der frühgotischen Fassade von Notre-Dame sind noch große Teile des

Mauerwerks erhalten – ein Überbleibsel der Romanik. In der Frühgotik werden Horizontale und Vertikale gleich stark betont.

Mit der Entwicklung der Gotik werden die Vertikalen immer stärker betont.

Die beträchtliche Höhe von Notre-Dame erforderte in den 1180er Jahren den Einbau von stabilisierenden Strebepfeilern. Obwohl die Kathedrale 1235 fertiggestellt wurde, begannen schon bald die mittelalterlichen Modernisierungsarbeiten, zu denen die Vergrößerung der meisten Oberlichter (aus dem vierstöckigen Langhaus wurden drei Stockwerke) und die Verdoppelung der Strebepfeiler gehörten.

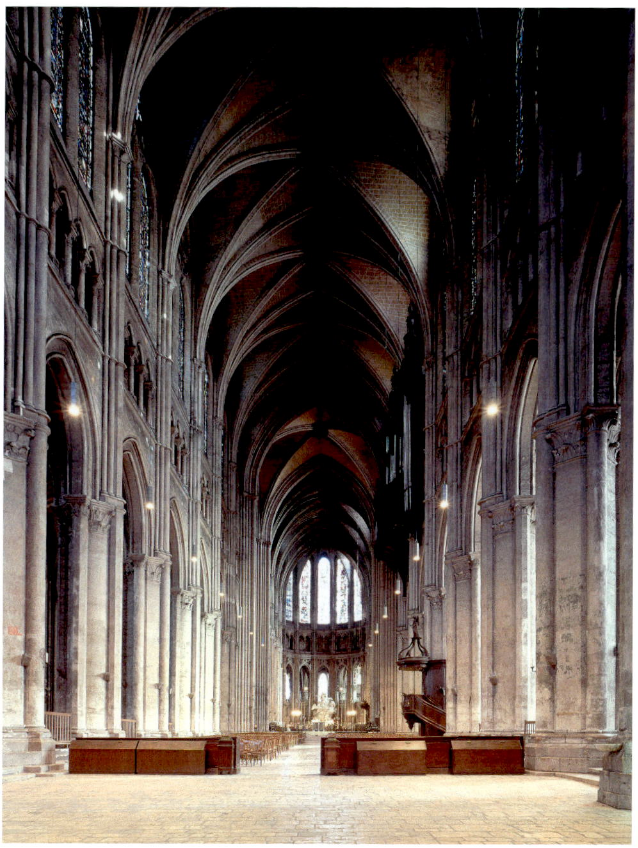

Französischer Baumeister
Kathedrale von Notre-Dame, Chartres, Kirchenschiff mit Blick zum Altar
Gewölbe
1220 fertiggestellt

In der Hochgotik besteht das Kirchenschiff in der Regel aus drei Stockwerken: der Arkade mit gotischen Spitzbögen, dem Triforium (Empore) und dem Oberlicht.

Unbekannter Künstler
Detail des Königsfensters, Sainte-Chapelle, Paris, obere Kapelle
1242–48, Bleiglas

Dieses Fenster zeigt zahlreiche Krönungsszenen (insgesamt einundzwanzig), die die biblischen Könige mit den Königen von Frankreich in Verbindung bringen.

Die zweite Phase der Gotik, die Gothique classique, begann mit der Kathedrale Notre-Dame in Chartres, die, wie es üblich war, auf der höchsten Erhebung der Stadt errichtet wurde. Sie ist die erste Kathedrale, die sich in den Himmel erhebt und bei der die Strebepfeiler integraler Bestandteil der Struktur sind. Das Potenzial dieses dynamischen Systems zeigt sich im Kirchenschiff, wo alle Formen hoch und schlank sind. Die äußeren Strebepfeiler ermöglichen es, die Wand dazwischen weitgehend wegzulassen, sodass große Fenster eingebaut werden können. Der Innenraum wird dadurch nicht hell erleuchtet, da die Glasmalerei einen großen Teil des Sonnenlichts abhält, aber sie taucht den Innenraum in farbige Lichtflecken, die sich je nach Sonnenstand ständig verändern. Die gotischen Fenster stellen die religiösen Geschichten dar, die in den romanischen Wandmalereien erzählt wurden.

Die **Rayonnant-**Gotik oder Gothique rayonnant, die dritte Phase der gotischen Architektur, entstand in der Mitte des 13. Jahrhunderts. Der Begriff leitet sich von *rayonner* ab, französisch für »leuchten« oder »strahlen«. Der Stil konzentrierte sich auf Paris unter König Ludwig IX. (reg. 1226–70), der Frankreich Stabilität und Frieden brachte.

Ein hervorragendes Beispiel für die Gothique rayonnant ist die Sainte-Chapelle (Heilige Kapelle) in Paris. Das kleine Gebäude, das aus einer oberen und einer unteren Kapelle besteht, war im Grunde ein vergrößerter Reliquienschrein für die von Ludwig IX. erworbenen Reliquien. Die Wände der oberen Kapelle bestehen größtenteils aus Buntglasfenstern, die den Besucher an einem sonnigen Tag mit einem vielfarbigen, funkelnden Licht umgeben.

Das Fenster der Könige zeigt den König von Frankreich mit den biblischen Königen David und Salomo, wodurch die Abstammung Ludwigs IX. bis zum Alten Testament zurückgeführt und seine politischen Ambitionen legitimiert werden. Ludwig IX. wird gezeigt, wie er Reliquien Christi kauft. Durch die Verbindung zwischen der Dornenkrone Christi und der Krone Ludwigs IX. wird dieser zum königlichen Vertreter Gottes überhöht. Kunst und Politik sind seit langem Verbündete.

Ebenso farbenfroh, aber in einem anderen Medium und in einem anderen Maßstab, erreichte die Manuskriptillumination in der Gotik ihren Höhepunkt. In Paris wurden die hochwertigsten Manuskripte hergestellt; neben den üblichen Formaten gab es auch extrem kleine Bücher wie das Stundenbuch (ein privates Gebetbuch) der Johanna von Evreux, Königin von Frankreich, das um 1324–1328 von Jean Pucelle illuminiert wurde und mit Einband nur 9,9 x 7,2 x 3,8 cm misst (Cloisters Collection, Metropolitan Museum of Art, New

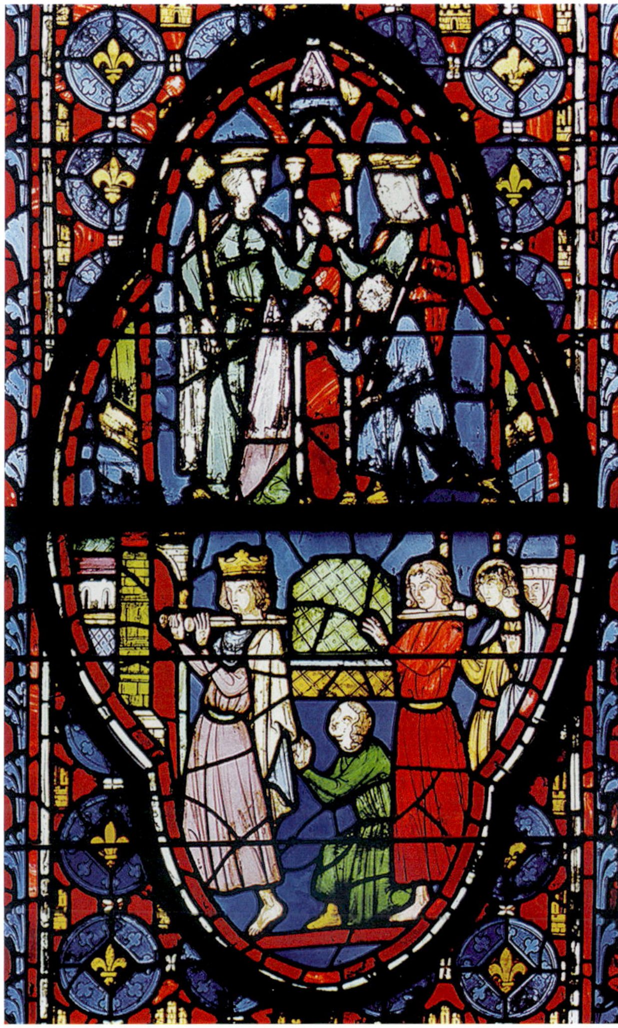

York). Sie alle zeugen von außerordentlicher technischer Raffinesse und handwerklichem Geschick. Die Illumination wurde von der Glasmalerei beeinflusst: Bei beiden dominieren Rot- und Blautöne.

Die vierte und letzte Phase der Gotik in Frankreich, die Flamboyant-Gotik, wird durch die Basilika Saint-Maclou in Rouen repräsentiert, die 1434 von Pierre Robin entworfen wurde, mit Ausnahme der Westfassade, die wohl von Ambroise Havel (1500–21) stammt. Saint-Maclou ist mit den wellenförmigen, flammenartigen Kurven verziert, die diesem Stil seinen Namen geben. Die architektonische Struktur ist nicht innovativ, wohl jedoch die Art und Weise

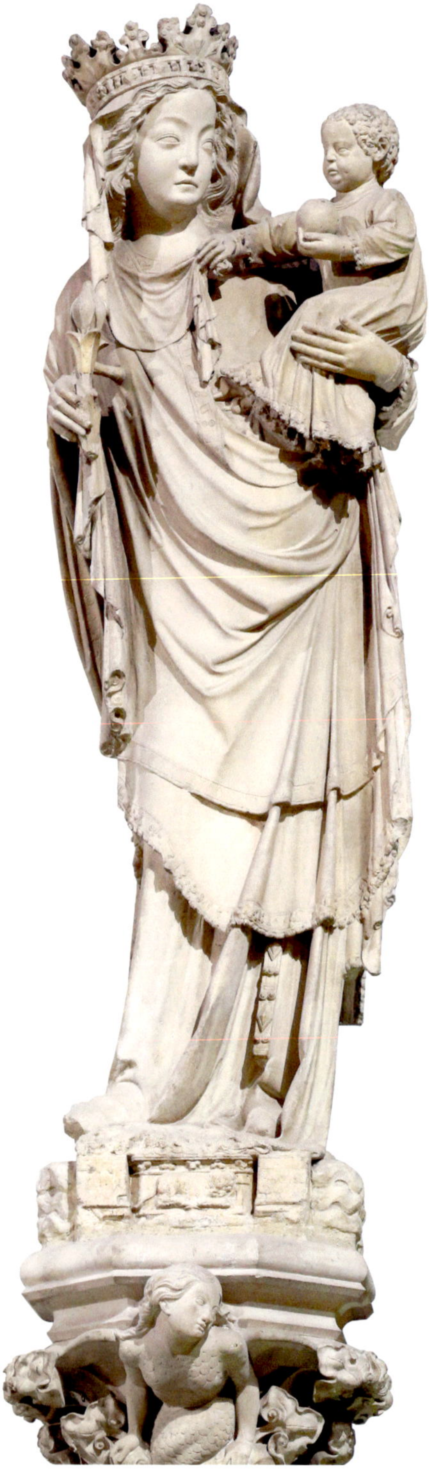

Unbekannter Bildhauer
Notre-Dame-de-Paris,
Kathedrale von Notre-Dame, Paris
Frühes 14. Jahrhundert
Marmor, Höhe 1,80 m

Anmutig und entspannt, mit mehreren Schichten von Kleidern und einer großen Krone, wird Maria als eine modische französische Prinzessin dargestellt.

der Verzierung: Mit Hammer und Meißel wird dem Stein das Aussehen von zarter Spitze verliehen.

Auch figürliche Darstellungen wie die Madonna mit Kind wurden in Stein gehauen. Das in der Romanik häufig dargestellte Bildnis erfreute sich auch in der Gotik großer Beliebtheit. Das als Notre-Dame-de-Paris (links) bekannte Exemplar, das im frühen 14. Jahrhundert aus Marmor gehauen wurde, befindet sich noch heute in der gleichnamigen Kathedrale. Im Gegensatz zu den romanischen Vorbildern interagieren die gotische Mutter und das gotische Kind nun miteinander, beide haben natürliche Körperproportionen und tragen Gewänder mit weich fließenden Falten. Maria stützt ihr Kind auf ihre vorstehende Hüfte.

DEUTSCHLAND

1155 krönte der Papst den Deutschen Friedrich I. (Barbarossa) (1122–90) zum Kaiser des Heiligen Römischen Reiches. Allerdings gab es häufig Konflikte zwischen Friedrich und dem Papst sowie anderen europäischen Monarchen wegen der Frage der

Unbekannter Künstler
Pietà Roettgen,
Deutschland
ca. 1300–25
Holz und Farbe,
Höhe 87,63 cm
Rheinisches
Landesmuseum, Bonn

Unter den mittelalterlichen Darstellungen dieses Themas ist die Pietà Roettgen besonders grausam. Der Körper Christi ist abgemagert, aus seinen klaffenden Wunden strömt Blut, sein Kopf fällt kraftlos zurück und trägt eine Dornenkrone.

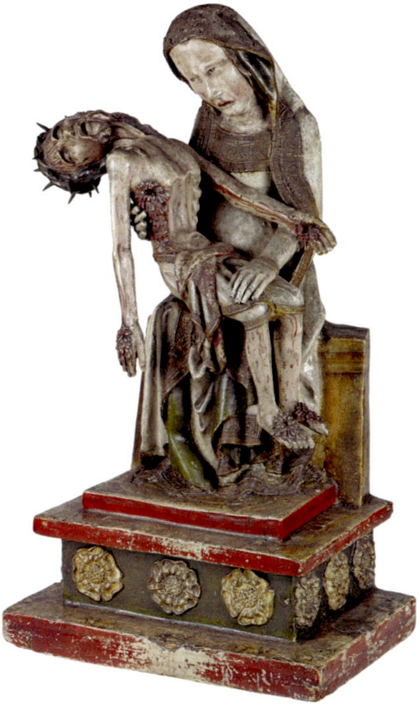

Bischofsernennungen sowie der Kontrolle über den Kirchenbesitz in seinem Reich. Und obwohl das Heilige Römische Reich auch Italien und damit Rom umfasste, zog Friedrich fünfmal mit seinem Heer nach Italien, um seine Autorität zu stärken. Dabei brachte er italienische Ideen und Sichtweisen zurück nach Deutschland.

Die Betonung der Emotionen ist zwar ein Merkmal der gotischen Kunst, aber die Emotionen sind nicht immer angenehm. Zeitgleich mit der französischen *Notre-Dame-de-Paris*, aber in auffälligem Kontrast dazu, entstand die deutsche Pietà Roettgen (unten), ca. 1300–25. Sie ist bewusst ergreifend, ja verstörend und soll beim Betrachter Mitleid erregen – daher das Wort Pietà. Skulpturen mit diesem Thema waren eine deutsche Spezialität des Mittelalters. Die Gläubigen betrachteten das Bild bei der Vesper (Abendgebet) und trauerten mit Maria um ihren toten Sohn. Die Vergrößerung ihres rohen Leidens förderte Empathie und Mitgefühl.

Robert und William Vertue
Innenaufnahme, Chapel of Henry VII, Westminster Abbey, London
1503–19

Die übliche feste Oberfläche einer Decke löst sich in ein Netz aus steinernem Maßwerk auf, dessen Bossen in den Raum der Kapelle hinabragen.

ENGLAND

In England adaptierte und modifizierte man den französischen gotischen Baustil zu einem typisch englischen Stil. Ein Beispiel für die frühe englische Gotik, relativ zurückhaltend und emotionslos, ist die Kathedrale von Salisbury, die größtenteils von Nikolaus von Ely entworfen und 1220–70 erbaut wurde. Die Kathedrale erhebt sich auf einer weiten Rasenfläche, mit niedrigen, breiten Proportionen, die wenig Bedarf an Strebepfeilern haben, und einem quadratischen Ostende. Im Gegensatz dazu wurden die Kathedralen der französischen Gotik im Zentrum der Stadt gebaut, mit vergleichsweise kompakten Grundrissen, hohen und schmalen Proportionen, die auf Strebebögen angewiesen sind, und einem abgerundeten Ostende. Ein Vergleich der Fassade von Salisbury mit der der Kathedrale von Amiens, die im selben Jahr begonnen wurde, macht die Unterschiede deutlich.

Das Ergebnis findet sich in der spätgotischen Kapelle Heinrichs VII. (gegenüber) in der Westminster Abbey in London, entworfen von Robert und William Vertue, erbaut 1503–19. Die Decke ist als Fächergewölbe konstruiert, ein anschaulicher Begriff, der bedeutet, dass die Rippenbögen einem offenen Fächer ähneln. Hier haben die Brüder die Rippen jedoch zu hängenden Gewölben mit hängenden zentralen Bossen erweitert. Dies ist die ultimative Übertreibung dessen, was als einfaches Rippengewölbe begann, und typisch englisch.

ITALIEN

Mit ihrem Reichtum aus Bankwesen und Handel behaupteten die einzelnen Stadtstaaten Italiens ihre Unabhängigkeit vom Heiligen

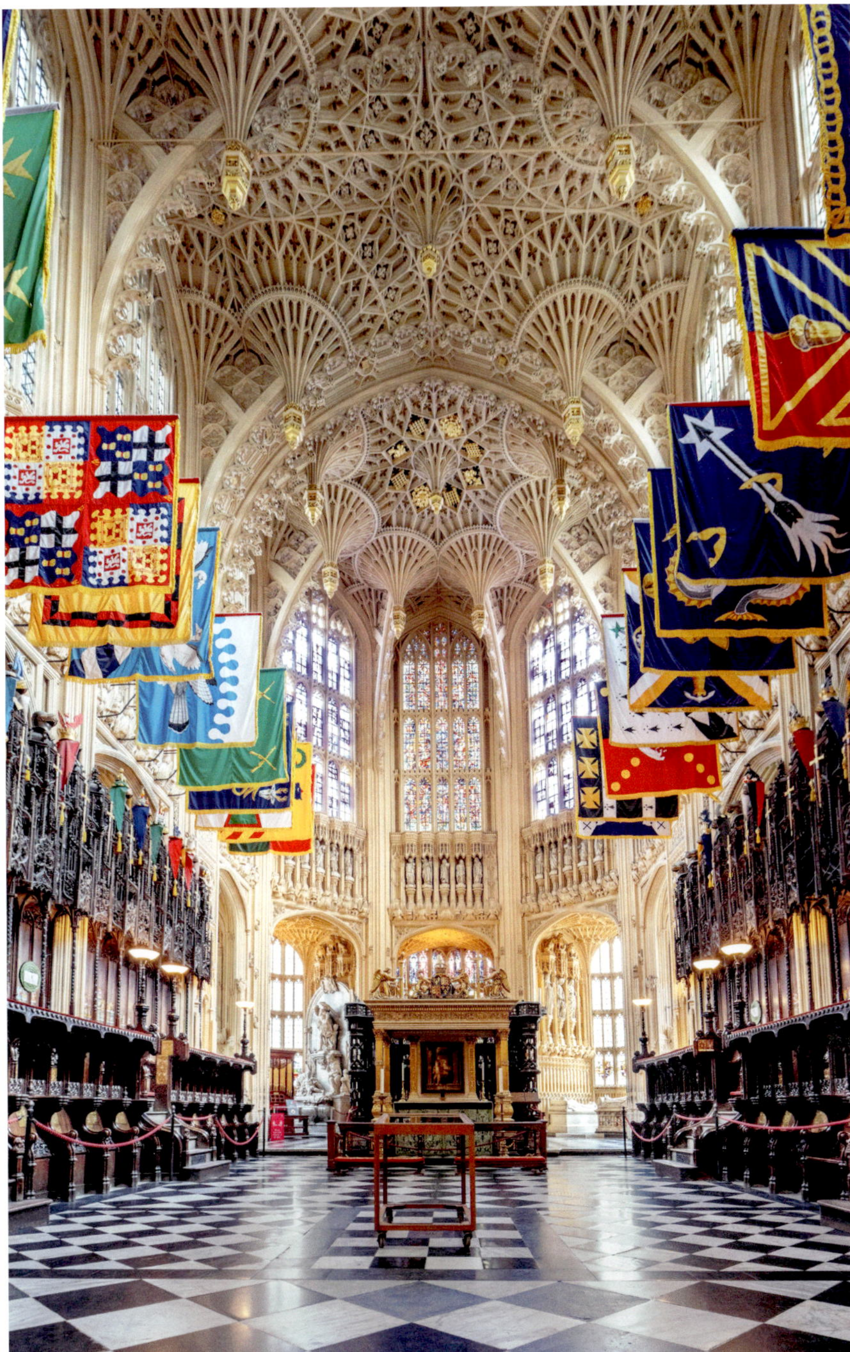

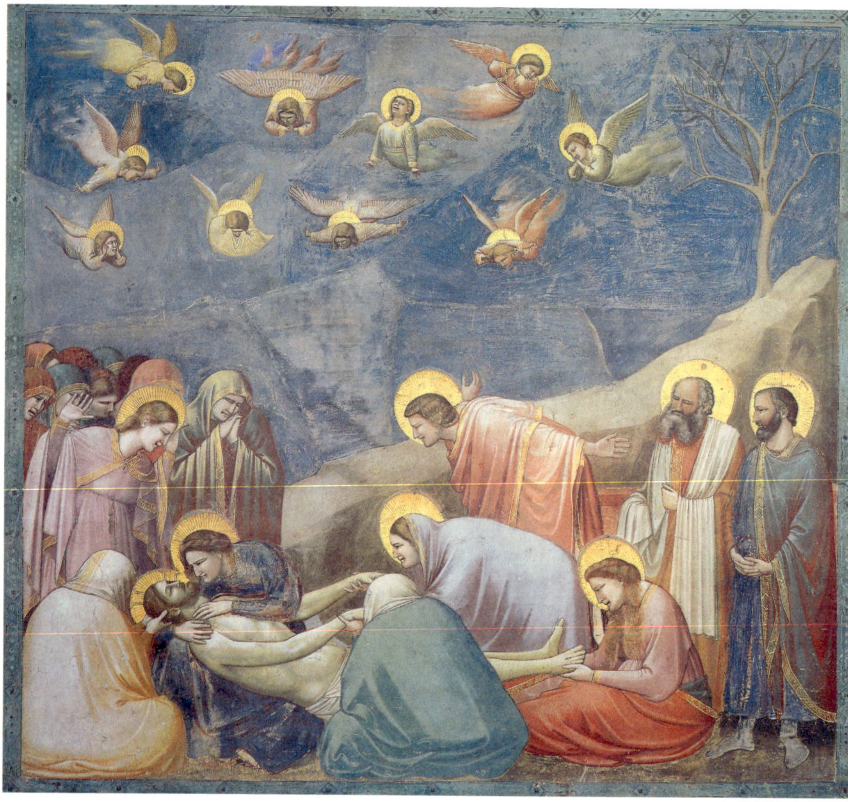

Giotto
Beweinung Christi,
Arena-(Scrovegni) Kapelle, Padua
1305–06
Fresko, 200 x 185 cm

Giotto führte einen neuen Stil der erzählerischen Klarheit ein, indem er seine Figuren vereinfachte und die Komposition geschickt einsetzte, um das dargestellte Thema hervorzuheben.

Römischen Reich und wetteiferten miteinander, indem sie ihren bürgerlichen Reichtum durch ihre Kunst und Architektur zur Schau stellten. Obwohl die Gotik im übrigen Europa schnell populär wurde, bildete Italien eine Ausnahme, das stattdessen Interesse an seiner antiken Vergangenheit bekundete.

Man kann sagen, dass der Künstler Giotto di Bondone aus Florenz (ca. 1267–1337) die Entwicklung der abendländischen Malerei neu ausgerichtet hat. Im Vergleich zu den früheren Gemälden des Mittelalters, insbesondere den byzantinischen, zeigen die Werke Giottos ein neues Interesse an der Beobachtung der realen Welt. Der Schriftsteller Giorgio Vasari (1511–74) begann sein 1550 erstmals erschienenes Buch *Le Vite de' piu eccellenti pittori, scultori, e architettori* (Leben der hervorragendsten Maler, Bildhauer und Architekten) mit der Kunst des späten 13. Jahrhunderts und setzte es bis zu seinen Lebzeiten fort, wobei er sich auf die italienische, insbesondere die florentinische Kunst konzentrierte. Vasari schrieb über Giottos Talent: Als Giotto erst 10 Jahre alt war, beobachtete der florentinische Künstler Cimabue, wie er »ein Schaf aus der Natur« auf einen Stein zeichnete, und war so beeindruckt, dass er Giotto zu seinem Schüler machte.

Giotto ist vor allem für seine Fresken in der Arena-Kapelle (Scrovegni-Kapelle) in Padua aus den Jahren 1305–06 bekannt, die die Geschichte von Maria und Jesus Christus darstellen. In der *Beweinung Christi* lenkt der Hügel den Blick des Betrachters auf die Köpfe von Maria und Christus, die tief und dezentral angeordnet sind. Diese Abweichung von der Norm – wir sind gewohnt, das Zentrum der Aufmerksamkeit in der Mitte der Komposition zu finden – erhöht die Spannung. Die Figuren bilden einen Kreis um die Köpfe von Mutter und Sohn, lassen aber Platz für eine weitere Person und laden so den Betrachter ein, sich zu den Trauernden zu gesellen. Die dreidimensionalen Figuren existieren in einem angemessenen Bildraum, wobei sich die gesamte Handlung auf einer flachen Bühne abspielt, die die Figuren sehr nah am Betrachter hält, was die Wirkung starker menschlicher Emotionen noch verstärkt.

WICHTIGE IDEEN

- Frühchristlich und byzantinisch: Das Christentum hat durch Mäzenatentum und didaktische Bildsprache einen großen Einfluss auf die Kunst.
- Frühmittelalter: Verschiedene getrennte Kulturen und Stile in der Kunst, darunter die Völkerwanderung (»dunkles Mittelalter«), die Karolinger und die Ottonen.
- Romanik: Religiöser Eifer und Pilgerreisen führen zu neuen architektonischen Entwicklungen. Die Kirchen zeichnen sich durch gewölbte Kirchenschiffe, dicke Mauern, Rundbögen, kleine Fenster und dunkle Innenräume aus. Die Bildhauerei erzählt christlich-moralische Geschichten.
- Gotik: Kathedralen erreichen dank Spitzbögen und Strebepfeilern große Höhen, die dünne Wände mit riesigen Fenstern möglich machen. Glasmalerei und Manuskriptillumination erreichen ihren Höhepunkt.

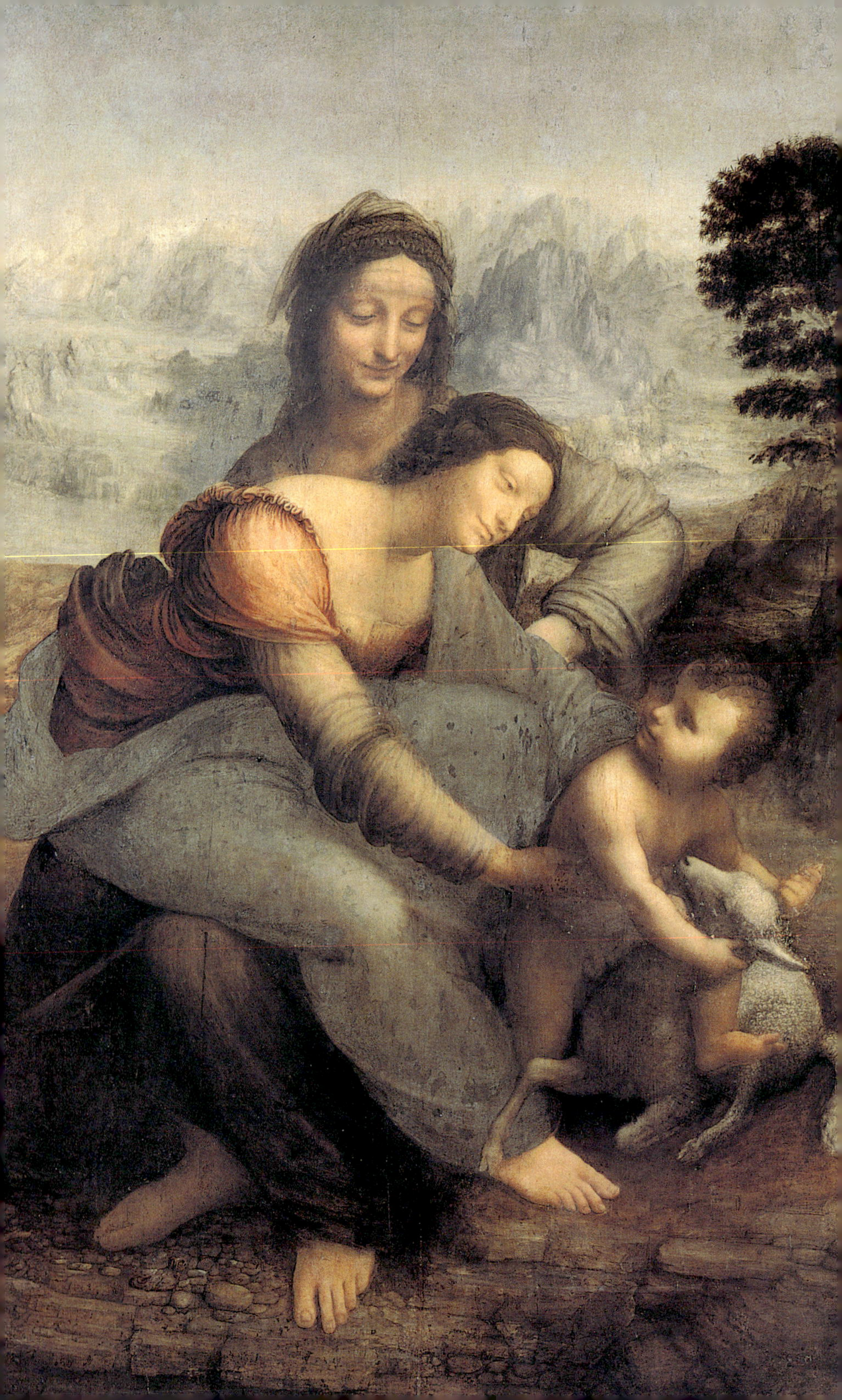

RENAISSANCE BIS KLASSIZISTISCHE KUNST

-

Die Wiederbelebung der Kultur in der Renaissance nach dem Mittelalter führt zu einer Vielzahl von Stilen, da das Pendel des Geschmacks zwischen dem Intellektuellen und dem Emotionalen hin und her schwingt.

-

Renaissance und Manierismus

Inwiefern basierte die Kunst der Renaissance auf der der griechischen und römischen Antike?

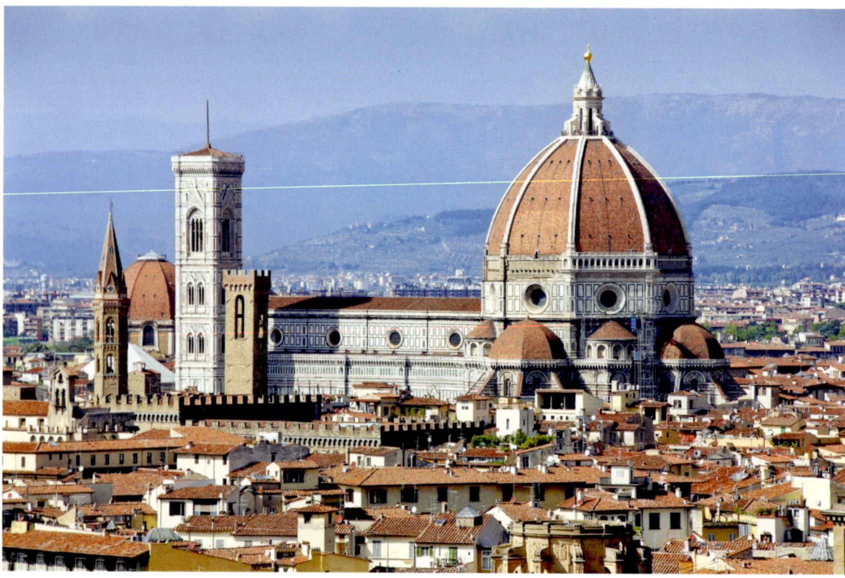

Filippo Brunelleschi u. a.
Kathedrale, Florenz,
Kuppel
1420–36
Breite 42,2 m

Der Dom von Florenz ist ein Wahrzeichen, das in der ganzen Stadt zu sehen ist. Er hat die größte Kuppel seit dem römischen Pantheon.

RENAISSANCE

Der französische Begriff *Renaissance* bedeutet »Wiedergeburt«: Die Kultur in Westeuropa erneuerte sich und ließ sich von den alten Griechen und insbesondere den alten Römern inspirieren.

Frührenaissance

Italien

Die Kultur Westeuropas profitierte von der Eroberung Konstantinopels durch die osmanischen Türken im Jahr 1453, weil die byzantinischen Intellektuellen, die aus der Stadt nach Italien flohen, die Entwicklung des Humanismus vorantrieben. Auf der Grundlage des Studiums des klassischen Altertums, insbesondere der Schriften antiker Philosophen wie Platon, betonte der Humanismus die Erfahrung durch den Körper, die Emotionen und die Umwelt. Obwohl das

Interesse an den klassischen Kulturen in Italien schon vorher vorhanden war, brachten die Flüchtlinge sowohl ihre eigenen Interpretationen als auch echte Manuskripte mit, die die Kultur des antiken Griechenlands und Roms in ihrer ursprünglichen Form bewahrt hatten. Dies verstärkte die Verlagerung des Schwerpunkts vom Heiligen zum Weltlichen, vom gottes- zum menschenzentrierten Denken und Glauben an die Religion zum Vertrauen auf Vernunft und Wissenschaft.

Florenz, Siena und Mailand entwickelten sich zu bedeutenden Finanzzentren, die Kredite und Finanzdienstleistungen für Kaufleute, Könige in ganz Europa und das Papsttum bereitstellten. Venedig, Genua, Siena und Pisa dominierten den Handel zwischen dem Mittelmeerraum und Nordeuropa. Obwohl der Wettbewerb und sogar bewaffnete Konflikte zwischen diesen Großmächten nicht aufhörten, verlagerten sich ihre Interaktionen auf diplomatische, wirtschaftliche und kulturelle Sphären. Ressourcen, die zuvor für militärische Eroberungen vorgesehen waren, wurden nun von den Städten genutzt, die um die kulturelle Vorherrschaft wetteiferten.

Die Renaissance in Italien im 15. Jahrhundert konzentrierte sich auf Florenz, beflügelt durch den Reichtum und den Geschmack der Medici-Familie, die großzügig die Künste förderte. Mit dem Geld aus ihren Wollmanufakturen gründeten sie eine Bank; Filialen in verschiedenen Städten Italiens vervielfachten den Reichtum. Auch mit dem Papsttum trafen sie lukrative finanzielle Vereinbarungen. Die Kunst spielte bei der Verwaltung des Reichtums von Florenz eine wichtige Rolle: Masaccios Gemälde *Der Zinsgroschen* aus dem Jahr 1425 in der Brancacci-Kapelle von Santa Maria del Carmine zeigt den Jünger Petrus, der Geld aus dem Maul eines Fisches nimmt, um den Steuereintreiber zu bezahlen. Die weltliche Botschaft ist klar: Die Florentiner müssen ihre Steuern zahlen!

Eine Eigenschaft der Frührenaissance war das neue Interesse am Individuellen.

Aus der mittelalterlichen Anonymität und Obskurität kommend, waren die Künstler nicht nur namentlich bekannt, sondern auch als Persönlichkeiten von Interesse.

Eines der Meisterwerke dieser Epoche ist die hoch aufragende Kuppel der Kathedrale von Florenz (gegenüber) des Architekten Filippo Brunelleschi (1377–1446). Beim Bau der Kuppel wurde unten Stein und oben Ziegel, ein leichteres Material, verwendet; wie beim antiken römischen Pantheon wird sie durch das schwerere Material im unteren Bereich selbst gestützt. Brunelleschis innovative, spitz zulaufende

Kuppel übt jedoch weniger Seitenkräfte aus als eine halbkugelförmige und hat außerdem eine doppelte Schale, die viel leichter ist als die Betonkuppel des Pantheon. Acht Hauptrippen, von außen sichtbar, und drei Nebenrippen zwischen jeweils zwei Hauptrippen verstärken die achteckige Struktur.

Die Bildhauer und Maler der Florentiner Frührenaissance konzentrierten sich auf die menschliche Figur und stellten sowohl die Jungen und Makellosen als auch die Alten und Unvollkommenen dar.

Donatello (1386–1466) zum Beispiel hat die Figur des David mehrfach modelliert. Die Bronzeversion von 1430–40 im Nationalmuseum Bargello in Florenz zeigt den Hirtenknaben mit idealisierter Anatomie. Im Gegensatz dazu zeigt Donatellos Darstellung der Maria Magdalena, 1453–55, aus bemaltem Holz, die sich heute im Museo dell' Opera del Duomo, Florenz, befindet, dass auch die körperlichen Auswirkungen von Alter und Entbehrung studierens- und darstellungswürdig waren. Die reuige Sünderin wirkt nach vielen Jahren in der Wüste vertrocknet und ausgemergelt, was die Macht der Unvollkommenheit zur Schaffung eines emotional aufgeladenen Bildes demonstriert.

In auffälligem Kontrast dazu steht eine andere Frührenaissance-Darstellung eines florentinischen Künstlers, die eine stehende nackte Frau zeigt, die nur in ihr langes Haar gehüllt ist. Sandro Botticelli (1445–1510) bevorzugte die Schönheit in seinem Gemälde der Geburt der Venus (nebenstehend), 1485–86. Während Donatellos Maria Magdalena auf die Bibel zurückgeht, entstammt Botticellis Venus der antiken heidnischen Mythologie und spiegelt damit das Interesse und die Bewunderung der Renaissance für die griechische und römische Antike wider. Dieses Thema wurde im christlichen Florenz salonfähig gemacht, indem Venus mit Maria, der Mutter Jesu, in Verbindung gebracht wurde, da beide Quellen der Liebe waren. Auf der rechten Seite läuft die Hora (Stunde) des Frühlings, um Venus zu bekleiden. Auf der linken Seite blasen die Windgötter die Venus ans Ufer, wobei unklar ist, wem die Beine gehören. Botticellis Anatomie ist ungenau, aber seine fließenden Linien sind so schön, dass wir diese Anomalien verzeihen können.

Nordeuropa

Im Norden interessierte man sich weniger für die Wiederbelebung antiker Ideen als in Italien, und die Mäzene waren eher Personen aus einer zunehmend wohlhabenden Kaufmannsschicht als aus religiösen Quellen.

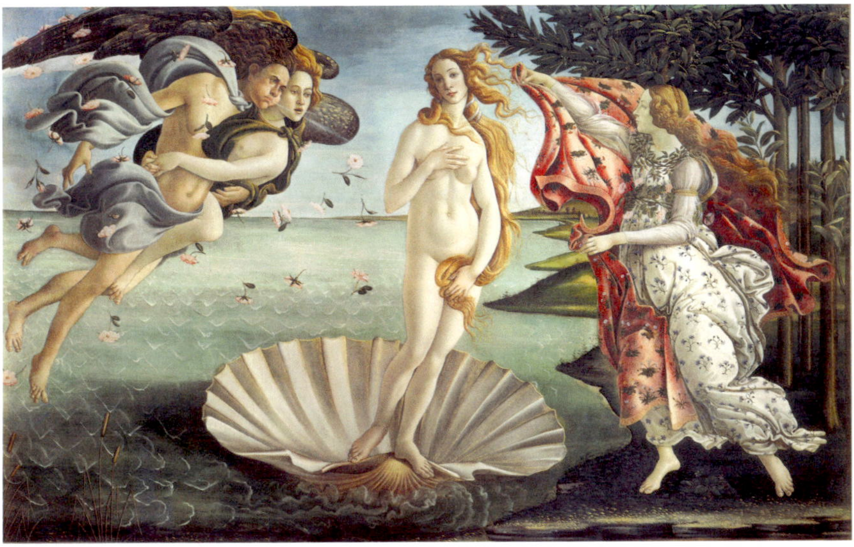

Sandro Botticelli
Geburt der Venus
1485–06
Tempera auf Leinwand,
1,72 x 2,79 m
Galleria degli Uffizi,
Florenz

Die nackte Figur, die in der Antike beliebt war, aber im Mittelalter nur dargestellt wurde, wenn es das Thema erforderte (z. B. Adam und Eva), taucht im Italien der Frührenaissance wieder häufiger auf.

Philipp der Gute, Herzog von Burgund von 1419 bis 1467, brachte das heutige Belgien, die Niederlande und einen Teil Nordfrankreichs unter seine Kontrolle. Er schuf einen der opulentesten Höfe Europas, der den Stil in Sachen Luxus vorgab und die Weisheit und den Reichtum besaß, die besten Künstler zu fördern. Der florierende Handel in Brügge, Gent und anderen Städten unter seiner Herrschaft brachte eine Mittelschicht mit ausreichend Einkommen und Interesse an Kunst hervor.

Zu den von Philipp dem Guten geförderten Künstlern gehörte Jan van Eyck (ca. 1390–1441). Anders als Vasari in seinen Lebensbeschreibungen berichtete, war er zwar nicht der »Erfinder der Ölmalerei«, trug aber zur Weiterentwicklung und Perfektionierung der Ölmaltechnik bei. Seine Gemälde, hervorgegangen aus der Tradition der mittelalterlichen Handschriftenminiaturen, sind so filigran, dass der Betrachter am liebsten eine Lupe benutzen würde. Das Bild des Kanzlers Rolin in van Eycks *Madonna des Kanzlers Rolin* (umseitig) ist bis hin zu den Stoppeln an seinem Kinn detailliert, und seine reiche Kleidung spiegelt das florierende Geschäft mit Luxustextilien wider.

Die *Madonna des Kanzlers Rolin* ist ein Beispiel für ein in dieser Zeit häufig anzutreffendes Stiftergemälde, das Rolins Wohlstand und Frömmigkeit demonstrieren soll. Maria ist in einen üppigen, mit Juwelen besetzten Stoff gehüllt. Das Jesuskind sieht aus wie ein normales Baby, verhält sich aber altklug, als es Rolin segnet. Der Bildraum ist klar in drei Abschnitte unterteilt: den Vordergrund mit den Hauptfiguren, die in einem Innenraum sitzen, die Bodenfliesen

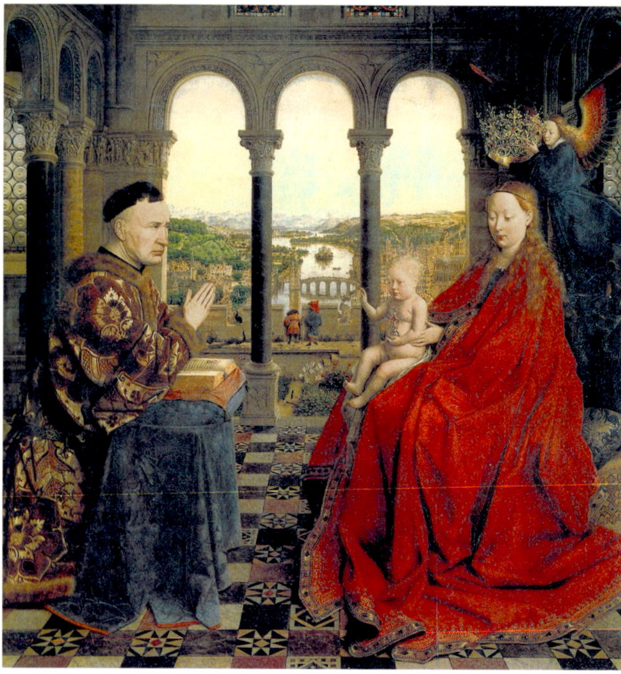

Jan van Eyck
Madonna des Kanzlers Rolin
ca. 1435
Öl und Tempera auf Holz,
66 x 62 cm
Musée du Louvre, Paris

Im Nordeuropa des frühen 15. Jahrhunderts vollzogen die Maler einen wichtigen technischen Übergang von der Eitempera zu einer Mischtechnik, die zur reinen Ölmalerei führen sollte.

in annähernder Linearperspektive, abgeschlossen durch die drei Bögen; einen Mittelgrund mit einem Garten und zwei Männern, begrenzt durch die zinnenbewehrte Mauer, über die sie schauen; und die Landschaft im Hintergrund mit einem geschwungenen Fluss, der den Blick des Betrachters auf den fernen Horizont lenkt, wo die Tiefe durch die atmosphärische (Luft-) Perspektive verstärkt wird, das natürliche Phänomen, dass die Atmosphäre die Klarheit der Formen und Farben in der Ferne mindert.

Unter Jan van Eycks anderen Gemälden ist besonders der Genter Altar hervorzuheben, ein riesiges Polyptychon (bestehend aus vielen Tafeln), das er zusammen mit seinem Bruder Hubert malte, das 1432 fertiggestellt wurde und sich noch in der Domkirche St. Bavo in Gent befindet.

Hochrenaissance

Italien

Im späteren 15. Jahrhundert verlagerte sich der künstlerische Schwerpunkt in Italien aufgrund der Macht und des Mäzenatentums der Päpste, insbesondere Julius II. (reg. 1503–13) und Leo X. (reg. 1513–21), nach Rom. Hier verbanden sich Christentum und Klassizismus in der bildenden Kunst. Das Papsttum, religiöse Orden und wohlhabende Laienfamilien wetteiferten darum, ihre Bedeutung durch die bildenden Künste zu demonstrieren, indem sie Kirchen und Kapellen, bürgerliche Gebäude und Wohnhäuser errichteten und verzierten.

Eher die Natur als die Antike diente Leonardo da Vinci (1452–1519), der in Vinci bei Florenz geboren wurde, als Inspiration. Vasari beschrieb Leonardos körperliche Schönheit und seine charmante Persönlichkeit, aber auch sein unbeständiges Temperament. Heute ist Leonardo vor allem für seinen wissenschaftlichen Ansatz in der Kunst bekannt. Mit seiner unstillbaren Neugier gab er die mittelalterliche Sicht auf den Himmel und die Hölle zugunsten der Welt dazwischen auf.

Sein Gemälde der *Anna selbdritt* (unten) stellt drei Generationen dar. Das Lamm, mit dem Jesus spielt, ist sein Symbol, denn er ist als

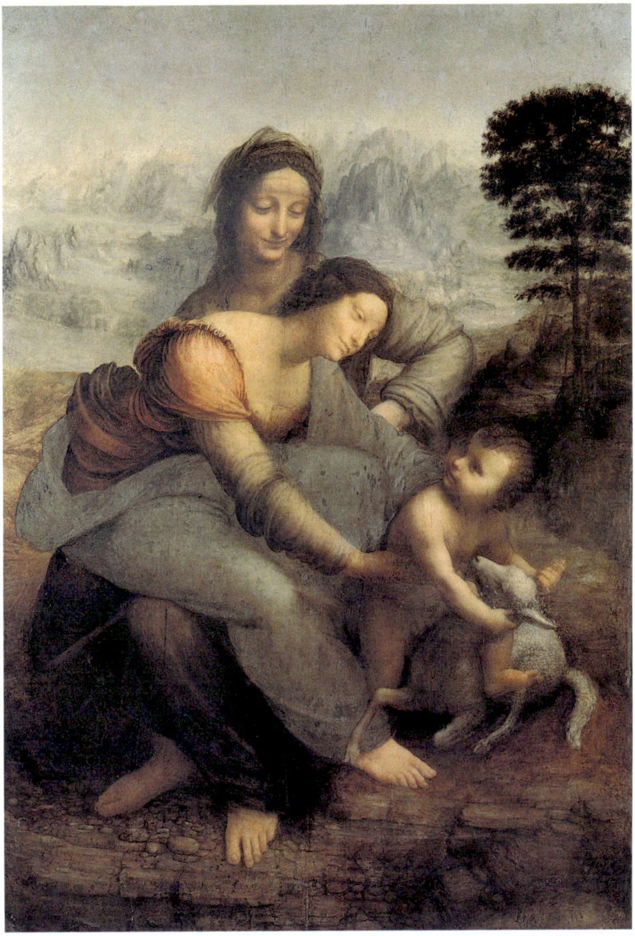

Leonardo da Vinci
Anna selbdritt
ca. 1503–1519
Öl auf Holz, 168 x 112 cm
Musée du Louvre, Paris

Die Fähigkeit, mehrere Figuren zu einer kompakten Komposition zu arrangieren, galt zu Leonardos Zeiten als Beweis für sein Können. Hier fügen sich seine Figuren in einen dreieckigen Grundriss ein, ein in der Renaissance beliebtes Mittel, um der Komposition Stabilität zu verleihen.

Agnus Dei (lateinisch für Lamm Gottes) bekannt. Dies ist ein großer Unterschied zur byzantinischen Thronenden Madonna und Kind mit Heiligen und Engeln (Seite 53). Die religiösen Figuren sitzen hier nicht auf einem Thron, sondern im Freien. Die Bildtiefe wird durch die Verwendung der atmosphärischen Perspektive verstärkt. Leonardo modellierte die Formen in der Hell-Dunkel-Technik mit Licht und Schatten und milderte die Umrisse mit der Sfumato-Technik.

Ein Ausdruck des Interesses der Renaissance am Individuum war die neue Konzentration auf die Porträtmalerei. Das vielleicht berühmteste Gemälde der Welt ist Leonardo da Vincis Porträt der 24-jährigen Lisa Gherardini, Mona Lisa, gemalt um 1503. In Abkehr von der früher üblichen strengen Profildarstellung porträtiert Leonardo in einer Dreiviertelansicht. Ihr geschorener Haaransatz und das Fehlen von Augenbrauen waren in Mode. Die Berühmtheit des Gemäldes beruht auf ihrem zweideutigen Gesichtsausdruck, der sowohl als glücklich als auch als traurig beschrieben wird. Der stets neugierige Leonardo versuchte, sowohl ihre äußeren als auch ihre inneren Qualitäten zu dokumentieren.

Die Popularität der Porträtmalerei hielt in Italien im späten 16. und frühen 17. Jahrhundert an, wie die Gemälde von Sofonisba Anguissola (ca. 1532–1625) und Lavinia Fontana (1552–1614) zeigen. Obwohl Anguissola in der Zeit des Manierismus und des Barock tätig war, arbeitete sie im Stil der Renaissance-Porträts. Bekannt für Porträts ihrer Familie und Selbstporträts, erlangte sie internationalen Ruhm und zog 1559–60 nach Spanien, wo sie im Alter von nur 26 Jahren als Malerin an den spanischen Hof kam.

Während Leonardo da Vinci einen wissenschaftlichen Ansatz verfolgte, strebte der aus Urbino stammende Raffael (1483–1520) nach idealer Schönheit und Perfektion in seinen Figuren und Kompositionen. Papst Julius II. lud Raffael ein, die Wände des Apostolischen Palastes in der Vatikanstadt mit Fresken zu versehen. In der Stanza della Segnatura beziehen sich die von Julius II. bestimmten Themen auf die vier Bereiche der Bildung: Theologie, Philosophie, Kunst und Recht/Justiz.

Der *Disput über das Sakrament* (gegenüber) zeigt Raffaels Vorliebe für geschwungene Formen, sowohl im großen als auch im kleinen Maßstab. Er erzeugte die Illusion eines tiefen Bildraumes, indem er eine zentralisierte Linearperspektive verwendete. Raffael fertigte viele vorbereitende Studien an; um den Anschein von Leichtigkeit zu erwecken, war viel Arbeit nötig. Der obere Halbkreis besteht aus Figuren des Alten und Neuen Testaments, der untere aus Heiligen und Theologen aller Epochen, die über das Sakrament sprechen. In der Mittelachse befindet sich die Heilige Dreifaltigkeit: Gott der Vater steht an der Spitze, der Sohn und der Heilige Geist darunter; Maria und Johannes der Täufer flankieren Jesus.

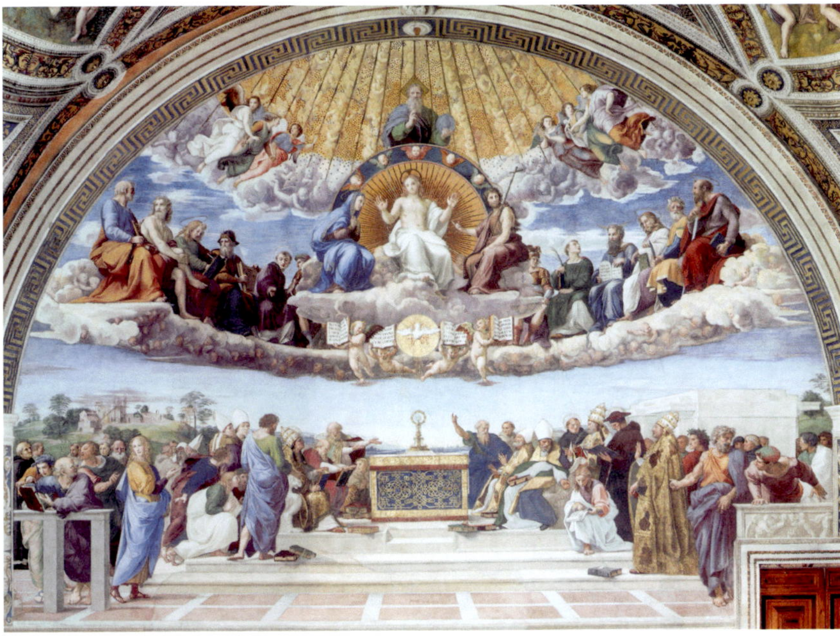

Raffael
Disput über das Sakrament
1508–12
Fresko, 5 x 7,70 m
Stanza della Segnatura,
Apostolischer Palast,
Vatikanstadt

Dieses Gemälde galt zur Zeit Raffaels als Inbegriff des Renaissance-Stils.

Während Raffael die vollendete Schönheit, die Ruhe und das Gleichgewicht der Antike bevorzugte, schuf der in der Nähe von Florenz geborene Michelangelo (1475–1564) Bilder der Macht, oft in Form von männlichen Figuren, die in der Regel nackt und beeindruckend muskulös waren, sowohl in Stein als auch in Farbe.

Michelangelo, der sich selbst eher als Bildhauer denn als Maler betrachtete, führte 1511–12 widerwillig die Fresken an der großen Decke der Sixtinischen Kapelle für Julius II. aus. Die komplexe Gestaltung konzentriert sich auf neun Szenen aus der Genesis in der Mitte der Decke, von denen die berühmteste *Die Erschaffung Adams* ist.

Ein großes bildhauerisches Projekt, das Michelangelo viele Jahre lang beschäftigte (und verärgerte), war das Grabmal von Julius II, das zahlreiche Figuren enthalten sollte. Der Papst gab das Grabmal 1505 in Auftrag, unterbrach jedoch wiederholt Michelangelos Arbeit, sodass das Grabmal nie nach Michelangelos Entwurf fertiggestellt wurde. Zu den für das Grabmal bestimmten Figuren gehörte die des Moses (umseitig), die 1513–15 entstand und die Gesetzestafeln hält. Michelangelo (wie auch andere Künstler) stellte Moses mit Hörnern dar, was vermutlich eine Fehlübersetzung des hebräischen Wortes für »Lichtstrahlen« ist, das auch mit »Hörner« übersetzt werden könnte. Außerdem sind sie ein charakteristisches Merkmal des Stieres, der in der Kunst verschiedener Kulturen, einschließlich der assyrischen

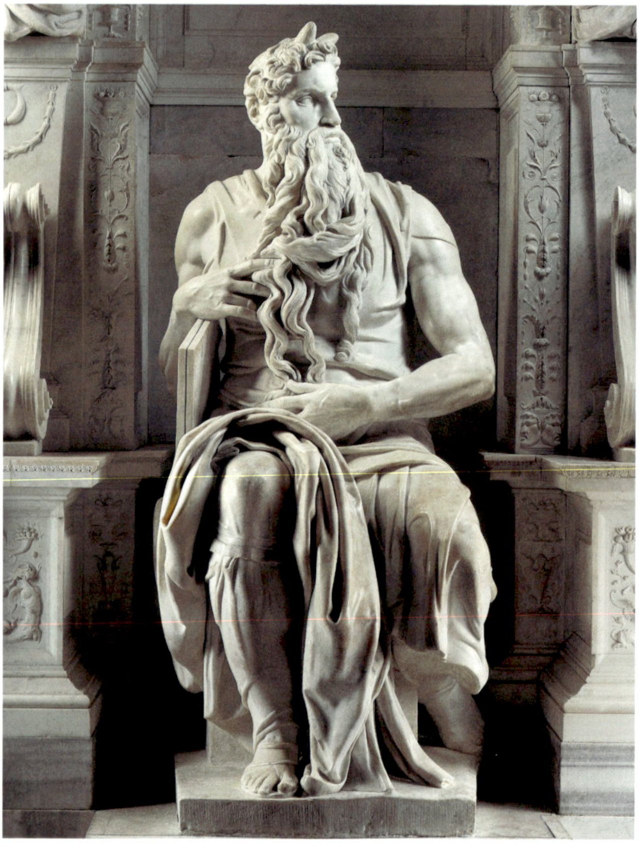

Michelangelo
Moses
ca. 1513–15
Marmor, 2,35 x 2,10 m
San Pietro in Vincoli, Rom

***Moses* demonstriert Michelangelos Fähigkeit, ein Gefühl von kaum gebändigter Spannung zu vermitteln, von latenter Macht, die darauf wartet, entfesselt zu werden.**

und minoischen, wegen seiner Stärke dargestellt wird. Michelangelo verwandelt den Marmor, indem er Moses' Beine in einen großzügigen Faltenwurf einhüllt, während ihm sein gelockter Bart in den Schoß fällt.

Eines der Daten, die das Ende der Hochrenaissance in Italien markieren, ist 1520, das Todesjahr Raffaels, der als typisch für die Ideale dieser Zeit gilt. Alternativ wird 1527 genannt, als der Konflikt zwischen Kaiser Karl V. (Habsburger, reg. 1519–56) auf der einen und Franz I. von Frankreich sowie Papst Leo X. auf der anderen Seite zur Plünderung Roms durch die Truppen Karls V. führte. So kurz die italienische Hochrenaissance auch war, so groß war ihr Einfluss auf die Zukunft.

Deutschland
Albrecht Dürer (1471–1528), geboren in Nürnberg, ist der bedeutendste Künstler der Hochrenaissance in Nordeuropa. Er war ein Multitalent: Maler, Grafiker, Schriftsteller, Theoretiker und Verleger.

Bekannt ist er vor allem für seine Druckgrafiken, die in mehrfacher Ausführung kostengünstig auf Papier reproduziert wurden und seine Ideen verbreiteten. Sein Aussehen hielt er zeitlebens in zahlreichen Selbstporträts fest; während andere Künstler auch immer wieder ihr eigenes Modell waren (Rembrandt, Vincent van Gogh, Frida Kahlo), zeigen Dürers Selbstporträts einen größeren Sinn für das, was man Selbstachtung nennen könnte, und er fügte sie in größeren Kompositionen zwischen Figurengruppen ein.

Er reiste 1494 und noch einmal 1505 nach Italien. Wie Leonardo da Vinci war auch Dürer von der Natur fasziniert, untersuchte sie sorgfältig und fertigte zahlreiche Studien zu verschiedenen Aspekten seiner Umgebung an. Das politische Engagement Nordeuropas in Italien brachte viele der Ideen des Humanismus in den Norden, sodass sich während der Renaissance nördlich und südlich der Alpen ähnliche Ideen finden.

Dürers Interesse an Wissen, insbesondere über die Natur, wird durch den Holzschnitt eines Nashorns von 1515 (unten) belegt. Dieser Holzschnitt wurde jedoch nicht nach dem Leben geschaffen. König Emanuel von Portugal hatte ein indisches Nashorn als Geschenk erhalten, ein ungewöhnliches Ergebnis von Portugals Erkundung

Albrecht Dürer
Rhinocerus
1515
Holzschnitt, Papier
(Bild freigestellt)
23,5 x 29,8 cm
Metropolitan Museum of Art, New York

Dürers Drucke fanden dank der Popularität des Buchdrucks und der beweglichen Lettern des Johannes Gutenberg weite Verbreitung.

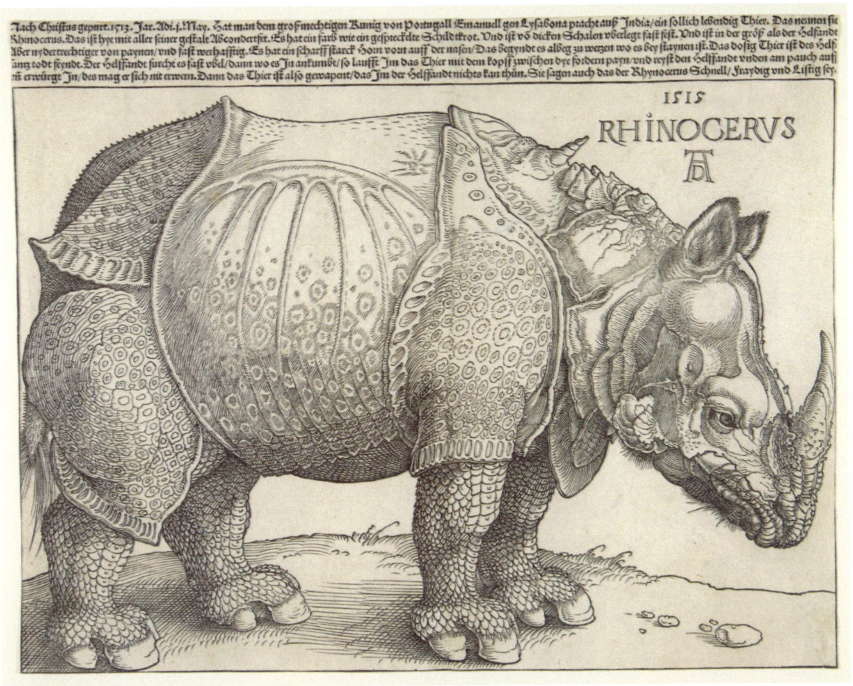

neuer Seehandelswege nach Südasien. Dürer erhielt eine Skizze des Tieres in einem Brief von einem damals in Lissabon lebenden Freund. Die Inschrift beschreibt das Nashorn als von der Farbe einer sommersprossigen Kröte, mit einer harten, dicken Schale bedeckt und von der Größe eines Elefanten, aber mit kürzeren Beinen.

Im Jahr 1515 tauschten Dürer und Raffael gegenseitig Kunstwerke aus, ein weiterer Beleg für den künstlerischen Kontakt zwischen dem Norden und Italien. In diesem Jahr erlangte Dürer die prestigeträchtige Position des Hofmalers von Kaiser Maximilian I., dessen Porträt er 1519 malte (Kunsthistorisches Museum, Wien). Ein erfolgreicher Maler konnte nun Ruhm und Reichtum erlangen. Allerdings schrieb Dürer darüber, wie gut er in Italien behandelt wurde, und wie schlecht in seinem eigenen Land.

Der Unmut in weiten Teilen Nordeuropas über die vermeintliche moralische Laxheit Roms, finanzieller Druck und der Ablasshandel führten zur protestantischen Reformation, die 1517 in Deutschland mit Martin Luther ihren Anfang nahm. Die Ideen der Reformation verbreiteten sich rasch. Infolgedessen wandten sich die Künstler des Nordens allmählich von religiösen Motiven ab und widmeten sich weltlichen Themen. Dürer wurde 1519 ein Anhänger Luthers.

Domenico da Cortona
Schloss von Chambord,
Tal der Loire, Frankreich
Baubeginn 1519

Das größte aller Renaissanceschlösser, Chambord, verfügt über 440 Räume und 365 Schornsteine, 14 große und 70 kleinere Treppenhäuser. Das spätere Barockschloss von Versailles ist noch größer.

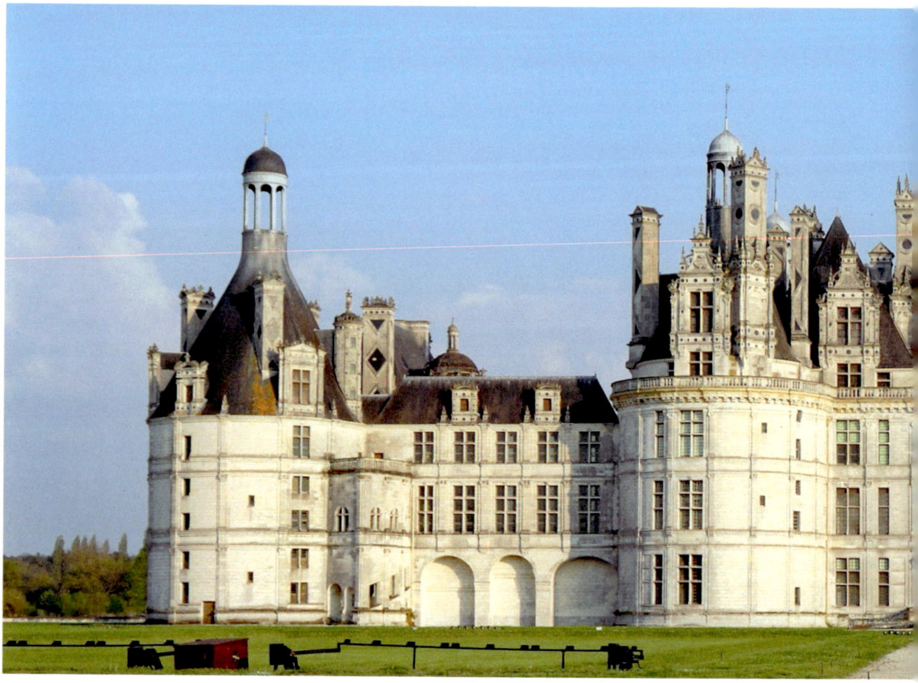

Frankreich

Franz I. bestieg 1515 im Alter von 20 Jahren den Thron und regierte bis zu seinem Tod im Jahr 1547. Sein repräsentativer Wohnsitz war das Schloss Chambord (unten). Frankreich ist berühmt für seine Schlösser; die beeindruckendsten Schlösser der Renaissance, darunter Chambord, befinden sich im Tal der Loire. Mit dem Bau von Chambord wurde 1519 begonnen, vermutlich nach einem Entwurf des Italieners Domenico da Cortona (gest. 1549). Franz I. hatte bereits seine Bewunderung für italienische Künstler unter Beweis gestellt, als er 1516 Leonardo da Vinci (und seine Gemälde, darunter die *Anna selbdritt*, Seite 83, und die *Mona Lisa*) nach Frankreich holte, wo der Künstler bis zu seinem Tod im Jahr 1519 lebte.

Das beste Beispiel für die französische Faszination für Treppen ist die doppelte Wendeltreppe im Zentrum von Chambord, die einen Zylinder mit einem Durchmesser von 9,14 m und einer Höhe von 24,38 m bildet. Da die beiden Treppen ineinander verschlungen sind, kann eine Person auf der einen Treppe die Person auf der anderen sehen, aber nicht berühren. Über diese Treppe gelangt man auf das Dach. Andere französische Renaissanceschlösser haben hohe Schieferdächer, das Dach von Chambord dagegen ist flach. Hier wurde eine Miniaturstadt mit winzigen Straßen und Gebäuden mit Türmchen und Schornsteinen errichtet, verziert mit Intarsien und Skulpturen.

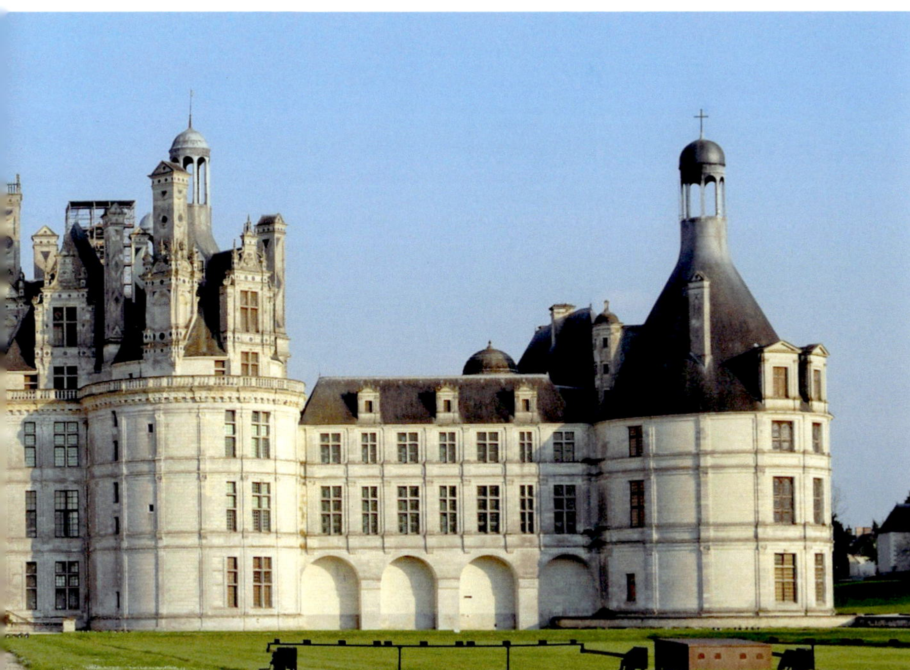

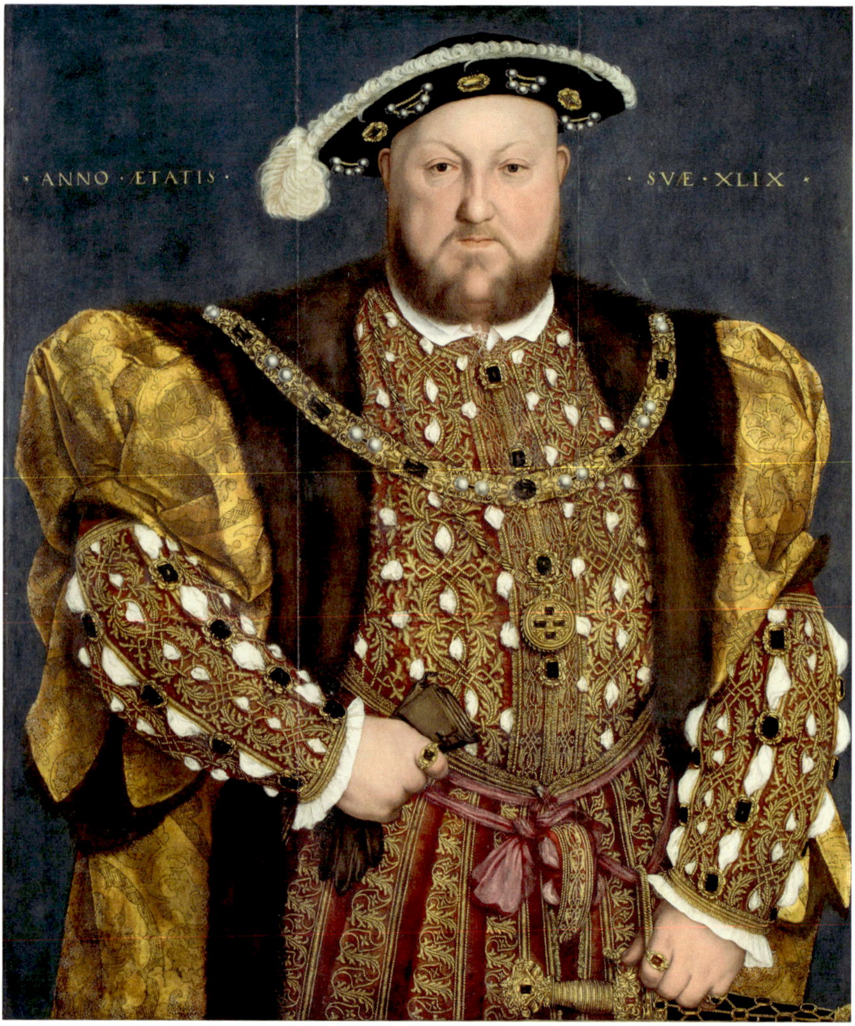

Hans Holbein der Jüngere
Heinrich VIII. mit 49
1540
Öl auf Tafel,
88,5 x 74,5 cm
Galleria Nazionale d'Arte Antica, Palazzo Barberini, Rom

Dieses historische Dokument zeigt den englischen König in seiner ganzen Größe, er füllt die Fläche mit seiner üppigen Kleidung, während er den Betrachter anschaut. Holbein hielt jedes Detail des Äußeren des Dargestellten fest; Einblicke in seinen Charakter waren nicht erforderlich.

England

Der französische König Franz I. war ein Zeitgenosse Heinrichs VIII. von England, der 1509 im Alter von 17 Jahren den Thron bestieg. Beide starben 1547. Der Sitz Heinrichs VIII. (und fünf seiner sechs Ehefrauen) war der Hampton Court Palace im Südwesten Londons. Wie in Chambord wurden die mittelalterlichen Verteidigungsanlagen wegen ihres malerischen Reizes beibehalten, waren aber aufgrund der zunehmenden politischen Stabilität nicht mehr erforderlich. Chambord ist aus Stein gebaut, während in Hampton Court Ziegel verwendet wurden. Die Fenster wurden größer: Die Verteidigungsarchitektur wurde domestiziert.

Das Aussehen Heinrichs VIII. (gegenüber) wurde von dem in Deutschland geborenen, aber in England tätigen Porträtmaler Hans Holbein dem Jüngeren (ca. 1497–1543) sorgfältig festgehalten. Holbein leistete für Heinrich VIII. die gleichen Dienste wie Jan van Eyck für Philipp den Guten: Beide malten für ihre Auftraggeber Porträts von potenziellen Bräuten. Holbein malte Jane Seymour, die dritte Ehefrau Heinrichs VIII. Nach ihrem Tod wurde Anne von Kleve seine vierte Ehefrau, unter anderem auf der Grundlage von Holbeins Porträt. Allerdings gefiel dem König die Version aus Fleisch und Blut nicht und er ließ sich von ihr scheiden.

Aufgrund der protestantischen Reformation malte Holbein relativ wenige religiöse Themen. Wie Dürer stellte er sich auf die Seite Luthers und der Reformation. Es war eine Zeit des politischen und religiösen Aufruhrs. Heinrich VIII. unterstützte die Reformation weniger aus theologischen als aus biologischen Gründen: Er wollte sich von seiner ersten Frau, Katharina von Aragon, scheiden lassen, weil sie keinen männlichen Erben zur Welt gebracht hatte. Doch Katholiken war eine Scheidung nicht erlaubt. Heinrich gründete daraufhin die Kirche von England, die unter seiner Kontrolle stand. Die neue anglikanische Kirche stimmte der Scheidung zu und erlaubt ihm die Heirat mit Anne Boleyn 1533.

Die römische Kirche reagierte auf die Reformation mit dem Konzil von Trient (1545–63), das die Gegenreformation kodifizierte und die Verwendung von Lehrbildern in der Kunst als Reaktion auf den Ikonoklasmus mehrerer protestantischer Sekten bestätigte.

Die Niederlande

Während Holbein Porträts von Königen malte, porträtierte Pieter Bruegel der Ältere (ca. 1525/30–69), der in den Niederlanden geboren wurde, aber in Antwerpen und Brüssel tätig war, das Bauerntum. Bruegels Gemälde, wie z. B. *Der Bauerntanz* (umseitig), dokumentieren Aspekte des täglichen Lebens. Solche Genreszenen waren für seine Zeit untypisch. Man geht davon aus, dass Bruegel sehr gebildet war und daher nicht aus der sozialen Schicht stammte, die er darstellte. Einige seiner Themen basieren auf flämischen Sprichwörtern, andere sind bissige Satiren auf das Leben. Doch Bruegels

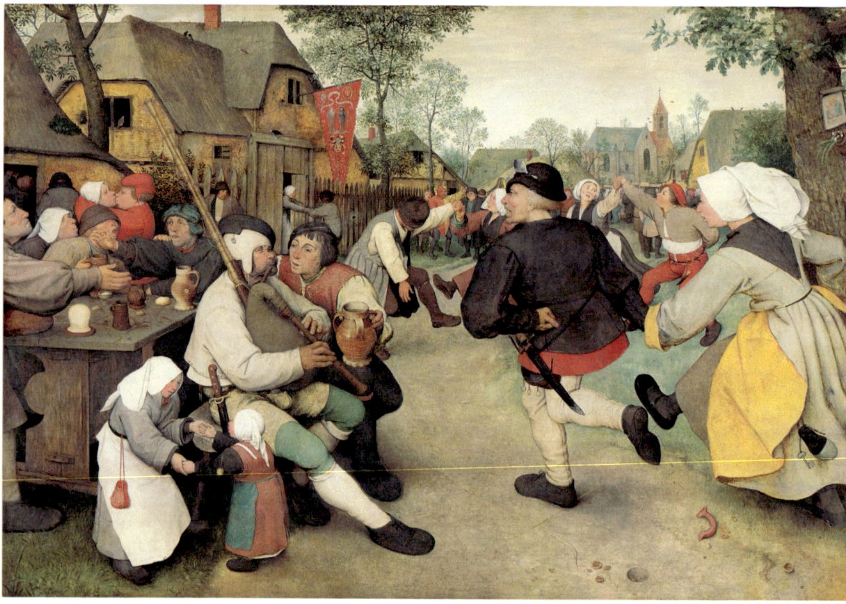

Gemälde enthalten eine tiefere Bedeutung, die manchmal in Symbolen versteckt ist. Er machte sich über die Kirche lustig und nahm den Geiz und die anderen Todsünden aufs Korn, persiflierte Torheit, Dummheit, Heuchelei und Eigennutz. In *Der Bauerntanz* deutet ein kleines Bild von Maria, der Mutter Jesu, an einem Baum ganz rechts darauf hin, dass es sich um eine religiöse Feier handelt, aber die Kirche ist in der Ferne, während die Taverne viel näher liegt. Bruegel fängt die lebhafte Bewegung dieser Menschen ein und regt unsere Fantasie an, sich Geräusche und Gerüche vorzustellen.

Pieter Bruegel der Ältere
Der Bauerntanz
1568
Öl auf Eiche,
1,14 x 1,64 m
Kunsthistorisches Museum, Wien

Obwohl Bruegel selbst kein Bauer war, soll er Bauernkleidung getragen haben, um die Lebensweise der Bauern genau zu beobachten.

MANIERISTISCHE KUNST

Die Renaissance war in Italien und in geringerem Maße auch im Norden von einer Wiederbelebung der klassischen Ideale geprägt, auf die jedoch eine Abkehr von diesen Idealen folgte. Daher wird der Manierismus (der Begriff stammt vom italienischen Wort für Manier oder Stil, manièra) auch als antiklassischer Stil bezeichnet. Die Künstler der Renaissance bevorzugten in der Regel eine klare Aussage, Ausgewogenheit und Harmonie, eine an antiken Idealen orientierte Anatomie, einen dreidimensionalen Bildraum und Primärfarben. Im Gegensatz dazu neigten die Künstler des Manierismus zu komplexen Kompositionen, die die Bedeutung verschleiern, einer nicht-naturalistischen Anatomie, die in unbequemen Posen dargestellt wird, einem zweideutigen Bildraum und Sekundärfarben.

Der Stilwandel entspricht historisch dem Umbruch nach der Plünderung Roms durch Karl V. im Jahr 1527. Die italienischen Künstler flohen nach Norden, wo das französische Königshaus den Manierismus willkommen hieß. Dessen Zielpublikum war nicht die breite Öffentlichkeit, sondern die Aristokratie.

Franz I. beauftragte ein Team italienischer Künstler mit der Ausschmückung seines Schlosses Fontainebleau. Zu ihnen gehörte der aus Bologna stammende Francesco Primaticcio (1504–70), der 1532 eintraf und mehrere Jahrzehnte lang in Frankreich tätig sein sollte. In Fontainebleau schuf Primaticcio eine originelle Form der Dekoration, einen raffinierten Stil, der den anspruchsvollen aristokratischen Geschmack der Zeit widerspiegelte. Primaticcio verzierte die Königstreppe (unten) und verband dabei Malerei und Bildhauerei – Medien, die früher getrennt waren. Den Stuckfiguren wird weit mehr Aufmerksamkeit geschenkt als den kleinen Gemälden, die sie umrahmen. Im Einklang mit der Sensibilität des Manierismus sind ihre Proportionen verzerrt und ihre Posen verrenkt. Mit dekorativer französischer Eleganz sind die Figuren charmant und perfekt, doch kaum lebensecht. Ihre Körper sind künstlich reduziert, doch sie drehen sich anmutig, unbelastet von Kleidung und ohne die Absicht, eine tiefe oder erbauliche Botschaft zu vermitteln. Weibliche Akte waren eine Spezialität von Fontainebleau, die der Mode der manierierten Erotik entsprachen – kurvenreich, sinnlich, lächelnd und verführerisch.

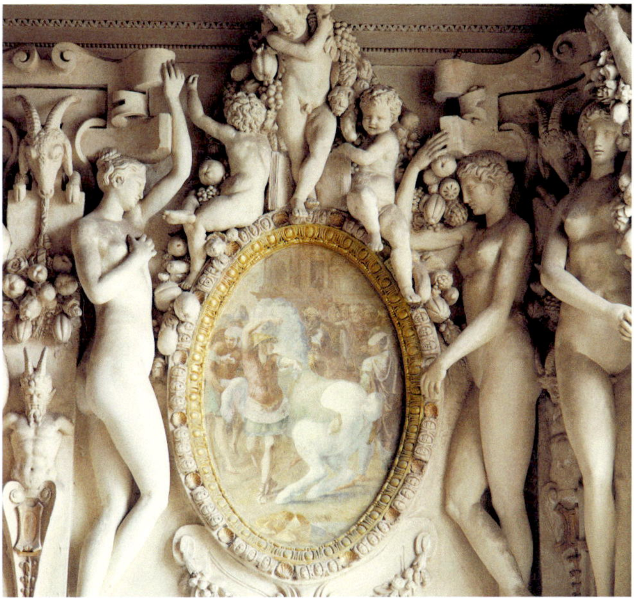

Francesco Primaticcio
dekorative Figuren,
Obere Wand der
Königstreppe, Schloss
Fontainebleau,
Fontainebleau
ca. 1541–45
Stuck

Die Bedeutung von Franz I. für die französische Kunstgeschichte liegt vor allem in seiner Wertschätzung und dem Import italienischer Kunst und Künstler.

Barock des 17. Jahrhunderts
Welche Einfluss hatte die Religion im Barock auf die Kunst und umgekehrt?

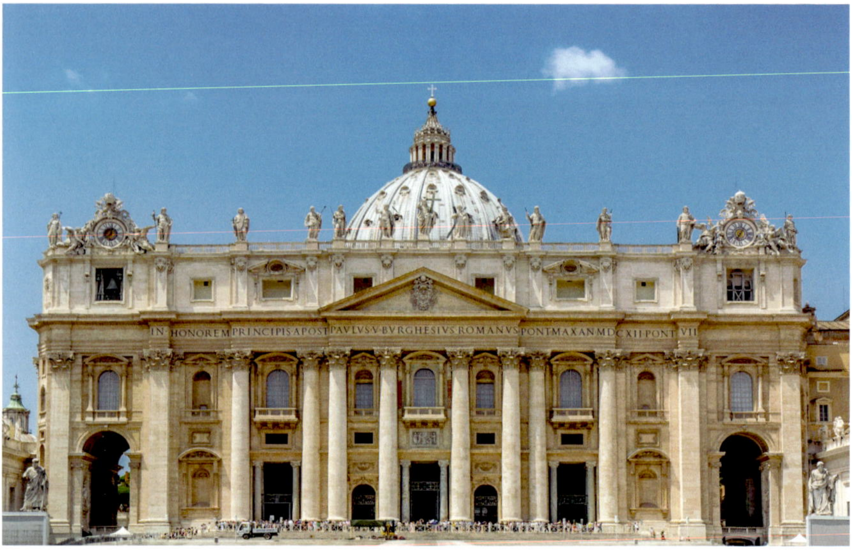

Carlo Maderno
Petersdom,
Rom, Fassade
1607–15, Höhe 44,81 m
Breite 114 m

Vom Balkon aus, dem Mittelpunkt dieser visuellen Machtdemonstration der Kirche, wandte sich der Papst an die Gläubigen auf der großen Piazza vor ihm.

Der wichtigste künstlerische Stil des 17. Jahrhunderts war der Barock, ein Begriff, der eine unregelmäßig geformte Perle beschreibt. Charakteristisch für den Barock ist seine dramatische, emotionale und sogar theatralische Kunst. Der populäre neue Stil wurde von vielen Seiten gefördert. In Spanien war Philipp IV. ein großzügiger Förderer. In Frankreich investierten Marie de' Medici und Ludwig XIV. in großem Stil. In Italien wurden die Künste durch den Reichtum der Kirche finanziert.

ITALIEN
Der Barockstil begann in Italien, als das Papsttum versuchte, Rom für das Jubiläum 1600 zur schönsten Stadt der Christenheit zu

machen. Rom sollte seine Rolle als Zentrum der westlichen Kultur zurückgewinnen. Politisch hatten die österreichischen Habsburger die nominelle Kontrolle über Norditalien, die spanische Krone kontrollierte den Süden und der Kirchenstaat (einschließlich Rom) die Mitte. Die Wirtschaft Nord- und Mittelitaliens ging im 17. Jahrhundert dramatisch zurück, als englische, niederländische und französische Produkte und Dienstleistungen die der italienischen Staaten in ganz Europa, Nordafrika und im Nahen Osten verdrängten. Das Papsttum blieb jedoch so wohlhabend, dass es große Bauprogramme in Angriff nehmen konnte, um seine Macht zu demonstrieren und den Gläubigen ein überarbeitetes und neu ausgerichtetes religiöses Leben zu bieten. Die Päpste förderten den Bau von Palästen, Kirchen und Kapellen sowie von Kunstwerken, die diese ausschmückten. Rom wurde zu einem Magneten für Künstler.

Das Konzil von Trient lieferte die theologische Begründung für die verschwenderischen Ausgaben der Päpste für Kunst und Architektur: Sie sollten dem Protestantismus entgegenwirken, indem sie religiöse Lehren in Gemälden und anderen visuellen Formen darstellten, um das einfache Volk zu unterrichten. Die Bilder sollten klar sein, damit sie leicht verständlich und einprägsam sind, sie sollten realistisch sein, damit man sich leichter mit ihnen identifizieren kann, und sie sollten emotional sein, um den Betrachter zu fesseln und zur Frömmigkeit zu ermutigen. Die römische Kirche war bestrebt, die Grundlagen ihrer Lehre zu bekräftigen, die Ausbildung ihres Klerus zu verbessern und sich von der humanistischen Ausrichtung der Renaissance ab- und einer spirituelleren Weltanschauung zuzuwenden.

Das wichtigste Baudenkmal der katholischen Kirche ist der Petersdom in Rom. Das heutige Gebäude (nebenstehend) unterscheidet sich von der frühchristlichen Basilika, die zuvor an dieser Stelle stand (Seite 47). Die Geschichte des Petersdoms ist lang und kompliziert, aber gut dokumentiert. Alt-St. Peter wurde 1505 auf Anordnung von Papst Julius II. abgerissen. Die bedeutendsten Architekten, darunter Bramante und Michelangelo, arbeiteten an dem neuen Entwurf. 1602 beauftragte Papst Paul V. den Tessiner Carlo Maderno (1556–1629) mit der Fertigstellung des Baus und der Umwandlung des griechischen Kreuzes von Michelangelo in ein lateinisches Kreuz. Damit bot der Innenraum mehr Platz für die vielen Gläubigen – der Petersdom ist die größte Kirche Europas.

Maderno nutzte die kolossale Struktur, um die riesige Fassade zu vereinheitlichen, die er wie eine Theateraufführung behandelte, die sich von den Seitenflügeln bis zum Balkon in der Mitte der Bühne aufbaut. Die seitlichen Pilaster gehen in Säulen über, die sich dann zur Mitte hin verdoppeln, sodass der Mittelteil an Räumlichkeit gewinnt.

Nach Madernos Tod im Jahr 1629 ernannte Papst Urban VIII. den Architekten und Bildhauer Gian Lorenzo Bernini (1598–1680) aus Neapel zu dessen Nachfolger. Die extreme Dramatik und Emotionalität, die Berninis Werke kennzeichnen (er entwarf auch die Piazza vor dem Petersdom), sind die Essenz der Barockkunst. Die ruhige Gelassenheit, die für die Kunst des klassischen Griechenlands und der Renaissance charakteristisch war, stand im Gegensatz zur barocken Ästhetik. Stattdessen erinnert Berninis *Der Raub der Proserpina* (unten), entstanden 1621–22, an die dramatischen Augenblicke der hellenistischen Bildhauerei. Bernini stellt Pluto (griechisch Hades), den Gott der Unterwelt, dar, der Proserpina (griechisch Persephone), die Göttin des Frühlings, entführt. Während er sie gewaltsam zu sich zieht, stößt sie ihn weg und versucht, sich zu befreien. Dem Mythos zufolge scheitert Proserpinas Fluchtversuch und sie wird unfreiwillig Plutos Frau.

Die Anziehungskraft antiker Themen, insbesondere solcher, die mit Sex, Gewalt und Nacktheit zu tun haben, ist ungebrochen.

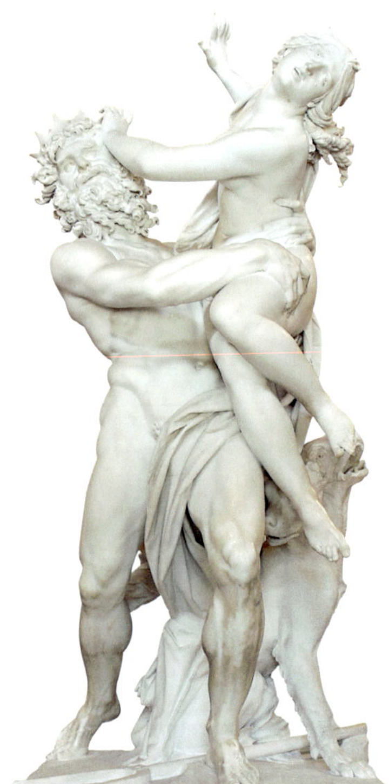

Gian Lorenzo Bernini
Der Raub der Proserpina
1621–22
Carrara-Marmor,
Höhe 2,25 m
Galleria Borghese, Rom

Unter Berninis scheinbar magischen barocken Schlägeln und Meißeln scheint der Stein zum Leben zu erwachen. Nicht ein weltlicher Auftraggeber, sondern Kardinal Scipione Borghese gab dieses heidnische Thema in Auftrag.

Caravaggio
Die Grablegung Christi
1600–04
Öl auf Leinwand,
3 x 2,03 m
Pinacoteca Vaticana,
Vatikanstadt, Rom

Caravaggio idealisierte die Figuren in seinen religiösen Gemälden nicht, eine Entscheidung, die bei einem Publikum, das mit der Trennung zwischen dem Sakralen und dem Weltlichen zufrieden war, nicht gut ankam.

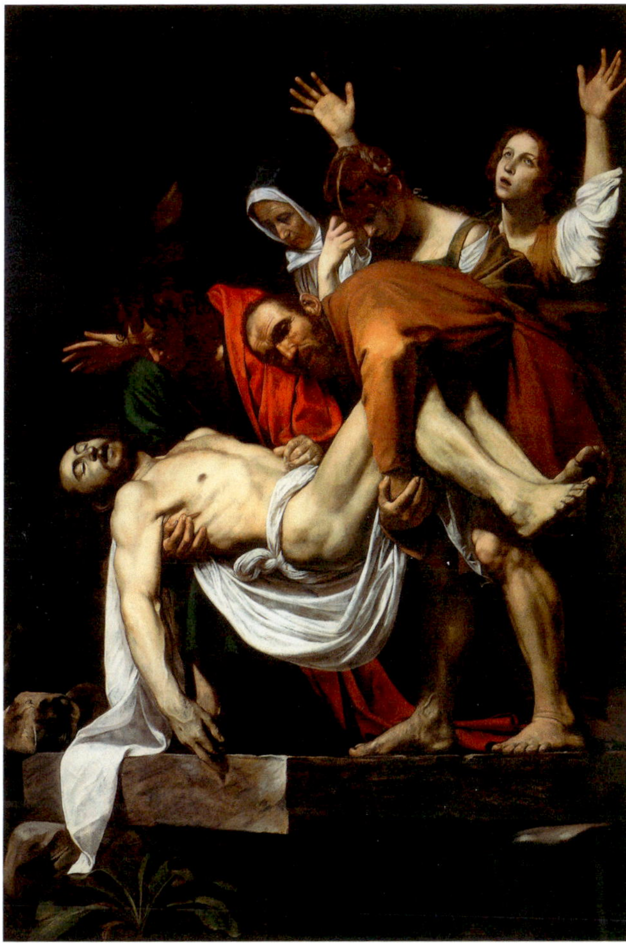

Einer der einflussreichsten Barockmaler war Caravaggio (1573–1610), benannt nach seiner Heimatstadt in der Nähe von Mailand. Vielleicht gibt es einen Zusammenhang zwischen seinem Bohème-Lebensstil, seinem jähzornigen Temperament, seinem langen Strafregister und der gesteigerten Emotionalität seiner Gemälde. In seinem 1603–04 entstandenen Gemälde *Die Grablegung Christi* (oben) richtet Caravaggio den Blick des Betrachters geschickt auf die Steinplatte, auf der die Figuren stehen, und suggeriert damit, dass sich der Betrachter unten, im Grab, befindet und den Leichnam Christi in Empfang nehmen wird. Caravaggio hat die großen Figuren sehr nahe an der Bildebene positioniert – tatsächlich scheinen einige Teile, wie der hervorstehende Ellbogen, über

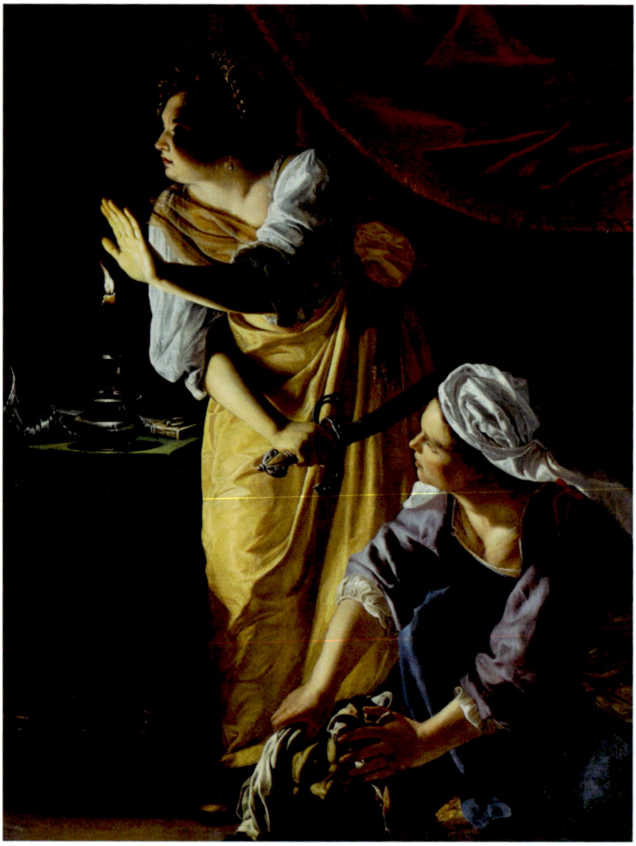

Artemisia Gentileschi
Judith und ihre Magd mit dem Haupt des Holofernes
ca. 1623–25
Öl auf Leinwand,
1,87 x 1,42 m
Detroit Institute of Art,
Detroit, USA

Eine Kerze ist die einzige Lichtquelle, doch Gentileschi kontrastiert die hellsten Lichter mit den dunkelsten Schatten und vergrößert so den Schrecken des Motivs.

die Bildebene hinaus in unseren Raum zu ragen. Verstärkt wird die Dramatik durch die Maltechnik des Tenebrismus, d. h. einer »dunklen Malweise«, bei der ein Schlaglicht den Fokus auf die wichtigsten Bereiche lenkt.

Die dramatischen und theatralischen Aspekte des Barock sind in den Gemälden von Artemisia Gentileschi (1593–ca. 1653), der in Rom geborenen Tochter des Malers Orazio Gentileschi, besonders stark ausgeprägt. Als Wunderkind war sie bereits im Alter von 15 Jahren eine vollendete Malerin. Man nannte sie eine »Caravaggisti«, eine »Nachtmalerin«, weil sie den Tenebrismus verwendete.

Ein von Gentileschi mehrfach dargestelltes Thema ist *Judith und ihre Magd mit dem Kopf des Holofernes* (oben). Judith verführt den assyrischen Feldherrn Holofernes dazu, sich in den Schlaf zu trinken. Mit Hilfe ihrer Magd enthauptet sie ihn mit seinem Schwert und rettet so das jüdische Volk vor dem assyrischen König Nebukadnezar. In ihren religiösen Gemälden bevorzugt Gentileschi

Andrea Pozzo
Triumph des heiligen Ignatius von Loyola
1691–94
Deckenfresko
Sant' Ignazio, Rom

Die tatsächliche Steinarchitektur der Kirche geht unmerklich in Pozzos gemalten visuellen Trick des endlosen Raums über. Entfernt sich der Betrachter jedoch von dem ihm zugedachten Blickwinkel, wird der Unterschied zwischen Realität und Illusion deutlich.

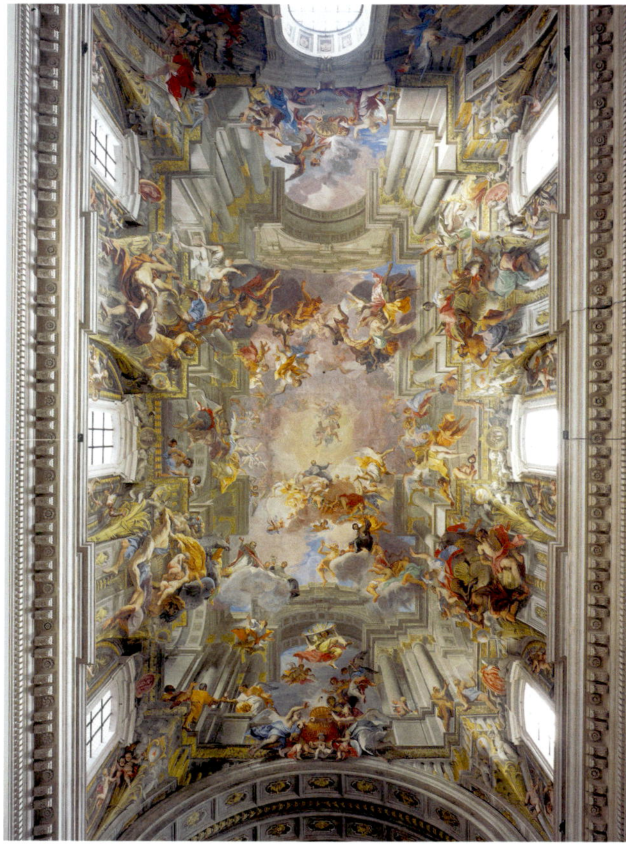

Themen wie *David und Bathseba*, *Susanna und die Ältesten*, *Salome mit dem Kopf von Johannes dem Täufer* – Themen des Verrats, der Täuschung, des Missbrauchs und der Rache. Ihre Vorliebe für solche Themen, bei denen sie manchmal selbst Modell stand, mag mit ihrer Vergewaltigung und ihrem Verrat durch ihren Lehrer zusammenhängen, als sie 18 Jahre alt war.

Im barocken Italien wurde eine neue Art der Malerei populär: illusionistische Deckengemälde, die den Betrachter täuschen sollten. Unter den zahlreichen Beispielen in Rom ist das Fresko im Gewölbe des Kirchenschiffs von Sant' Ignazio besonders bemerkenswert. Hier malte Andrea Pozzo (1642–1709) den *Triumph des heiligen Ignatius von Loyola* (oben), 1691–94. Die Aufmerksamkeit des Besuchers richtet sich jedoch weniger auf den Heiligen als vielmehr auf die außergewöhnliche Kulisse aus freiem Himmel und fiktiver Architektur. Pozzo hat es verstanden, die Decke mit Hilfe einer Linearperspektive auszulöschen, die sorgfältig so berechnet wurde, dass sie von einem

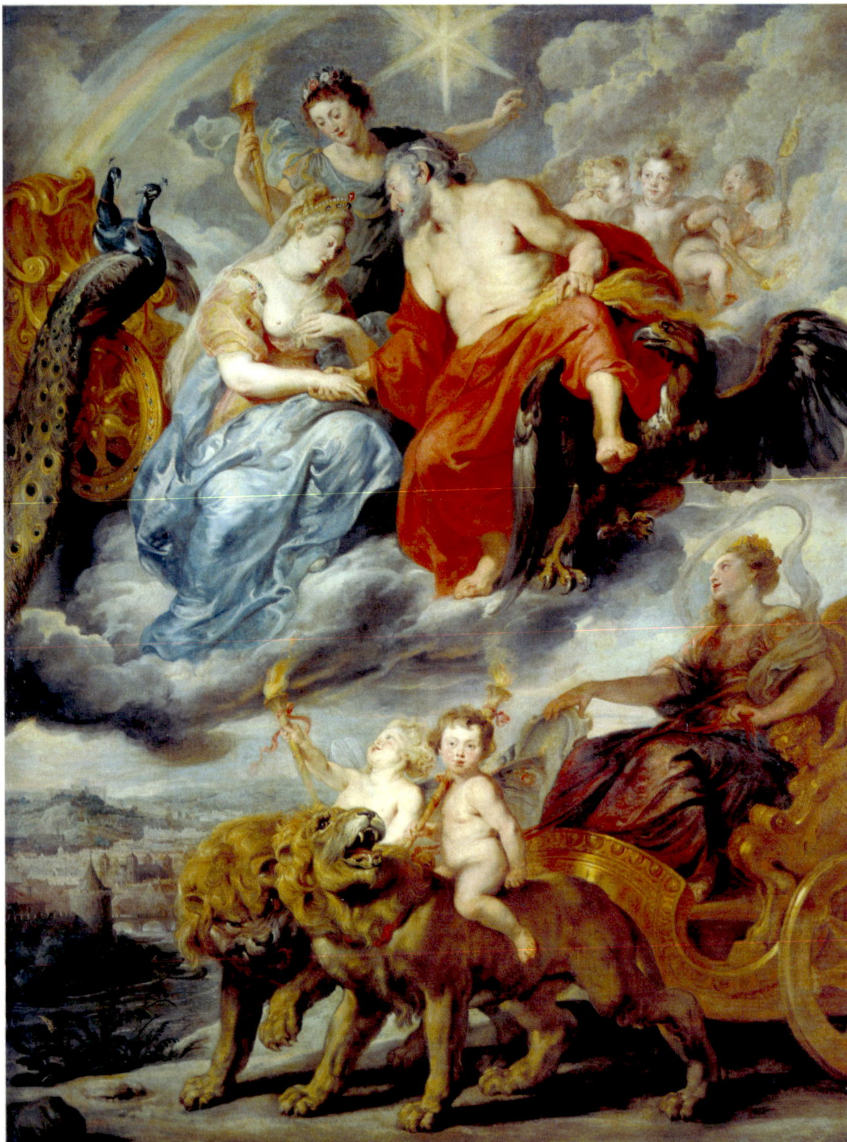

Peter Paul Rubens
Erste Begegnung des Königs mit Marie de' Medici in Lyon
ca. 1621–25
Öl auf Leinwand,
3,94 x 2,95 m
Musée du Louvre, Paris

Rubens machte Sinnlichkeit und Üppigkeit in dieser allegorischen Darstellung eines historischen Ereignisses sichtbar, das sich in Gesellschaft von Juno und Jupiter abspielt.

bestimmten Standort in der Mitte des Kirchenschiffs aus gesehen werden kann, der durch das Muster im Boden angezeigt wird.

-

Der Barockstil erlebte außerhalb Italiens eine große Blütezeit in Kunst und Architektur.

-

FLANDERN

Obwohl die Barockkunst ihren Ursprung in Italien, insbesondere in Rom, hat, fand der Stil schnell in ganz Westeuropa Anklang und wurde an die lokalen Bedürfnisse und die Ästhetik angepasst. Das Gebiet, das als Flandern bekannt ist, umfasst Antwerpen, Brüssel, Gent und Brügge – die Heimat einer erfolgreichen Kaufmannsschicht. Wohlhabend und kultiviert, förderten sie die Künste. Der bekannteste Maler des Barock in Flandern war Peter Paul Rubens (1577–1640), der in Antwerpen tätig war. Wie bei jungen aufstrebenden Künstlern üblich, studierte Rubens in Italien und lebte dort von 1600 bis 1608. Er entwickelte einen persönlichen Stil, in dem sich nordeuropäische und italienische Aspekte vermischten.

Rubens verfügte neben seinem Talent als Maler über viele weitere Fähigkeiten, insbesondere in den Bereichen Wirtschaft und Diplomatie. Sein Atelier in Antwerpen beschäftigte viele Maler und nahm Schüler auf, was ihm großen Reichtum einbrachte. Rubens erhielt Aufträge von den europäischen Königshöfen und arbeitete für den italienischen Herzog von Mantua, den spanischen König Philipp IV. und seine Regenten in den Niederlanden, Albrecht und Isabella, den englischen König Karl I. und die französische Königin Marie de' Medici. Dass Rubens mehrsprachig war, erleichterte dieses internationale Mäzenatentum.

1621 gab Marie de' Medici, die Witwe Heinrichs IV. von Frankreich, bei Rubens einen Zyklus von vierundzwanzig großen Ölgemälden in Auftrag, die für ihren Palais du Luxembourg in Paris bestimmt waren. Die Gemälde sollten ihr Leben und das von Heinrich IV. verewigen und die Menschen von ihrem Recht überzeugen, nach dem Tod ihres Mannes in Frankreich als Regentin zu herrschen, obwohl sie keine Französin war. Rubens war die perfekte Wahl für diese Aufgabe, denn er konnte selbst die alltäglichsten Ereignisse dramatisieren. In einer der ersten Szenen des Zyklus treffen sich Marie de' Medici und Heinrich IV., die bereits verheiratet sind, zum ersten Mal in Lyon (gegenüber). Es ist unwahrscheinlich, dass dieses Ereignis im Himmel stattfand oder dass beide nicht vollständig bekleidet waren.

Das Werk von Rubens weist die barocken Merkmale dynamischer diagonaler Bewegungen und bewegter Figuren in unbegrenzten Räumen auf. Er malte eher mit reichen Farben und Licht als mit Linien.

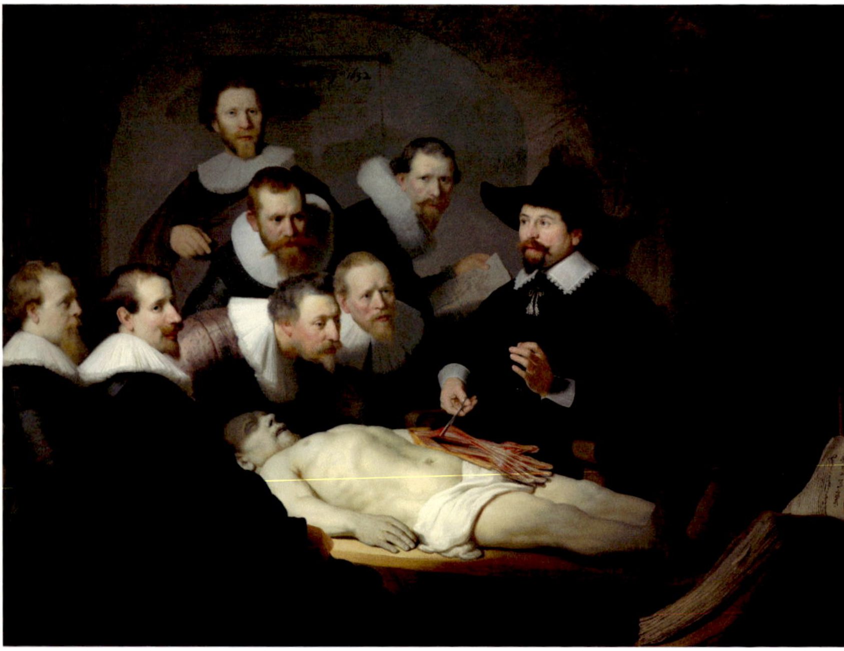

Rembrandt van Rijn
Die Anatomie des Dr. Tulp
1632
Öl auf Leinwand,
2,16 x 1,69 m
Mauritshuis, Den Haag

In diesem barocken Gemälde hat die Dramatik Vorrang vor dem Naturalismus, denn es wird keine logische Lichtquelle angegeben, und die Gesichter scheinen von einem Licht erhellt zu werden, das vom Leichnam ausgeht.

Seine Figuren sind füllig und üppig. Der Begriff »Rubensfrau« ist in unseren Sprachgebrauch eingegangen, um den von ihm bevorzugten weiblichen Körperbau zu beschreiben.

DIE NIEDERLANDE

Ab dem Jahr 1648 erlebten die Niederlande ein rasches Wirtschaftswachstum, da der Handel zunahm, die Herstellung von Wollwaren und anderen Gütern florierte und Amsterdam Antwerpen als wichtigsten Hafen Nordeuropas ablöste. Zu dieser Zeit hatten die Niederlande den höchsten Lebensstandard in Europa. Der florierende Handel schuf eine neue Quelle für das Mäzenatentum. Privatpersonen wünschten Porträts und Genreszenen. Die niederländischen Kriege mit England in den 1660er Jahren führten jedoch zu einem finanziellen Abschwung und zum Verlust der nordamerikanischen Kolonien (Nieuw Amsterdam wurde zu New York).

Rembrandt van Rijn (1606–69) wurde in Leiden geboren und studierte an der dortigen Universität Literatur, bevor er sich der Malerei zuwandte. Im Einklang mit der Mode der Zeit malte Rembrandt viele Porträts. Das Gruppenporträt war jedoch eine neue Form, wobei die Herausforderung darin bestand, eine starre Reihe von Köpfen zu vermeiden. In *Die Anatomie des Dr. Tulp* (oben), einem Auftragswerk der

Amsterdamer Chirurgengilde, vermied Rembrandt eine starre Komposition, indem er die Figuren um den Leichnam herum anordnete. Die barocke Schrägstellung des Körpers führt dazu, dass die Füße nach außen ragen, was durch das Buch in der rechten unteren Ecke abgemildert wird. Der sezierte Unterarm ist anatomisch ungenau.

Der Tod von Rembrandts geliebter Frau Saskia im Jahr 1642 fällt mit einem Wendepunkt in seinem Leben zusammen. In diesem Jahr malte er die *Nachtwache* (Rijksmuseum, Amsterdam), ebenfalls ein Gruppenbildnis, aber in einem größeren Maßstab und mit viel mehr Figuren. Dargestellt sind die Mitglieder der Amsterdamer Bürgergarde, die morgens ausziehen, um Marie de' Medici in ihrer Stadt zu begrüßen.

Die in Den Haag geborene niederländische Barockmalerin Rachel Ruysch (1664–1750) spezialisierte sich auf Blumenbilder, die damals ein beliebtes Thema waren. Die Tochter eines Botanikers vervollkommnete schnell ihre Fähigkeiten und malte 1682 mit nur 18 Jahren *Hängendes Blumenstillleben* (unten).

Stillleben mit Blumen, Speisen, Gegenständen und sogar Insekten waren mehr als ansprechende Arrangements, denn sie vermittelten

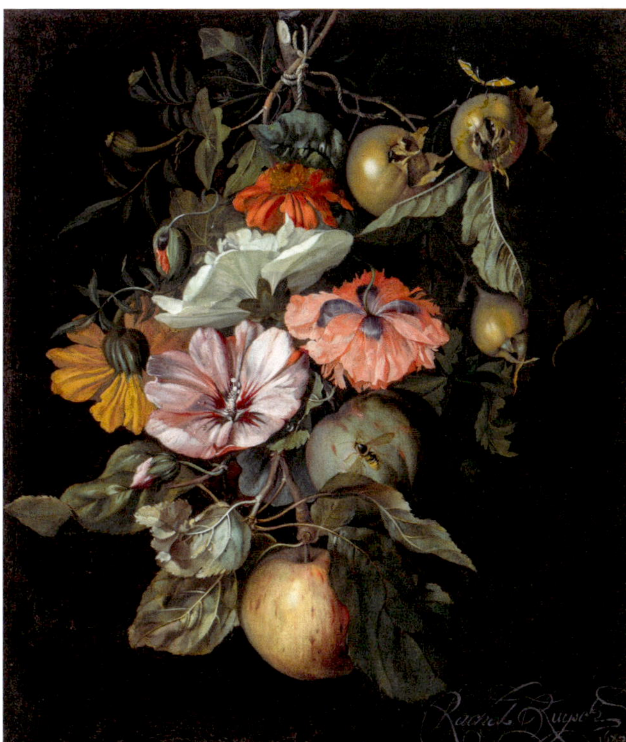

Rachel Ruysch
Hängendes Blumenstillleben
Signiert und datiert 1682
Öl auf Leinwand,
38 x 33 cm
Nationalgalerie, Prag

Die Niederländer liebten Blumen sehr und schätzten Ruyschs Gemälde wegen ihrer akribisch erfassten, wissenschaftlich genauen Details.

ikonografische Konnotationen. Verwelkende Blumen und verrottendes Obst verweisen auf die Vergänglichkeit der jugendlichen Schönheit und des Lebens. *Memento mori* und Vanitas warnten vor dem Tod und betonten die Notwendigkeit, im Leben richtig zu handeln. Bestimmte Blumen hatten bestimmte Bedeutungen: Lilien standen für Reinheit und Tulpen für Adel. Im 17. Jahrhundert gab es in den Niederlanden einen wichtigen Markt für Tulpen.

SPANIEN

Der habsburgische König Philipp IV. von Spanien (reg. 1621–65) berief den in Sevilla geborenen Diego Velázquez (1599–1660) als königlichen Maler an seinen Hof in Madrid, wo dieser zahlreiche Porträts der königlichen Familie und von Mitgliedern des Hofes malte. Velázquez hielt deren tatsächliches Aussehen fest. Dieses Interesse an visueller Genauigkeit und die Fähigkeit, sie zu erreichen, hatte er in seinen früheren Gemälden von einfachen Menschen aus der Unter- und Mittelschicht, wie etwa *Drei Männer am Tisch*, um 1617 (nebenstehend), verfeinert. Velázquez schuf eine Nahaufnahme von Männern dreier verschiedener Altersgruppen, die sich bei einer einfachen Mahlzeit unterhalten. Das barocke Licht unterstreicht die Kombination von kontrastierenden Texturen, die bis hin zum zerknitterten Tischtuch fast greifbar real erscheinen.

Obwohl Velázquez in seiner Eigenschaft als königlicher Maler in Madrid lebte, reiste er 1629 auf Anregung seines Freundes Rubens und mit Erlaubnis des Königs zu Studienzwecken nach Italien. Dort lernte er den italienischen Barock kennen und nahm diese Erfahrung mit nach Spanien, was sich in späteren Werken wie dem 1656 entstandenen Gemälde *Die Hoffräulein* (Las Meninas) widerspiegelt.

FRANKREICH

Unter dem zunehmend autokratischen Ludwig XIV. (reg. 1661–1715) wurde Frankreich zur mächtigsten Nation in Europa. Eine intellektuelle Revolution vertrat die Idee des Wissens durch Beobachtung anstelle von göttlicher Offenbarung und führte schließlich zur Aufklärung. Die 1648 in Paris gegründete Académie Royale de Peinture et de Sculpture (Königliche Akademie für Malerei und Bildhauerei) ermöglichte es dem König, die Künste in Frankreich zu kontrollieren. Innerhalb der Akademie kam es jedoch zu Konflikten zwischen den Rubénistes, die die Farben und die Dramatik von Rubens bevorzugten, und den Poussinistes, die einen Stil der Linie und der Ruhe favorisierten, wie er in den Gemälden von Nicolas Poussin zum Ausdruck kam.

Ludwig XIV. ließ sich in Versailles, südwestlich von Paris, ein riesiges Schloss erbauen. Der von ihm zum Regierungssitz bestimmte Palast

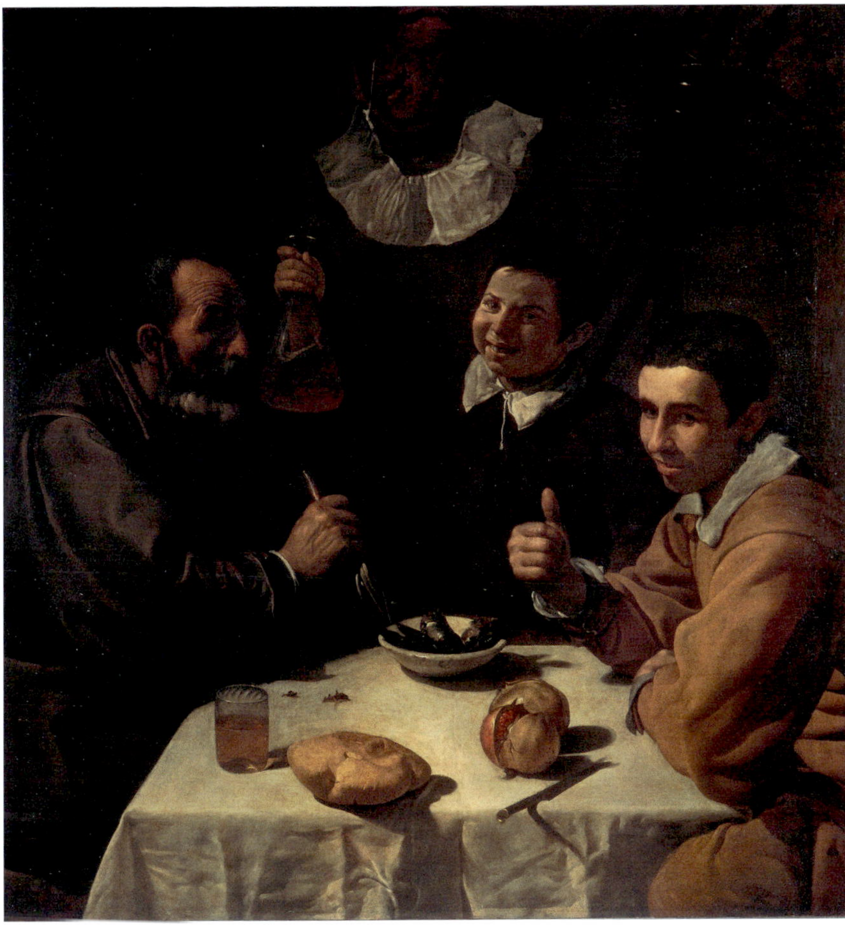

Diego Velázquez
Drei Männer am Tisch
ca. 1617
Öl auf Leinwand,
108,5 x 102 cm
Eremitage, St. Petersburg

Velázquez kombiniert auf angenehme Weise ein Gruppenporträt von normalen Menschen mit einem Stillleben.

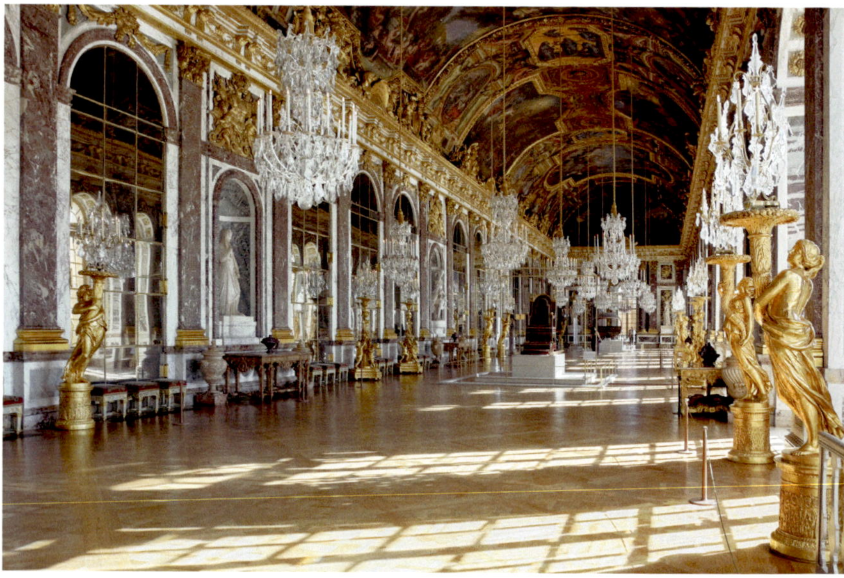

Jules Hardouin-Mansart, Charles Le Brun und Antoine Coysevox
Palast von Versailles, Spiegelsaal
ca. 1680
Länge 73 m,
Breite 10,40 m,
Höhe 13 m

Verschiedene Materialien, die von unzähligen Kerzen beleuchtet und mit massiven Silbermöbeln ergänzt wurden, schmückten diesen tunnelartigen Raum auf elegante Weise.

beherbergte bis zu 10.000 Personen – die Macht konzentrierte sich um den König herum und die Stärke und Autorität des französischen Adels wurden untergraben. Schauplatz der Staatsveranstaltungen des selbsternannten Sonnenkönigs war der Spiegelsaal (siehe oben), dessen Name von den siebzehn gewölbten Spiegeln herrührt, die die siebzehn Bogenfenster mit Blick auf die weitläufigen formellen Gärten reflektieren. Als einer der spektakulärsten Räume des Palastes sollte diese Einrichtung die Gäste beeindrucken, wenn nicht gar blenden.

ENGLAND

Nachdem der Große Brand von London im Jahr 1666 große Teile der Stadt zerstört hatte, wurde eine Kommission gebildet, die den Wiederaufbau in Angriff nehmen sollte. Zu ihren Mitgliedern gehörte der vielseitig begabte Architekt Sir Christopher Wren (1632–1723). Obwohl die Kommission Wrens Masterplan für den Wiederaufbau Londons ablehnte, wurde er als Architekt der neuen St. Paul's Cathedral (gegenüber) ausgewählt, die 1675–1710 erbaut wurde. Die Fassade von St. Paul's repräsentiert die klassizistische Tendenz innerhalb des Barockstils, denn während bestimmte Merkmale – die Kuppel, der Giebel und die Säulen – der römischen Antike entstammen, werden sie in einer dramatischeren barocken Weise verwendet, indem die Kuppel auf doppelte Trommeln gehoben, der Giebel auf ein zweites Stockwerk erhöht und die Säulen gepaart werden, sowie die beiden Türme hinzugefügt werden.

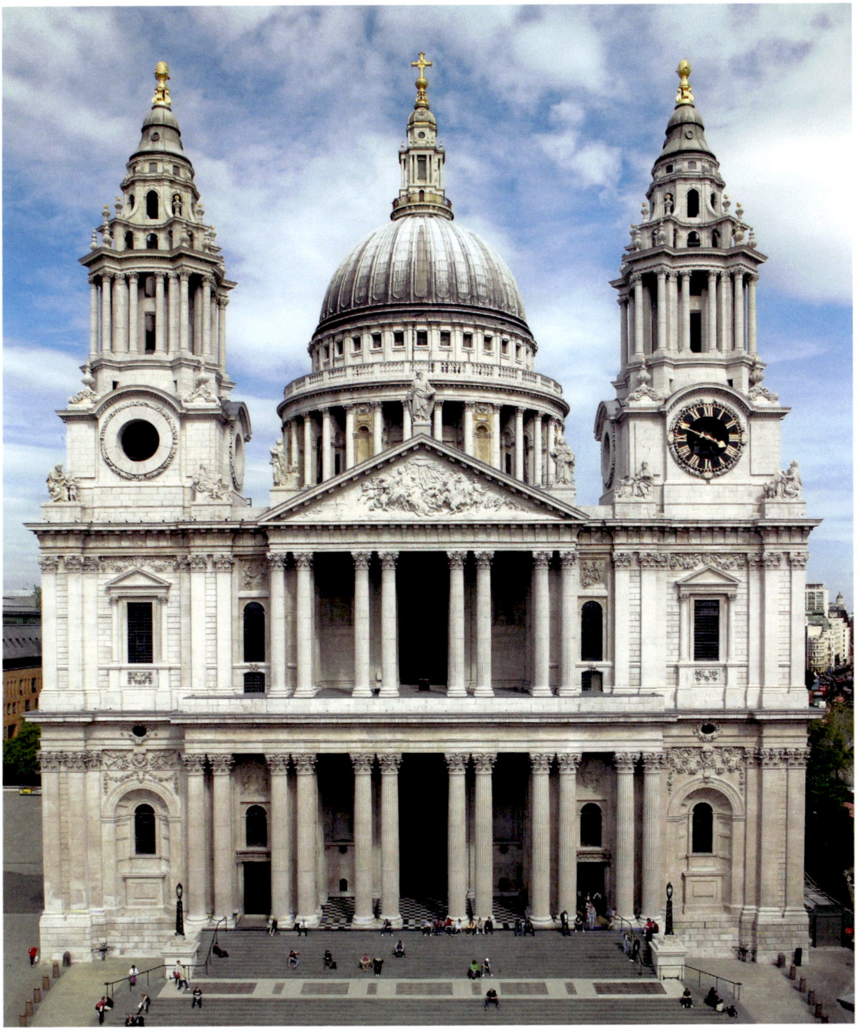

Sir Christopher Wren
St Paul's Cathedral,
London, Fassade
1675–1710
Länge 156,67 m,
Breite 76,20 m, Kuppel
Höhe 111,56 m

Es handelt sich nicht um eine Scheinfassade, sondern um eine Raumaufteilung. Die untere Arkade entspricht der Breite des Kirchenschiffs und der Seitenschiffe, während die oberen Säulen unter dem dreieckigen Giebel der Breite des Kirchenschiffs entsprechen.

Rokoko und Klassizismus im 18. Jahrhundert

Welche Auswirkungen hatte die Entdeckung von Pompeji und Herculaneum auf den Übergang vom Rokoko zum Klassizismus?

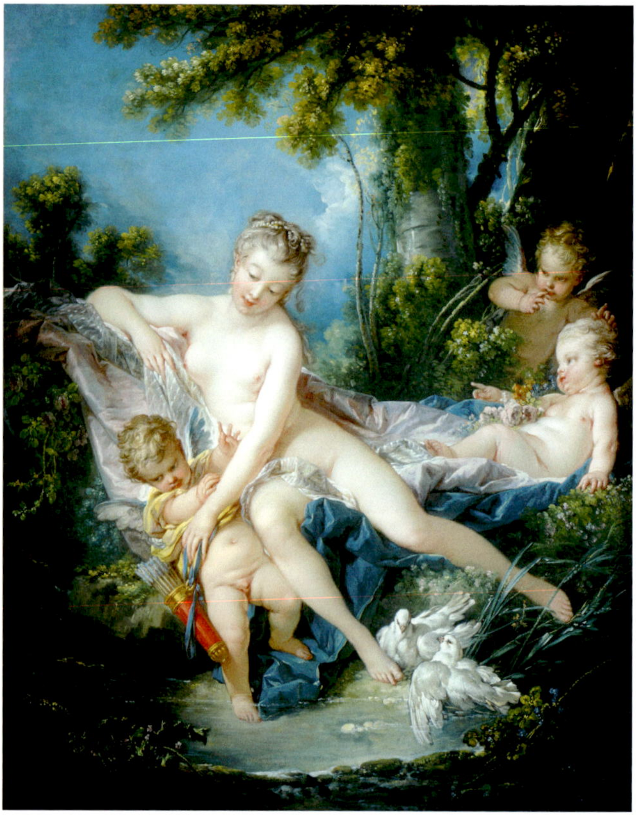

François Boucher
Venus tröstet Amor
1751
Öl auf Leinwand,
107 x 84,8 cm
National Gallery of Art,
Washington, DC

Boucher spezialisierte sich auf Gemälde mit eleganter, raffinierter Erotik, um den vergnügungssüchtigen Geschmack des Adels und der Könige zu befriedigen. Madame de Pompadour war im Besitz dieses Gemäldes und könnte das Modell gewesen sein.

Im 18. Jahrhundert änderten sich die Weltanschauungen. Das Zeitalter der Aufklärung in Europa (1715–89) erweiterte den Fokus des Renaissance-Humanismus auf das Individuum und schloss die Argumentation auf der Grundlage der durch die Sinne gewonnenen Erkenntnisse ein. Die Einführung der wissenschaftlichen Methode führte zu Fortschritten in Chemie, Physik, Mathematik, Astronomie und Medizin. Das Konzept, dass Freiheit, Brüderlichkeit und Gleichheit zusammengehören, war ein Grundgedanke der Aufklärungsphilosophie, ebenso wie die religiöse Toleranz. Die Ausgrabung der antiken römischen Städte Pompeji und Herculaneum lenkte die Aufmerksamkeit erneut auf die klassische Kunst, Architektur, Literatur und Philosophie.

ROKOKO

Der Begriff Rokoko leitet sich wahrscheinlich von Rocaille ab, der französischen Bezeichnung für eine Art von Dekoration aus Kieselsteinen und Muscheln, die in Gartenbrunnen und Grotten verwendet wurde. Das Rokoko kann kleine Version des Barock betrachtet werden – in Bezug auf Größe, Bravour und Dramatik.

Die Künstler wandten sich von religiösen Themen ab und der Romantik zu, indem sie die Botschaft, die Stimmung und die Farbpalette in Pastelltönen auflockerten.

Das Lieblingsthema der Maler und Bildhauer war die weibliche Figur, vorzugsweise unbekleidet, ob es der Kontext erforderte oder nicht.

Frankreich

Nach dem Tod Ludwigs XIV. im Jahr 1715 ging der Thron an seinen Urenkel Ludwig XV. (1710–74) über, der damals erst 5 Jahre alt war. Die lange Regierungszeit Ludwigs XV. war geprägt von den Anfängen des Widerstands des Adels und der Oberschicht gegen die autokratische Herrschaft und dem anhaltenden Konflikt mit England. Am Ende des Jahrhunderts hatte Frankreich seine nordamerikanischen Besitztümer verloren.

Das Rokoko wird vor allem mit der Zeit Ludwigs XV. in Verbindung gebracht. Unter seinen verschiedenen Mätressen war Jeanne Antoinette Poisson (1721–64), besser bekannt als Madame de Pompadour die beliebteste. Sie war eine Anhängerin des geistreichen Schriftstellers Voltaire (1694–1778) und anderer Philosophen der Aufklärung. Ihr Lieblingsmaler war François Boucher (1703–70), der zum ersten Maler des Königs und zum Direktor der Königlichen Akademie in Paris ernannt wurde.

Bouchers Gemälde *Venus tröstet Amor* von 1751 ist sowohl für sein Werk als auch für den Zeitgeschmack charakteristisch. Die ideale Frau ist sanft, zart, blass und nackt – abgesehen von ihren Juwelen. Die mythologische Assoziation mit Venus, der römischen

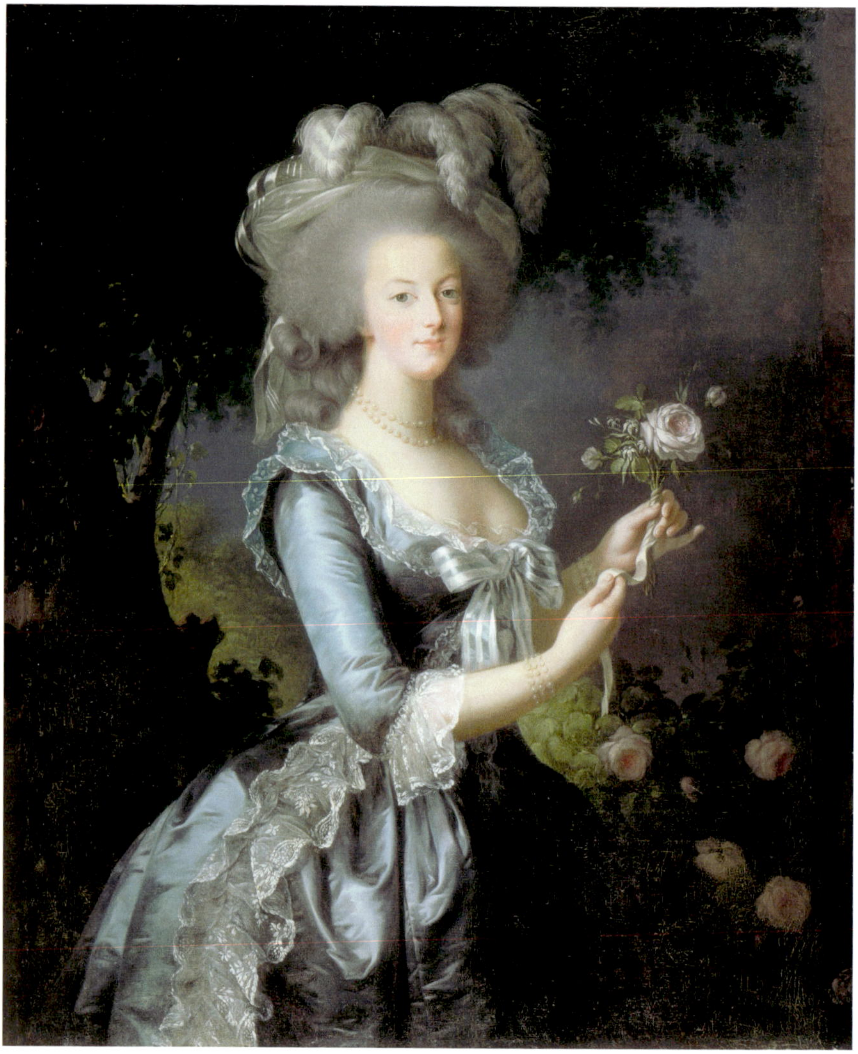

Elisabeth Louise Vigée Le Brun
Marie Antoinette mit einer Rose
1783
Öl auf Leinwand,
113 x 87 cm
Musée de l'Histoire de France, Versailles

Da Vigée Le Brun eng mit der französischen Königin und dem französischen Hof verbunden war, verließ sie während der Französischen Revolution klugerweise das Land und malte in anderen europäischen Ländern.

Liebesgöttin, soll das anzügliche Thema in der höfischen Gesellschaft salonfähig machen. Die Suche nach einer erbaulichen Moral oder Botschaft erweist sich als erfolglos.

1774 ging der Thron an Ludwig XVI. und seine Königin Marie Antoinette über, die von ihrer Hofmalerin Elisabeth Louise Vigée Le Brun (1755–1842) mehrfach porträtiert wurde. Schon ihr Vater war ein auf Pastellporträts spezialisierter Maler. Als er 1767 starb, konnte sie trotz ihres jungen Alters ihre Mutter und ihren Bruder durch den Verkauf ihrer Gemälde unterstützen. Bereits mit 20 Jahren war sie als Porträtmalerin äußerst gefragt. Zu ihrer Kundschaft gehörten führende Mitglieder der Aristokratie, und sie verlangte mehr für ihre Porträts als jeder andere Porträtist in Frankreich. Neben der Virtuosität ihres technischen Könnens, den üppig wiedergegebenen Texturen und den feinen Farbharmonien beruhte ihr Erfolg vor allem auf ihrer Fähigkeit, in ihren Porträtierten einen eleganten Charme, Selbstbewusstsein und einen Sinn für gehobene Vornehmheit zum Ausdruck zu bringen. Als königliche Porträtmalerin hinterließ Vigée Le Brun der Nachwelt Aufzeichnungen über das Aussehen zahlreicher prominenter Persönlichkeiten ihrer Zeit (nebenstehend).

Großbritannien

Anfang des 18. Jahrhunderts schlossen sich England und Schottland zu Großbritannien zusammen. Mitte des Jahrhunderts waren die Weichen für die industrielle Revolution gestellt. Erste Maschinen und wissenschaftliche Werkzeuge (wie das Thermometer, die Dampfmaschine und das Dampfschiff) wurden entweder erfunden oder verbessert. Die gestiegene landwirtschaftliche Produktivität förderte das Bevölkerungswachstum, das Arbeitskräfte für das neue Fabriksystem lieferte.

Die zahlreichen Kriege mit Frankreich im Laufe des 18. Jahrhunderts zehrten an der Wirtschaft, doch Großbritannien wurde vor allem dank seiner mächtigen Marine zur größten Handelsnation der Welt. Gegen Ende des Jahrhunderts hatte es seine rebellierenden amerikanischen Kolonien verloren, mit denen es eine profitable Handelsbeziehung unterhalten hatte. Übrig blieben die Kolonien in Kanada, Australien, Neuseeland und der Karibik sowie Handelsposten in Indien und anderen Teilen der Welt.

Unter Historikern ist umstritten, ob die Ideen der französischen Aufklärung über den Ärmelkanal nach England gelangten, wo Individualismus und Freiheit einen hohen Stellenwert hatten, Gleichheit und Brüderlichkeit jedoch weniger. Klassenunterschiede und Trennungen wurden respektiert, jedoch nicht ohne Konflikte.

Der in London geborene Satiriker William Hogarth (1697–1764) war zur gleichen Zeit aktiv, als in Frankreich der Rokoko-Stil auf-

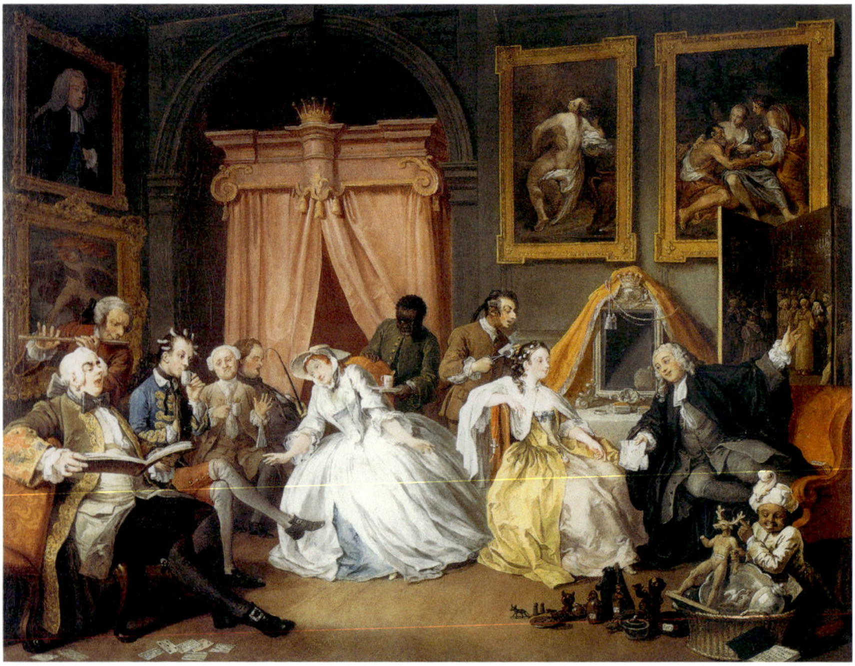

blühte. Doch anstatt die Aristokratie als elegant und anziehend darzustellen, konzentrierte sich Hogarth auf die Schwächen der englischen Gesellschaft. Er malte seine fortschrittlichen Ideen in einer Reihe von Szenen, die moralische Botschaften enthielten. Wie Dürer fertigte auch Hogarth preiswerte Drucke in mehreren Exemplaren, die seine Ideen verbreiteten.

Hogarths Serie *Marriage à-la-Mode* besteht aus sechs Gemälden, die in den Jahren 1743–45 entstanden sind und eine Geschichte von Gier und Eitelkeit in einer von zwei Vätern zu ihrem eigenen Vorteil arrangierten Ehe erzählen. In der ersten Szene tauscht ein Adliger gegen Geld seine Stellung mit einem Geschäftsmann, um seine Hypothek zu bezahlen. Die folgenden Szenen zeigen, wie die Ehe zerbricht, vor allem als sich der Ehemann bei seiner kindlichen Mätresse eine Geschlechtskrankheit zuzieht. Während die Haare der Ehefrau frisiert werden (oben), ignoriert sie alle Anwesenden, die sie unterhalten wollen, und widmet ihre ganze Aufmerksamkeit dem Anwalt/Geliebten mit dem treffenden Namen Silvertongue. Der Ehemann ertappt seine Frau mit ihrem Liebhaber, es kommt zu einem Kampf, bei dem Silvertongue den Ehemann tödlich verwundet. Die letzte Szene macht die katastrophalen Folgen dieser Vernunftehe deutlich, denn der Ehemann und der Liebhaber sind tot, und die Frau vergiftet sich.

William Hogarth
Die Morgentoilette,
Szene 4,
Marriage à-la-Mode
ca. 1743
Öl auf Leinwand,
69,9 x 90,8 cm
National Gallery, London

In dieser für die damalige Zeit untypischen Szene sind auch nicht-weiße Personen zu sehen. Ein afrikanischer Mann in europäischer Kleidung bringt ein Getränk. England, insbesondere London, hatte zu Hogarths Zeiten eine große afrikanische Bevölkerung, einige versklavt, andere frei.

Die englischen Satiriker nahmen eine Reihe von Problemen aufs Korn, darunter auch falsche Vorstellungen von wissenschaftlichen Fortschritten. Dies ist das Thema von *Die Kuh-Pocken – oder – Die wundersamen Effekte der neuen Impfung!* (unten), einer Radierung von James Gillray (1756–1815). Der erste Impfstoff überhaupt wurde 1796 von dem britischen Arzt und Wissenschaftler Edward Jenner gegen die Pocken entwickelt, eine Krankheit, die im Europa des 18. Jahrhunderts endemisch war. Sie zeichnete sich durch hohes Fieber und einen Ausschlag aus, der sich zu Blasen entwickelte. An den Pocken starben bis zu 80 % der Infizierten, d. h. etwa 400.000 Europäer jährlich. Der Durchbruch gelang Jenner, als er feststellte, dass Milchmädchen, die die Kuhpocken gehabt hatten, nie an Pocken erkrankten.

Die Impfung hatte von Anfang an lautstarke Gegner, wie Gillrays aufgeregte Karikaturen zeigen. Geimpfte Menschen werden gezeigt, wie ihnen Kuhhörner wachsen, Kühe an verschiedenen Stellen ihrer Anatomie hervortreten und sie sogar winzige Kälber zur Welt bringen. An der Wand hängt ein Gemälde des biblischen goldenen Kalbs, eine Warnung vor der neuen Form der Rindervergötterung.

Das Gesellschaftsporträt, das im England des 18. Jahrhunderts sehr beliebt war, zeigte die Bedeutung, die der eigenen Position im sozialen Gefüge beigemessen wurde. Die rivalisierenden englischen Porträtisten Sir Joshua Reynolds und Thomas Gainsborough malten beide in dem als Grand Manner bekannten Stil. Gainsborough (1727–88)

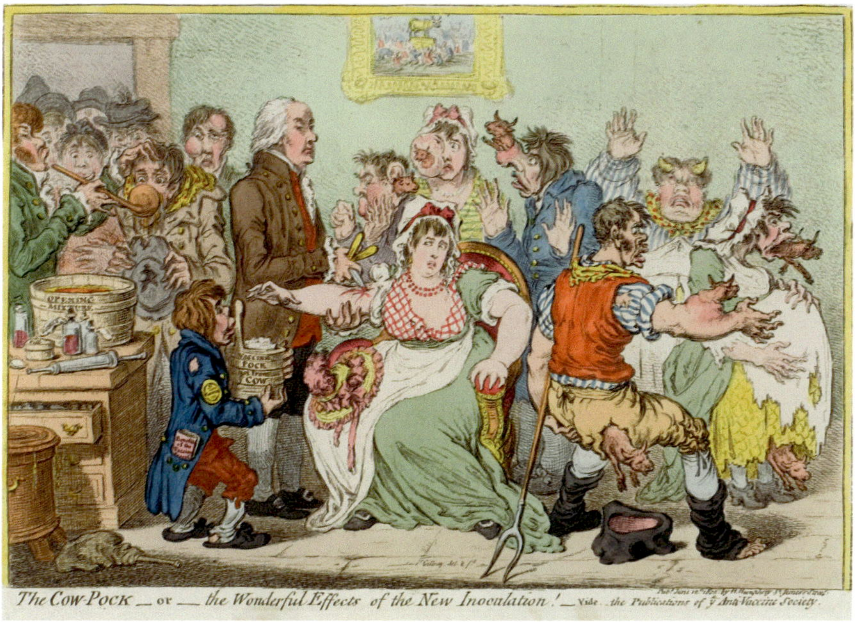

James Gillray
Die Kuh-Pocken – oder – Die wundersamen Effekte der neuen Impfung!
1802
Handkolorierte Radierung, 26 x 36 cm
The Art Institute Chicago

Gillray persifliert die anhaltende Angst und das mangelnde Verständnis für diese neue medizinische Behandlung.

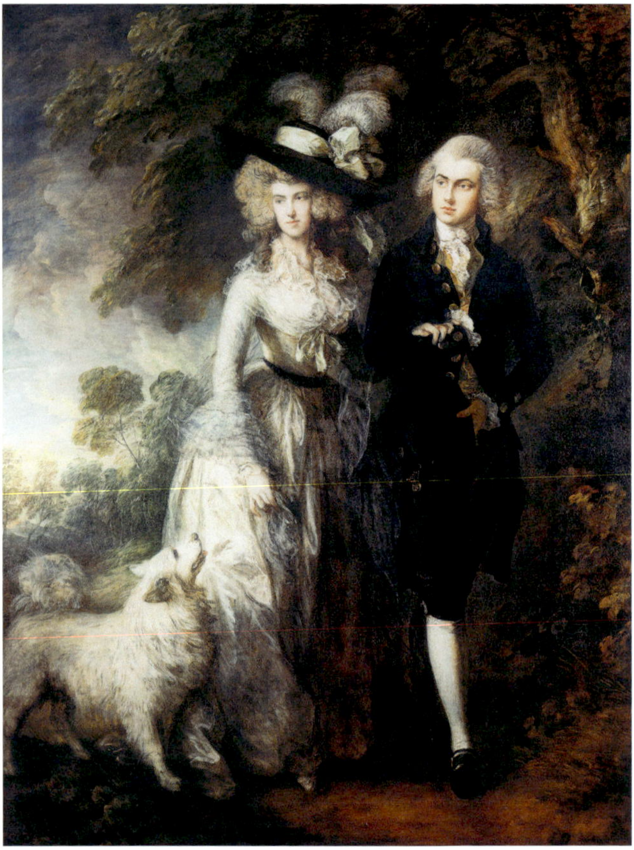

Thomas Gainsborough
Der Morgenspaziergang
1785
Öl auf Leinwand,
2,36 x 1,79 m
National Gallery, London

Die englische Porträtmalerei des 18. Jahrhunderts bevorzugte Posen und andere Merkmale, die aufgrund ihrer erhabenen Bedeutung der römischen Kunst oder der Renaissance entlehnt waren.

malte zunächst Landschaften, sein bevorzugtes Sujet, doch die Porträtmalerei, in der er sich auszeichnete, brachte gutes Geld, und er wurde zu Englands gefragtestem Porträtisten. Gemälde wie das Doppelporträt *Der Morgenspaziergang*, 1785 (oben), das seine Porträtierten genau so abbildet, wie sie erscheinen wollten, erklären seinen Erfolg. Gainsborough hält das mondäne, elegante Paar kurz vor seiner Hochzeit fest, wie es durch eine pastellfarbene Rokoko-Landschaft schlendert. Sie zeigen die damals bewunderten gesellschaftlichen Annehmlichkeiten, die durch Gainsboroughs perfekte Technik mit flüssiger Malfarbe, satten Farben und luxuriösen Texturen noch verstärkt werden.

KLASSIZISMUS

Ende der 1760er Jahre schwang das Pendel des Geschmacks weg von der Frivolität der Rokoko-Kunst, die dem Vergnügen der Oberschicht eine visuelle Form gab, und hin zu ernsteren Themen, die moralische

Botschaften vermittelten. Die Entdeckung und Ausgrabung der antiken römischen Städte Herculaneum im Jahr 1738 und Pompeji im Jahr 1748 weckte das Interesse an der antiken römischen Kultur.

Frankreich

Frankreich, das im Rokoko eine führende Rolle gespielt hatte, nahm nun eine vergleichbare Stellung im neuen klassizistischen Stil ein, für den der in Paris geborene Jacques-Louis David (1748–1825) beispielhaft war. Sein Gemälde *Der Schwur der Horatier* (unten), das für Ludwig XVI. in Auftrag gegeben wurde, ist ein intellektuelles Gegengewicht zur Fröhlichkeit des Rokoko. David hatte in Rom studiert, und das Thema stammt aus der römischen Geschichte. Die Horatier, drei Brüder aus Rom, werden gegen die Curiatier, drei Brüder aus Alba Longa, kämpfen. Ihr Vater hält ihre Schwerter, um seine Unterstützung für sie zu demonstrieren. David stellt den Patriotismus als wichtiger dar als sich selbst oder die Familie. Als das Gemälde 1785 ausgestellt wurde, galt es weithin als Kritik an einer Monarchie, der es an den dargestellten Tugenden mangelte – und das, obwohl das Gemälde für den König gedacht war.

Der Bildhauer Jean-Antoine Houdon (1741–1828) wurde im Schloss von Versailles geboren, während sein Vater dort als Diener beschäftigt war. Nachdem die Académie Royale de Peinture et de Sculpture in Paris seinen Vater als Hausmeister angestellt hatte, schlich sich der achtjährige Houdon unbemerkt in den Unterricht, schnappte sich etwas Ton und kopierte die Schüler.

Sein Ruhm als geschickter Porträtbildhauer war so groß, dass die Amerikaner Benjamin Franklin (1778/9), John Paul Jones (1780) und

Jacques-Louis David
Der Schwur der Horatier
1784
Öl auf Leinwand,
3,29 x 4,25 m
Musée du Louvre, Paris

David benutzte ein altes römisches Thema, um den französischen Patriotismus und eine strenge öffentliche Moral zu fördern.

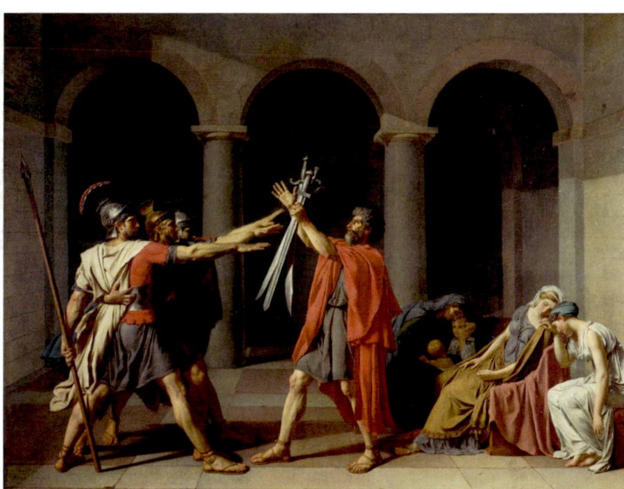

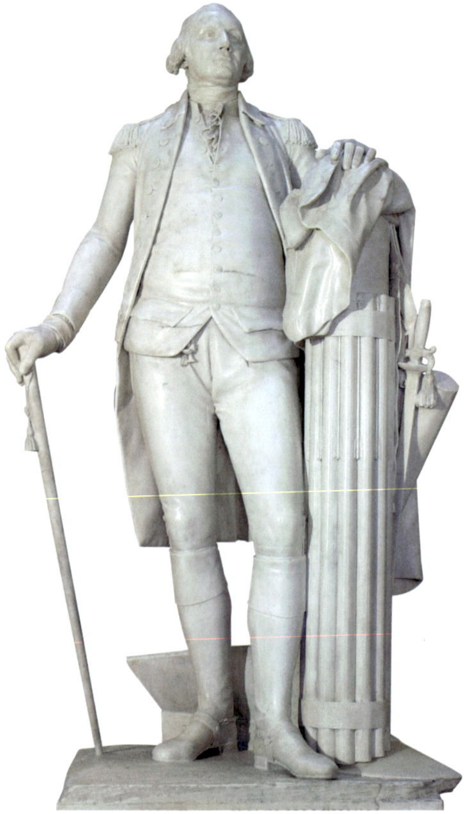

Jean-Antoine Houdon
George Washington
Signiert 1788
Marmor, Höhe 1,88 m
State Capitol, Richmond, Virginia

Der klassizistische Bildhauer Houdon griff für dieses Porträt des ersten amerikanischen Präsidenten auf den antiken römischen Stil der naturalistischen Marmorporträts politischer Führer zurück – wie das des Kaisers Augustus um 20 v. Chr.

Thomas Jefferson (1789) für Houdon posierten, als sie in Frankreich waren. Franklin und Jones bemühten sich um eine französische Allianz für die rebellierenden britischen Kolonien; Jefferson repräsentierte die neue Nation nach ihrer Unabhängigkeit. Um ein Bildnis von *George Washington* (oben) zu schaffen, reiste Houdon nach Amerika, wo er 1785 Gast in Washingtons Haus war. Er leistete dort die Vorarbeit, schuf aber die steinerne, lebensgroße Figur in Paris (1788–92). Obwohl Washington Kleidung aus dem späten 18. Jahrhundert trägt, verweist die Ikonographie auf die römische Antike. Unter seinem linken Arm stehen dreizehn zusammengebundene Holzstäbe, die die ursprünglichen Staaten der Union sowie die *Fasces* (Singular fascis) darstellen, die im alten Rom als Zeichen politischer Macht dienten.

England

Das Interesse an antiken Architekturmodellen zeigte sich schon früh im 18. Jahrhundert am Chiswick House im Westen Londons, das 1729 von Lord Burlington (1694–1753) und William Kent (1685–1748) entworfen wurde. Der Stil wird nach dem italienischen Architekten Andrea Palladio aus dem 16. Jahrhundert als palladianisch bezeichnet. In Abkehr von den großen Dimensionen und der Dramatik der Barockarchitektur und den üppigen Ornamenten des Rokoko kehrt die klassizistische Architektur zu den Ideen der römischen Antike zurück. Chiswick House ist schlicht, der Maßstab dieses Privathauses ist wohnlich, die Dekoration minimal.

Neben Chiswick House sind weitere Nachfahren des Pantheon (Seite 42) mit seiner zentralen Kuppel und dem auf einem Säulenvorbau ruhenden Giebel in Westeuropa und den Vereinigten Staaten weit verbreitet, darunter sein Namensvetter, das Panthéon in Paris, das 1758–90 erbaut wurde, und Monticello, das Haus von Thomas Jefferson (1743–1826) in Charlottesville, Virginia, das er 1769 entwarf und 1770–1806 erbaute.

WICHTIGE IDEEN

- Renaissance: Die Perioden der Früh- und Hochrenaissance in Italien und Nordeuropa folgen ähnlichen Bahnen, als sich antike griechische und römische Ideen mit einem neuen Weltbild verbinden.
- Manierismus: Die Ersetzung der Klarheit der Renaissance durch manieristische Verzerrungen fällt mit politischen Umwälzungen zusammen.
- Barock: Die von der Kirche geförderte visuelle Dramatik und Emotionalität verbreitet sich von Rom aus über ganz Westeuropa.
- Rokoko: Das Pendel schwingt hin zu sinnlichen Genüssen, die den Geschmack der Oberschicht widerspiegeln.
- Klassizismus: Als Reaktion auf die Frivolität des Rokoko wird die klassizistische Ära durch die Wiederentdeckung von Pompeji und Herculaneum geprägt.

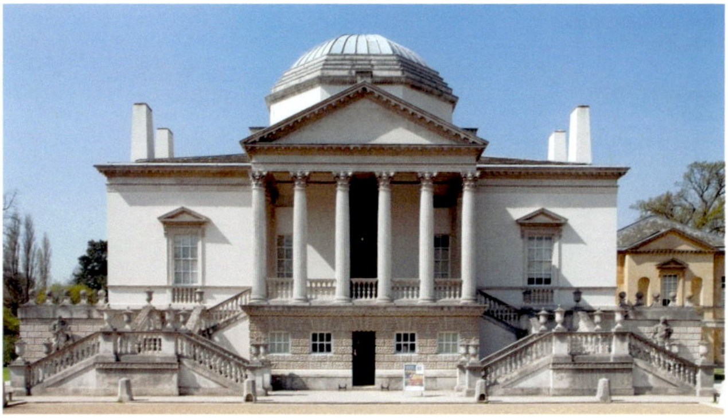

Lord Burlington und William Kent
Chiswick House,
London
Entwurf von 1729

Die Inspiration für dieses Haus geht auf Palladios manieristische Villa Rotonda aus dem 16. Jahrhundert in Vicenza sowie auf das antike römische Pantheon zurück.

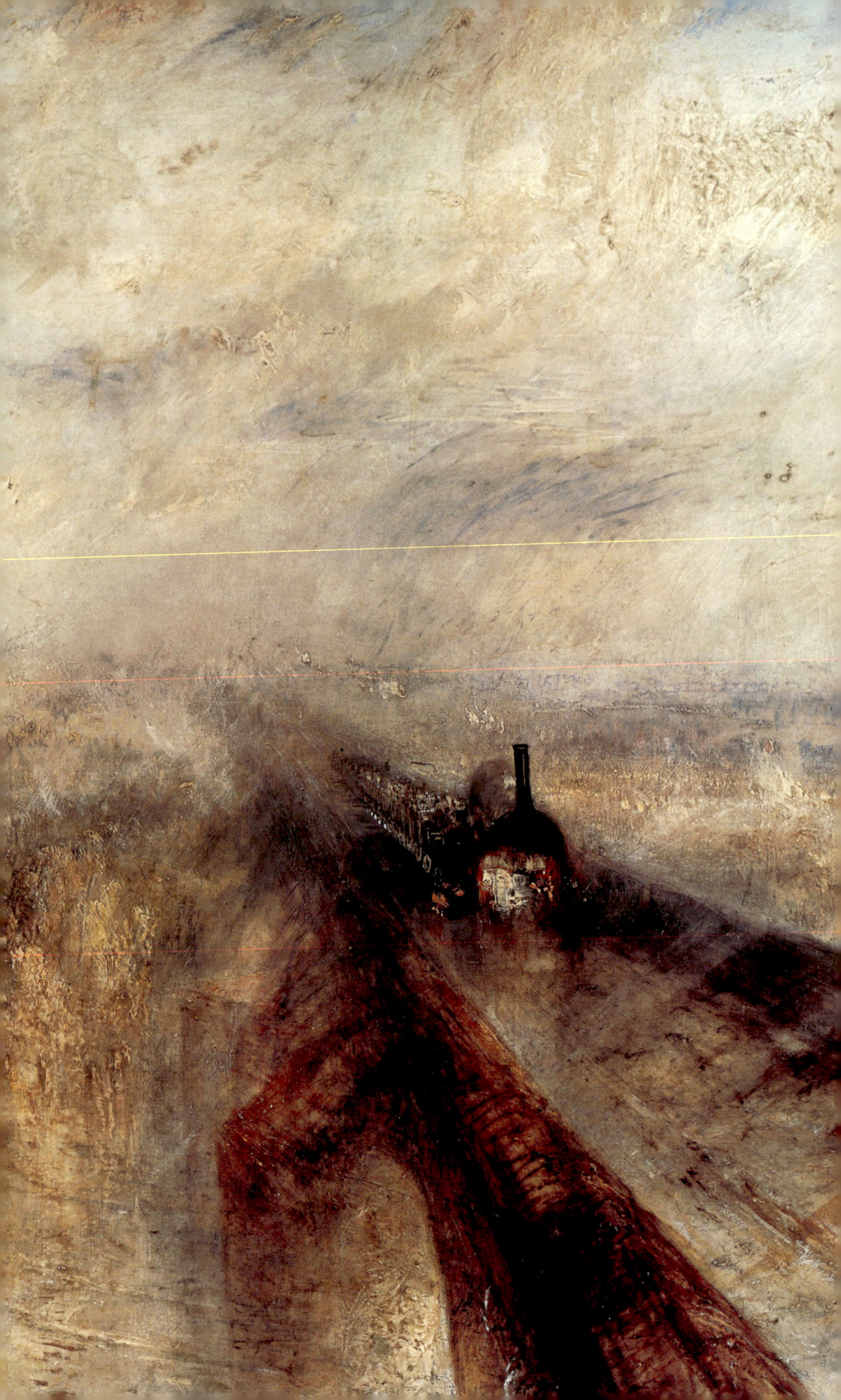

ROMANTIK BIS HEUTE

-

Das Interesse wächst, die Kunst von früheren Beschränkungen zu befreien, ebenso wächst der Kontakt zwischen Ländern und Kulturen, was die Kunst globaler werden lässt.

-

Romantik, Realismus, Impressionismus und Postimpressionismus

Wird das künstlerische Schaffen durch politische und soziale Umwälzungen behindert oder belebt?

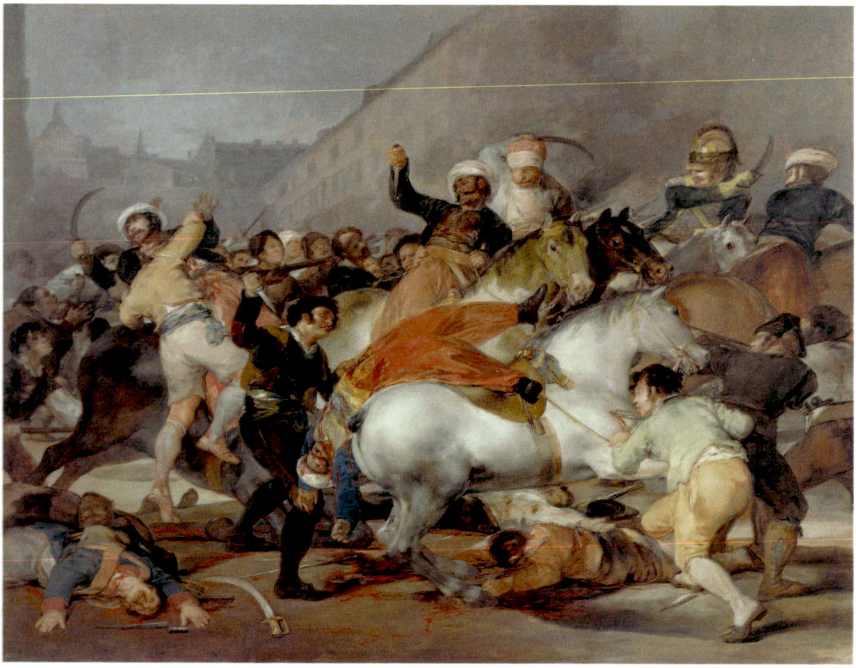

Das 19. Jahrhundert begann mit dem anhaltenden Konflikt zwischen dem revolutionären Frankreich und dem monarchischen Europa, gefolgt von politischen Revolutionen in Frankreich, Deutschland und Belgien, die einen größeren Einfluss des Volkes auf die Regierung anstrebten. Wissenschaftliche, medizinische, agrarwirtschaftliche und industrielle Revolutionen führten zu einer Verlagerung des Lebens vom Land in die Städte und zu einem höheren Lebensstandard. Bis zum Ende des Jahrhunderts hatte sich die Bevölkerung Europas verdoppelt. Frankreich erlebte eine Zeit des Friedens, des Wirtschaftswachs-

tums und des Optimismus – seine *Belle Époque* –, die von den Malern des Impressionismus und des Postimpressionismus festgehalten wurde. In Amerika herrschte das Goldene Zeitalter und Großbritannien erlebte die letzten Jahre der Regentschaft von Queen Victoria.

Die napoleonischen Kriege waren ein Kaleidoskop von Bündnissen und Koalitionen, aber immer mit Großbritannien auf der einen und Frankreich auf der anderen Seite. Im Jahr 1799 übernahm Napoleon, Frankreichs größter General, als Erster Konsul die Kontrolle über das Land. Im Jahr 1804 krönte er sich selbst zum Kaiser der Franzosen, und bis 1809 hatte er die Herrschaft über den größten Teil Europas erlangt und die Ideale der Revolution – Freiheit, Gleichheit und Brüderlichkeit – auf dem gesamten Kontinent verbreitet.

Francisco Goya
Der zweite Mai 1808 (Der Angriff der Mameluken)
1814
Öl auf Leinwand,
2,68 x 3,48 m
Museo Nacional del Prado, Madrid

Goyas Gemälde ist voller Emotionen und Tumult und zeigt auf dramatische Weise die Grausamkeit der Schlacht, als die französischen Kavallerieeinheiten – die Mameluken, die meist aus dem Nahen Osten stammen – versuchen, die spanischen Bürger von Madrid zu unterwerfen.

ROMANTIK

Der Klassizismus wurde von der Romantik abgelöst. Die Romantik war kein visuell ausgeprägter »Stil« im üblichen Sinne, sondern eine Denkweise. Im Mittelpunkt standen nun Emotionen, Gefühle, das Subjektive, Träume. Die Inspiration konnte von tatsächlichen Ereignissen, der Schönheit der Natur, ihrer zerstörerischen Seite oder fernen Exotismen kommen.

Spanien

Der Napeleonische Krieg auf der Iberischen Halbinsel zwischen Frankreich und zunächst Spanien einerseits und dem mit Portugal verbündeten Großbritannien andererseits begann 1807, als Napoleon über Spanien in Portugal einmarschierte, um den Handel zwischen Portugal und England zu unterbinden. Die Truppen Napoleons, die zunächst mit Spanien verbündet waren, besetzten das Land nach und nach und marschierten im Mai 1808 in Madrid ein.

Francisco Goya (1746–1828), ein beliebter Porträtist der Madrider Gesellschaft, wurde 1789 Hofmaler Karls IV. von Spanien. Neben den Porträts der königlichen Familie schuf Goya auch Antikriegsbilder und -drucke und sympathisierte mit den Idealen der Aufklärung und der Französischen Revolution. Goya unterstützte zunächst die französische Präsenz in Spanien. Am 2. Mai 1808 jedoch wehrten sich die Madrider Bürger gegen die französische Besatzung, was Goya in seinem Gemälde *Der zweite Mai 1808* (gegenüber) dramatisch festhielt. Goyas späteres Gemälde *Der dritte Mai 1808* (Museo Nacional del Prado, Madrid) zeigt ungeschönt die Hinrichtung spanischer Geiseln durch einen der Generäle Napoleons als Vergeltungsmaßnahme. Die Gemälde entstanden erst 1814, als Goya die französische Besatzung nicht mehr unterstützte. Er hatte auf Modernisierung Spaniens gehofft, stattdessen wurde sein Land verwüstet.

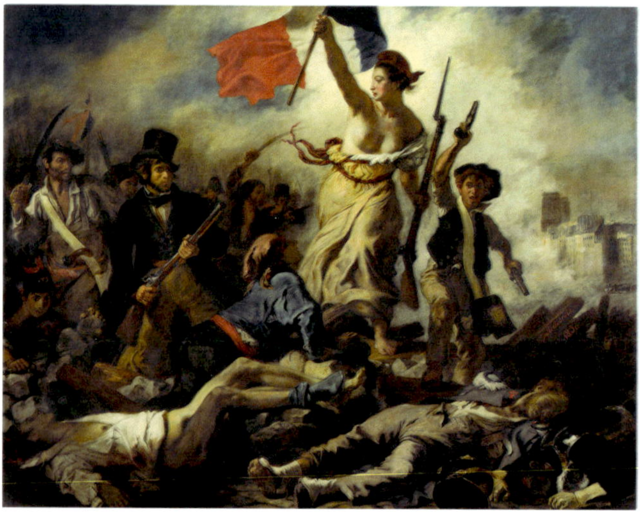

Eugène Delacroix
Die Freiheit führt das Volk
1830
Öl auf Leinwand,
2,59 x 3,25 m
Musée du Louvre, Paris

Delacroix' romantische Darstellung der Revolution von 1830 zeigt die verschiedenen Mitglieder der Pariser Gesellschaft, die an der Revolution teilnehmen, angeführt von Marianne, der Verkörperung der französischen Freiheit, die die französische Trikolore hisst.

Frankreich

1815 besiegte eine Koalition aus Großbritannien, Preußen und Russland Napoleon bei Waterloo und stellte die französische Monarchie unter Karl X. wieder her. Viele Neuerungen der Revolution wurden jedoch beibehalten, was zu politischen Konflikten zwischen den zurückkehrenden Konservativen und der Bevölkerung führte. Am 28. Juli 1830 führte diese Unzufriedenheit zu einer zweiten Revolution mit Kämpfen auf den Straßen von Paris.

Französische Maler der Romantik wie Eugène Delacroix (1798–1863) stellten die Kunst in den Dienst sozialer und politischer Anliegen. Er malte *Die Freiheit führt das Volk* (oben), um diese von der Arbeiterklasse angeführte Revolution zu unterstützen. Das Gemälde ist eine romantische Mischung aus Tatsachen – das Volk baute Barrikaden aus den Pflastersteinen der Straßen – und Fantasie – die Freiheit und der Blick auf Paris durch den Rauch.

Die Revolution von 1848 führte zur Ausrufung einer Republik unter der Führung von Louis-Napoleon Bonaparte, dem Neffen Napoleons. 1851 übernahm Louis-Napoleon die Kontrolle über die Regierung und rief das Zweite Kaiserreich aus, indem er sich selbst zum Kaiser Napoleon III. ernannte. Das Zweite Kaiserreich war geprägt von der Neugestaltung und Erneuerung von Paris unter der Leitung des Stadtplaners Georges-Eugène Haussmann (1809–91), der breite Boulevards und Parks anlegen ließ und strenge Regeln für Neubauten einführte, um das Stadtbild zu vereinheitlichen. Napoleon III. wurde jedoch in den verheerenden Deutsch-Französischen Krieg (1870–71) verwickelt, der zu seiner Abdankung und zur Gründung der Dritten Französischen Republik führte.

J. M. W. Turner
Regen, Dampf und Geschwindigkeit – The Great Western Railway
Ausgestellt 1844, evtl. früher gemalt
Öl auf Leinwand, 91 x 121,8 cm
National Gallery, London

Turners Hintergrund in Aquarell- und Landschaftsmalerei verschmilzt in imaginären Szenen der modernen Industrialisierung.

Deutschland und Großbritannien

Anderswo wandten sich die Maler der Romantik nicht politischen Themen zu, sondern der Natur. Casper David Friedrich (1774–1840), vielleicht der Inbegriff der deutschen Romantik, malte stimmungsvolle, neblige und trostlose Landschaften. Sein bekanntestes Werk ist *Der Wanderer über dem Nebelmeer*, 1818 (Kunsthalle, Hamburg).

In Großbritannien wurde Prinzessin Victoria von Kent im Jahr 1837 zur Königin gekrönt. Ihre lange Regierungszeit (bis 1901) war von innerer Stabilität geprägt, die mit einer Konzentration auf soziale Moral, koloniale Expansion und Innovationen in Wissenschaft, Medizin und Industrie einherging. Die Industrialisierung, die im 18. Jahrhundert in der Textil-, Eisen- und Kohleindustrie Großbritanniens begonnen hatte, setzte sich mit dem Einsatz von Dampfmaschinen in Fabriken und im Transportwesen fort. Die Entwicklung von Eisenbahn-, Kanal- und Straßennetzen verbesserte die Kommunikation ebenso wie die Einführung der Telegrafie. Später kamen neue Technologien wie elektrisches Licht und Strom hinzu.

Der englische Maler James Mallord William Turner (1775–1851) romantisierte die neue Dampfmaschine in seinem Gemälde *Regen, Dampf und Geschwindigkeit – The Great Western Railway* (unten).

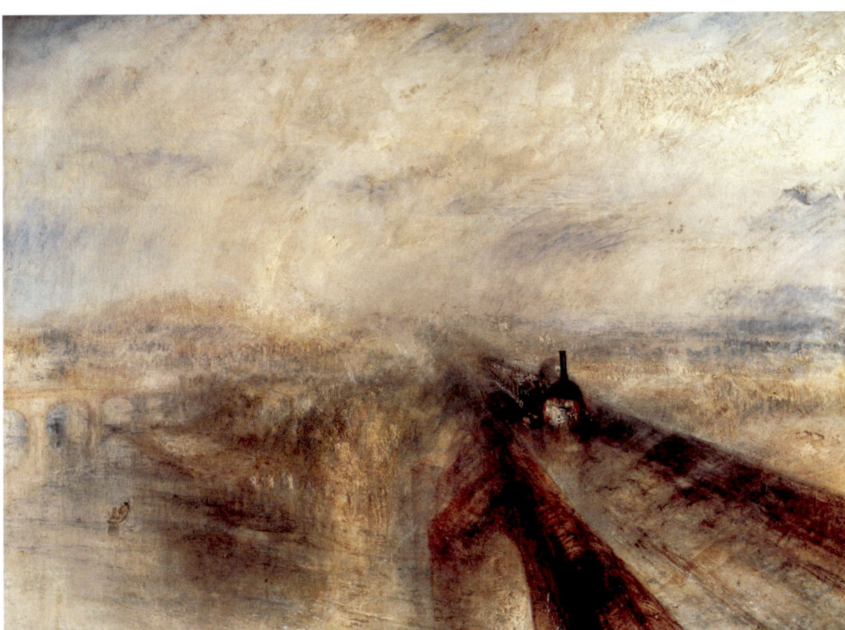

Turner verherrlicht diesen Aspekt der Industriellen Revolution, ein für die Kunst neues Thema. Im Vorgriff auf die Impressionisten beschäftigte sich Turner mit Licht, Atmosphäre und Wetterbedingungen, doch statt eines sachlichen Ansatzes schuf er ein romantisches Bild mit weichen Formen und gemischten Farbtönen, die er durch Schichten von flüssigen Öllasuren erzielte.

REALISMUS

Frankreich

Die Künstler des Realismus, die zunächst in Frankreich, vor allem in und um Paris, ansässig waren, versuchten, die Lebenswirklichkeit objektiv, nicht idealisiert visuell darzustellen. Die Themen waren nun gewöhnliche, alltägliche Aspekte des Lebens, was die Realisten in Konflikt mit den traditionellen Themen brachte, die vom Pariser Salon, der offiziellen Kunstausstellung der französischen Akademie, zugelassen waren: Geschichte, Religion und Mythologie und in geringerem Maße auch Landschaft und Stillleben.

Édouard Manet
Das Frühstück im Grünen
1863
Öl auf Leinwand,
2,07 x 2,65 m
Musée d'Orsay, Paris

Manet malte es in seinem Atelier nach Modellen. Die Komposition der drei Figuren basiert auf einem Druck von Marcantonio Raimondi nach einem Gemälde von Raffael (um 1520) aus dem *Urteil des Paris*.

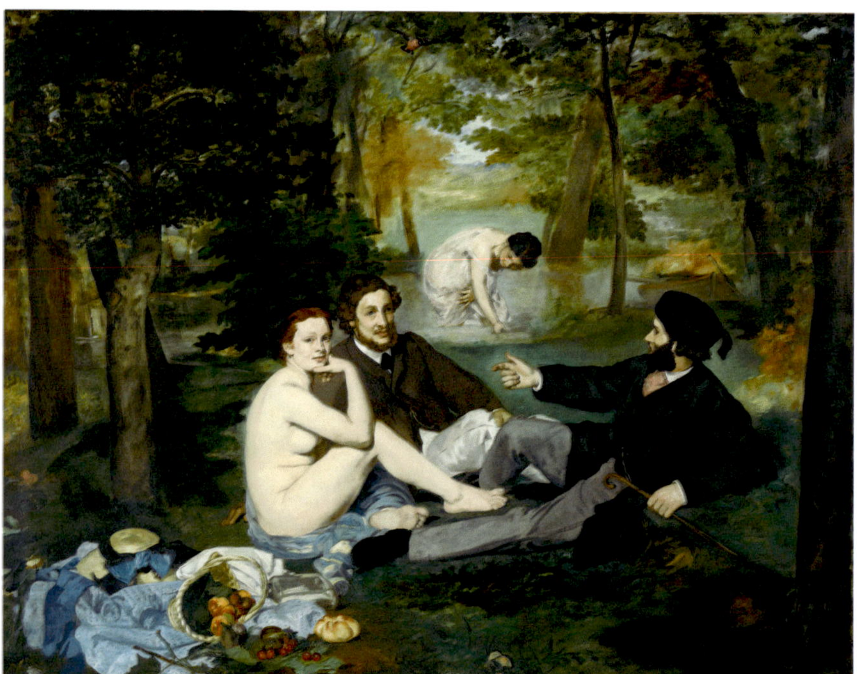

Die von den Realisten gemalten Themen und ihr Malstil standen im Widerspruch zu den traditionellen Idealen der französischen Akademie.

Édouard Manet (1832–83), Sohn einer wohlhabenden französischen Familie, genoss eine traditionelle akademische Kunstausbildung. Im Jahr 1863, dem Jahr, in dem er *Das Frühstück im Grünen* (gegenüber) malte, lehnte die Jury des Salons so viele Bilder ab, dass Napoleon III. einen zweiten Salon, den Salon des Refusés (Salon der Abgelehnten), genehmigte. Doch auch hier war *Das Frühstück im Grünen* schockierend, weil es eine nackte Frau im Freien mit zwei bekleideten Männern zeigt und das Publikum glaubte, es handele sich um ein tatsächliches Ereignis.

Nicht nur, dass Manets Sujet von den für die traditionelle akademische Malerei zugelassenen Themen abwich, als noch anstößiger galt sein Malstil. Die akademische Malerei bevorzugte glatte Oberflächen, deren Pinselstriche so verschmolzen, dass man sie nicht wahrnahm, während Manets Pinselstriche leicht zu erkennen waren. Anstatt mit akademischen Methoden die Illusion von Dreidimensionalität durch subtile Modellierung von Formen zu erzeugen, bevorzugte Manet große einfarbige Flächen, deren harte dunkle Umrisse den Effekt noch verflachen. Seine Ideen und Methoden sollten direkt zum Impressionismus führen.

Amerika

Zu Beginn des 19. Jahrhunderts profitierten die Vereinigten Staaten in hohem Maße vom Erwerb eines großen Teils des nordamerikanischen Kontinents von Frankreich und von der Ausweitung des Handels. Die Ausbeutung des neuen Landes führte zu Kriegen mit den indigenen Völkern und verschärfte den Konflikt um die Ausbreitung der Sklaverei.

Das vielleicht wichtigste Anliegen des 19. Jahrhunderts war die Abschaffung der Sklaverei. In Amerika bildete die Sklavenarbeit die Grundlage für die lukrative Baumwollindustrie, das wichtigste Exportgut des Landes. Großbritannien schaffte 1807 den Sklavenhandel und 1834 die Sklaverei in seinen Herrschaftsgebieten (außer Indien) ab. Frankreich folgte im Jahr 1848. In den Vereinigten Staaten brauchte es einen vierjährigen Bürgerkrieg zwischen der Union – den Nordstaaten, die die Abschaffung der Sklaverei anstrebten – und der Konföderation – den Südstaaten, die sich von den Vereinigten Staaten abspalteten, um die Sklaverei zu erhalten. Als der Norden schließlich 1865 siegte, wurde die Sklaverei in den gesamten Vereinigten Staaten verboten.

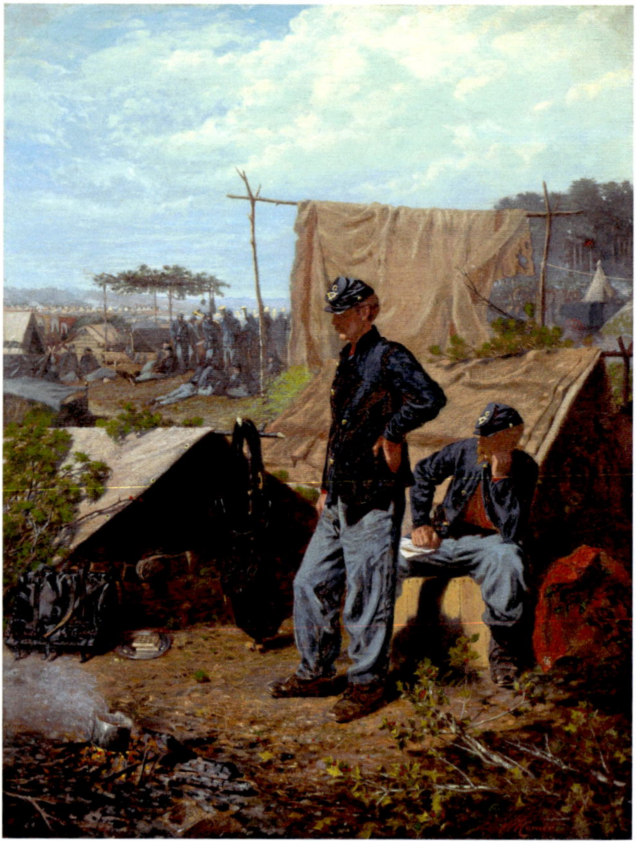

Winslow Homer
Home Sweet Home
ca. 1863
Öl auf Leinwand,
54,6 x 42 cm
National Gallery of Art,
Washington, DC

Homer wurde für seine visuellen Schilderungen des täglichen Lebens der Menschen und ihrer Gefühle gelobt.

Der Amerikanische Bürgerkrieg förderte den realistischen Stil, bei dem die Künstler Themen aus dem zeitgenössischen Leben in traditioneller Maltechnik aufgriffen. Der Illustrator Winslow Homer (1836–1910) dokumentierte den Bürgerkrieg für die Zeitschrift *Harper's Weekly* und in Ölgemälden wie *Home Sweet Home*, ca. 1863 (oben). Homers Bilder mögen ein Gefühl der Sehnsucht und Nostalgie vermitteln, doch sind sie eher sachlich. Ein zeitgenössischer Kritiker lobte dieses Gemälde von Soldaten im Camp bei Einbruch der Dunkelheit für die kraftvollen und ergreifenden Emotionen, die von den Männern vermittelt werden, wenn sie der Band zuhören und an Zuhause denken.

IMPRESSIONISMUS

Während Amerika sein Goldenes Zeitalter erlebte (1870er Jahre bis 1900), führte der Wohlstand in Frankreich zur Belle Époque (1871 bis August 1914). Diese Zeit der Industrialisierung und Expansion brachte großen Wohlstand für einige und einen steigenden Lebensstandard für viele. Frankreich war wohlhabend und friedlich, kreativ und dynamisch. Zeitgleich mit dem Aufstieg der Demokratie und dem Niedergang des Autoritarismus stellten sich fortschrittliche Künstler gegen die etablierten Ausstellungen und die traditionellen Malstile. Der Impressionismus konzentrierte sich auf Paris und die umliegende Île-de-France. Die Impressionisten widmeten sich weiterhin den Themen der Realisten und bildeten ihr direktes Umfeld ab.

Das Wort »Impressionismus« leitet sich von *Impression, Sonnenaufgang* (unten) her, einer 1872 von Claude Monet (1840–1926) gemalten Ansicht des Hafens von Le Havre. Lange Zeit hatten die Künstler ihre mit weißem Gips gestrichenen Leinwände mit einem einheitlichen braunen Grund überzogen und sich dann zu helleren Farben vorgearbeitet.

Die Impressionisten verzichteten auf den braunen Grund und malten direkt auf die weiße Fläche.

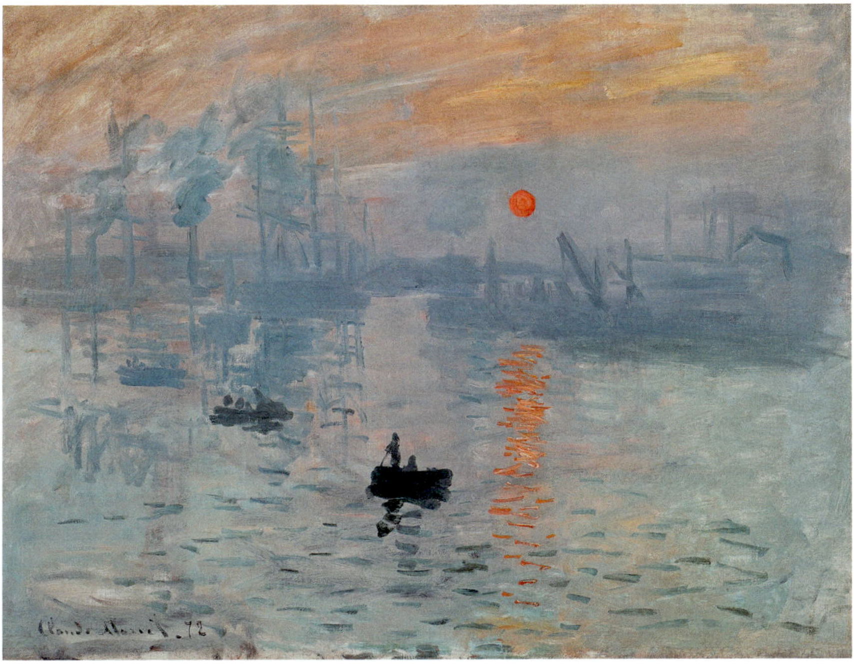

Claude Monet
Impression, Sonnenaufgang
1872
Öl auf Leinwand,
50 x 65 cm
Musée Marmottan
Monet, Paris

Monet führt die sichtbaren Pinselstriche von Manet weiter, indem er die Farbe locker und skizzenhaft aufträgt und dem Betrachter einen Eindruck davon vermittelt, was der Künstler gesehen hat.

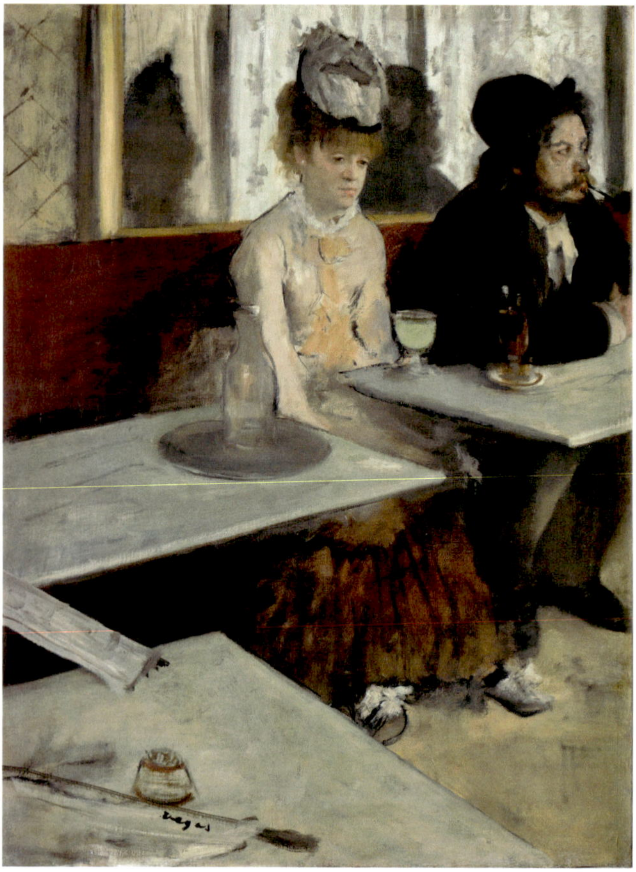

Edgar Degas
Der Absinth
1875–76
Öl auf Leinand,
92 x 68,5 cm
Musée d'Orsay, Paris

Obwohl im Atelier von Degas sorgfältig inszeniert, ist diese Szene typisch für die Pariser Bohème-Cafés. Eine müde und zerzauste Frau sitzt isoliert von ihrem Begleiter bei ihrem Glas Absinth.

Das Ergebnis waren hellere, leuchtendere Gemälde als die aller anderen Stilrichtungen – vielleicht mit Ausnahme des französischen Rokoko. Um die Wirkung des wechselnden natürlichen Lichts einzufangen, malten die Impressionisten im Freien – eine Entscheidung, die durch die Einführung von Ölfarben in kleinen, leicht zu transportierenden Dosen und Tuben erleichtert wurde.

Um Licht und Farbe zu studieren, malte Monet mehrmals dasselbe Motiv, sei es die Fassade der Kathedrale von Rouen, Pappeln oder Heuhaufen. Das Motiv ändert sich nicht, wohl aber das Wetter, die Atmosphäre, die Jahres- und Tageszeit. Diese immateriellen Dinge waren sein eigentliches Thema, das er mit der Technik der »gebrochenen Farbe« festhielt, bei der jede Farbe aus kleinen Tupfern ihrer Bestandteile besteht.

Die Maler des Impressionismus organisierten 1874 eine Gruppenausstellung ihrer Werke, an der die wichtigsten Impressionisten Claude Monet, Mary Cassatt, Berthe Morisot, Camille Pissarro, Pierre-Auguste Renoir, Alfred Sisley und Edgar Degas teilnahmen.

Edgar Degas (1834–1917), ein Aristokrat aus einer wohlhabenden Bankiersfamilie mit boshaftem Witz und äußerst konservativen Ansichten, wurde von vielen anderen Malern nicht gemocht. Seine strenge akademische Ausbildung führte zu einem strichzentrierten Stil, im Gegensatz zu Monets Vorliebe für die Farbe. Degas wurde als »linearer Impressionist« bezeichnet. Er arbeitete langsam und methodisch, erreichte aber ein Gefühl von ungezwungener Spontaneität. Dabei kam ihm die Fotografie zu Hilfe.

Seine Lieblingsmotive waren Balletttänzer – nicht auf der Bühne, sondern hinter den Kulissen, oft mit wenig Anmut. Degas stellte auch Menschen aus der Arbeiterklasse und ihren Alltag dar, in dem der Alkohol, Gegenstand seines Gemäldes *Der Absinth*, 1875–76 (gegenüber), für viele eine wichtige Rolle spielt.

Absinth war im späten 19. Jahrhundert in ganz Europa und insbesondere in Frankreich ein äußerst beliebtes Getränk. Diese starke Spirituose enthielt bis zu 75 % Alkohol. Ursprünglich als pflanzliches Heilmittel verwendet, ist der Wirkstoff Wermut ein Stimulans für das Nervensystem, das in entsprechenden Mengen zu Krämpfen und bei chronisch starkem Konsum zum Tod führt. Als der Absinthkonsum zunahm, verursachten seine schädlichen Auswirkungen eine Krise der öffentlichen Gesundheit. Wer ihn trank, wurde als moralisch degeneriert abgestempelt und die Absinthvergiftung wurde für schreckliche Verbrechen verantwortlich gemacht.

Degas' Gemälde *Der Absinth galt* als eine Anklage gegen das Getränk. Obwohl man sich einig war, dass es die Trostlosigkeit der Absinthsucht treffend wiedergibt, wurde es von den damaligen Kritikern verunglimpft. Vielen war das Thema zu abstoßend, um es als »Kunst« anzusehen.

Neben den französischen gab es in Frankreich auch amerikanische Impressionisten. Die vielleicht bekannteste war Mary Cassatt (1844–1926), die in den USA Kunst studiert hatte, dann aber ihre wohlhabende Familie in Philadelphia verließ und sich in Paris niederließ. Dort freundete sich Degas mit ihr an, und auf seine Einladung hin stellte sie mit den Impressionisten aus. Charakteristisch für ihr Werk ist *Mutter beim Waschen ihres müden Kindes*, 1880 (umseitig), denn ihr Lieblingsthema waren Mutter und Kind in intimen, liebevollen Szenen. Cassatt wurde für ihr zeichnerisches Können gelobt; selbst der frauenfeindliche Degas sagte, er hätte nie geglaubt, dass eine Frau so gut zeichnen könne.

Die Bildhauerei des 19. Jahrhunderts folgte im Allgemeinen den gleichen Stilen wie die Malerei. Auguste Rodin (1840–1917) und Camille Claudel (1864–1943) konzentrierten sich auf den Körper als Träger von

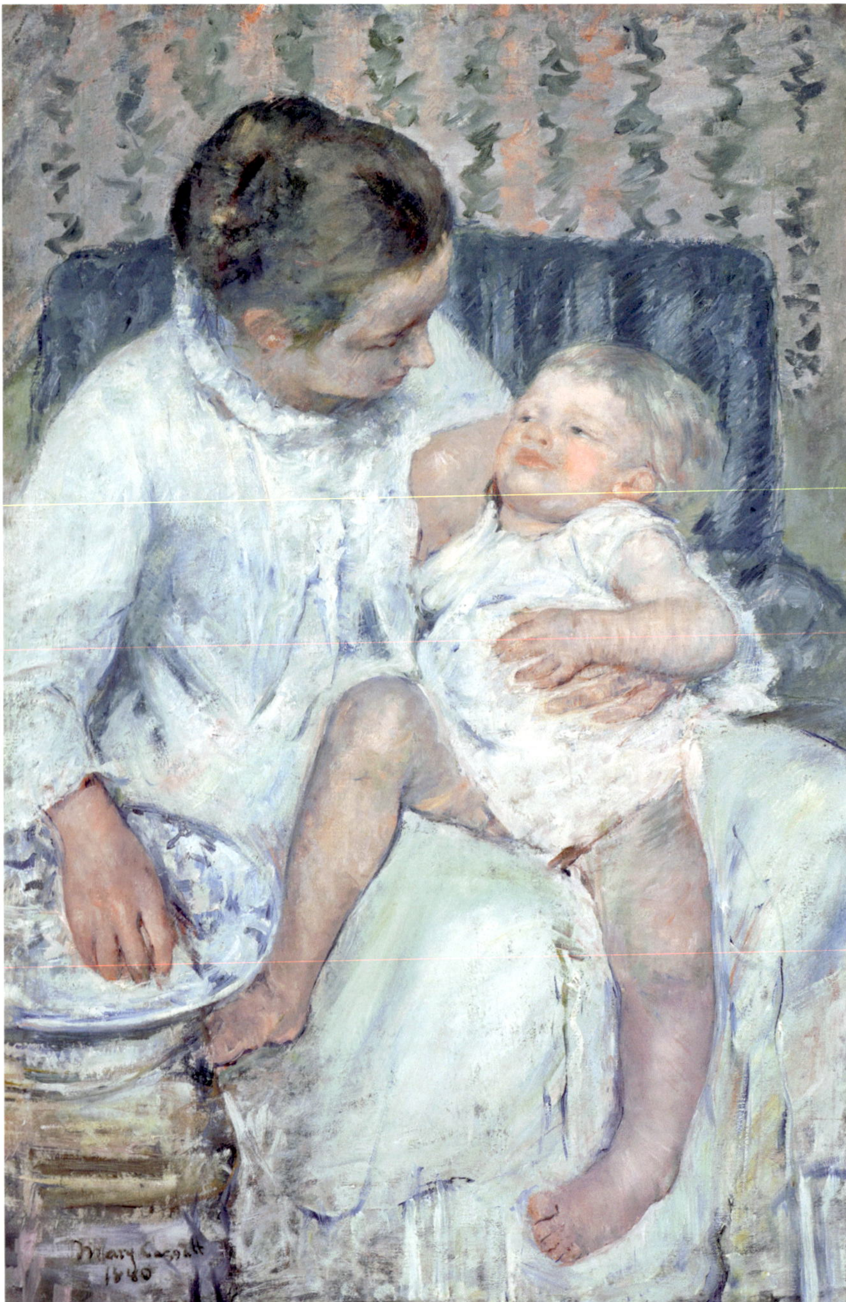
Mary Cassatt
1880

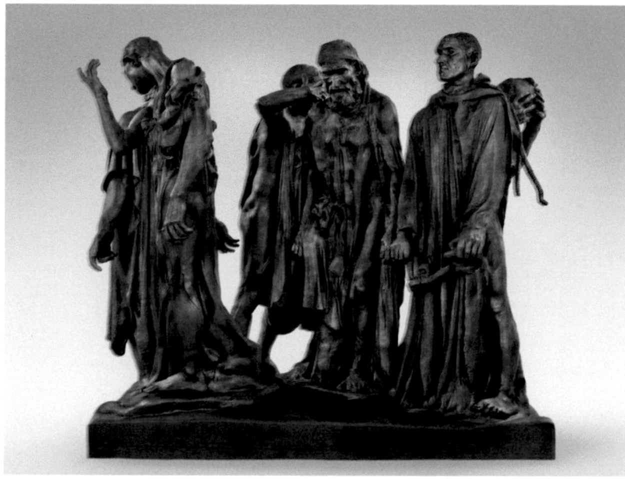

Auguste Rodin und Camille Claudel
Die Bürger von Calais
1884–85
Bronze, Figuren
Höhe 2 m
Philadelphia Museum of Art

Die Geschichte dieses historischen Ereignisses stammt aus den Chroniken von Jean Froissart aus dem 14. Jahrhundert und erzählt von der Kapitulation von Calais vor dem englischen König Edward III. im Jahr 1347. Die Posen und Gesten vermitteln starke Empfindungen, von Angst bis Resignation.

Bedeutung und Gefühl. Ihr Leben und ihre Kunst waren so eng verwoben, dass ihre Stile kaum voneinander zu unterscheiden waren. Claudel war zunächst Schülerin von Rodin und wurde dann seine Kollegin und Geliebte. Claudel schuf die ausdrucksstarken Hände und Füße von Rodins *Die Bürger von Calais* (oben), einem Denkmal für den selbstlosen Heldenmut von sechs Bürgern von Calais, die sich freiwillig der Hinrichtung stellten, um ihre Stadt während des Hundertjährigen Krieges vor der Zerstörung durch die Engländer zu retten. Um den Realismus und die Relevanz zu erhöhen, stammten die Modelle von Rodin aus Calais. Ursprünglich hatte sie vor, die Figuren direkt auf dem Marktplatz zu platzieren, und zwar auf dem Boden, statt auf einem Sockel.

Claudel war Rodin künstlerisch ebenbürtig, obwohl sie lange Zeit in dessen Schatten stand. Aufgrund ihres nachlassenden Geisteszustandes lebte sie die letzten drei Jahrzehnte ihres Lebens in einer Anstalt – entgegen den Empfehlungen der Ärzte, aber auf Drängen ihrer Familie.

Gegenüber: Mary Cassatt
Mutter beim Waschen ihres müden Kindes
1880
Öl auf Leinwand,
100,3 x 65,7 cm
Los Angeles County Museum of Art,
Los Angeles

Als Amerikanerin in Paris konnte Cassatt ihr Potenzial als Künstlerin dort voll ausschöpfen. Sie ermutigte ihre wohlhabenden amerikanischen Freunde, französische Impressionisten zu sammeln, und machte so die Amerikaner – darunter auch Maler – mit den progressiven Ideen des Impressionismus bekannt.

POSTIMPRESSIONISMUS

Der Postimpressionismus, der in den 1880er Jahren in Frankreich entstand, umfasst eine Vielzahl von Malstilen. Er war keine Ablehnung oder Zurückweisung des Impressionismus. Vielmehr handelt es sich um eine etwas andere Herangehensweise an verwandte Themen in dem Bemühen, den Impressionismus zu verbessern und zu bereichern, indem weniger Objektivität und mehr persönliche Interpretation angestrebt wird. Die Gedanken und Gefühle des Künstlers sollten visuell umgesetzt werden. Darüber hinaus wurde größeres Gewicht auf die Bildstruktur und -komposition gelegt, um die visuelle

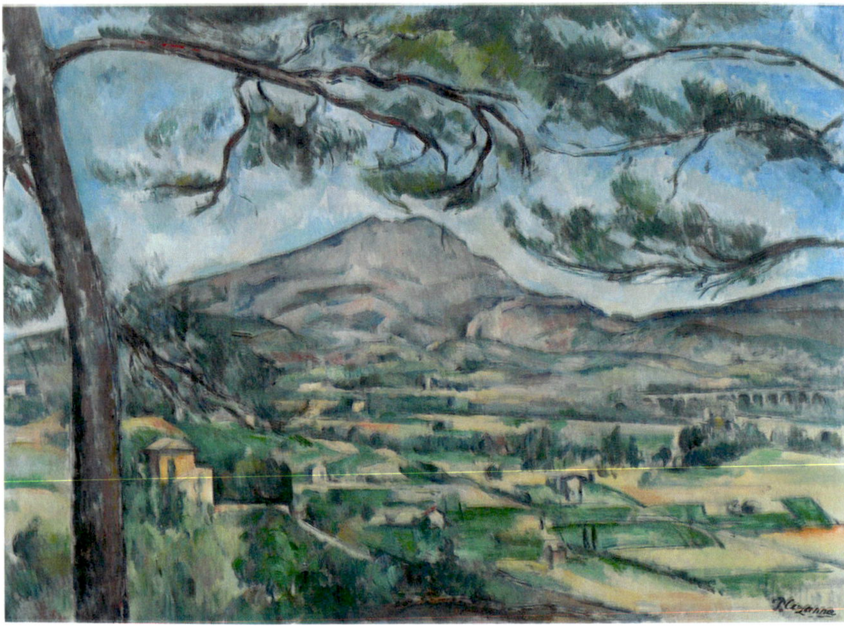

Paul Cézanne
Mont Sainte-Victoire mit großer Pinie
ca. 1887
Öl auf Leinwand,
67 x 92 cm
Courtauld Gallery,
London

In einem Brief, den Cézanne 1904 an Émile Bernard schrieb, erklärte er, dass sein Ansatz darin bestehe, »die Natur mittels des Zylinders, der Kugel und des Kegels zu erfassen, die alle perspektivisch angeordnet sind«.

Welt zu interpretieren und zu verändern, anstatt nur aufzuzeichnen, was das Auge sieht.

Die postimpressionistische Malerei zeichnet sich durch unterschiedliche Ansätze aus. Paul Cézanne und Georges Seurat arbeiteten langsam und methodisch, fertigten viele Studien an und nutzten die Farbe zur Strukturierung. Vincent van Gogh und Paul Gauguin schufen ausdrucksstarke Gemälde, in denen Gefühle mithilfe von Farben vermittelt wurden.

Paul Cézanne (1839–1906) wurde in Aix-en-Provence geboren und verbrachte den größten Teil seines Leben in der Gegend. Der Reichtum der Familie erlaubte ihm die Freiheit zu malen, ohne den Kunden gefallen zu müssen. Er lebte zurückgezogen und es mangelte ihm an sozialer Kompetenz. Seine Frau Marie-Hortense Fiquet, die er heiratete, als ihr gemeinsamer Sohn ein Teenager war, war angeblich die einzige, die es ertragen konnte, für ihn zu posieren. Bis zu zwanzig Minuten brauchte er zuweilen zwischen zwei Pinselstrichen. Cézanne, der seine Bilder sorgfältig aufbaute, erklärte, er habe versucht, »aus dem Impressionismus etwas Solides und Dauerhaftes zu machen, wie die Kunst in den Museen«.

Cézanne malte mit Vorliebe Stillleben und Landschaften; letztere kann man als eine vergrößerte Version der ersteren betrachten, und bei keinem der beiden Themen musste er Konversation betreiben.

Mont Sainte-Victoire mit großer Pinie (oben), um 1887, ist eines von mehreren Gemälden, die er von diesem Berg in der Nähe seines Hauses und Ateliers in Aix anfertigte. Cézanne baut die Komposition mit seinen Pinselstrichen auf. Der Stamm und die Äste markieren den Vordergrund, und zwingen den Blick des Betrachters, zwischen nah und fern zu wechseln, wodurch der Bildraum verflacht.

Cézanne war mit seiner Malerei nie zufrieden und hatte nie das Gefühl, sein Ziel erreicht zu haben. Dennoch führte sein Ansatz zur Entwicklung des analytischen Kubismus durch Pablo Picasso und Georges Braque, der für die Innovationen des frühen 20. Jahrhunderts entscheidend war.

Georges Seurat (1859–91) war noch methodischer als Cézanne. Er führte die Idee der Impressionisten von der gebrochenen Farbe weiter, indem er die einzelnen Farbtöne analysierte, aus denen sich das zusammensetzt, was unser Auge als eine einzige Farbe wahrnimmt. Diese trug er dann in winzigen Punkten auf seine Leinwände auf. Diese Technik wird Divisionismus genannt, weil jede Farbe in ihre Bestandteile zerlegt wird, oder Pointillismus, weil auf seinen Leinwänden unzählige Punkte zu sehen sind. Seurats berühmtestes Gemälde ist *Ein Sonntagnachmittag auf der Insel La Grande Jatte – 1884*, gemalt 1884–86 (Art Institute of Chicago).

Anders als die langsamen, analytischen und intellektuellen Cézanne und Seurat malte Vincent van Gogh (1853–90) sehr schnell und emotional. Obwohl er in den Niederlanden geboren wurde, schuf er die meisten seiner Bilder in Frankreich, wo sein jüngerer Bruder Theo ihn emotional und finanziell unterstützte. In Paris lernte van Gogh die Impressionisten kennen und gab seine düstere Farbpalette zugunsten ihrer lebhaften Farben auf, die er jedoch nutzte, um intensive Gefühle zu vermitteln. Van Gogh litt unter extremen Gefühlsschwankungen, zog häufig von Stadt zu Stadt und hatte keine dauerhaften Freundschaften. Seine Kunst wurde zu seinen Lebzeiten weder verstanden noch gewürdigt. 1888 malte er *Roter Weinberg in Arles* (umseitig), das normalerweise ein Gefühl angenehmer Ruhe vermittelt – es sei denn, es wurde von van Gogh gemalt. Das mit dickem Impasto in schnell aufgetragenen, gut sichtbaren Pinselstrichen gemalte Bild wirkt lebendig und aufgewühlt. Die Verwendung von unnatürlichen Farben umfasst blaue Bäume, einen gelben Himmel und rote Ranken.

Zu van Goghs Lebensstil gehörten auch selbstzerstörerische Tendenzen. Am bekanntesten ist, dass er sich nach einem Streit mit Gauguin den größten Teil seines linken Ohrs abschnitt. Van Gogh hielt sich für einen Versager und beging Selbstmord; er schoss sich in die Brust, überlebte anderthalb Tage und starb in Theos Armen.

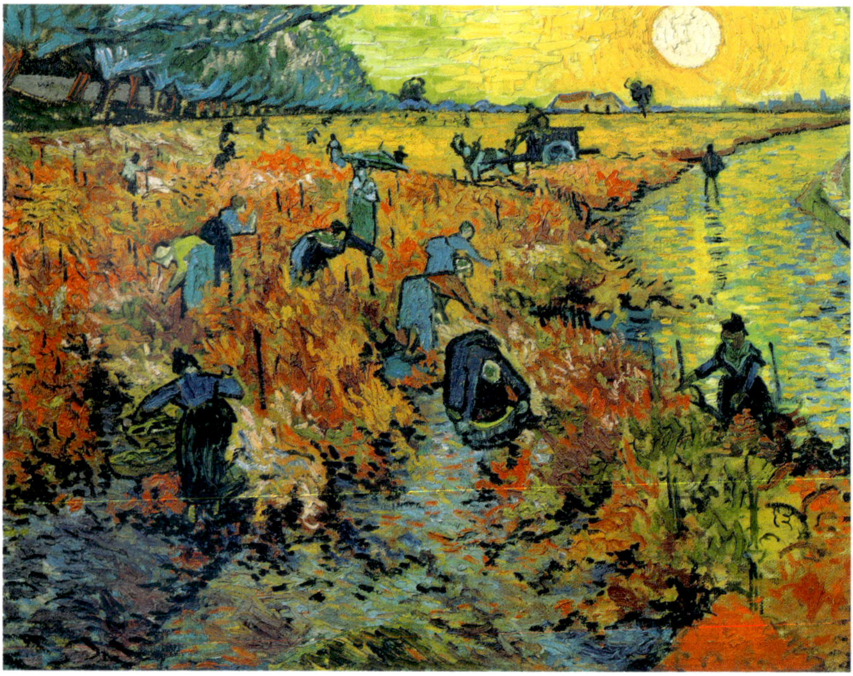

Vincent van Gogh
Roter Weinberg in Arles
1888
Öl auf Leinwand,
75 x 93 cm
Puschkin-Museum für bildende Kunst, Moskau

Dies ist eines der wenigen Gemälde, die van Gogh jemals verkauft hat, vielleicht sogar das einzige. Es wurde 1890 von der belgischen Malerin Anna Boch für 400 Francs erworben.

Paul Gauguin (1848–1903) wurde in Paris geboren, sein Vater war Franzose, seine Mutter Peruanerin. Im Alter von 35 Jahren gab er seine erfolgreiche Karriere als Bankier und Börsenmakler sowie seine Frau und seine fünf Kinder auf, um als Künstler ein exotisches Leben zu führen, unter anderem in Französisch-Polynesien, wo er eine unberührte (und weniger teure) Lebensweise suchte. Er nannte sich Monsieur Sauvage, malte nackt in seiner Holzhütte und lernte die Sprache und Mythen dieser Kultur. Seine Werke, die seine außereuropäischen Sujets exotisieren und verfremden, fanden bei den Pariser Kunstsammlern großen Anklang.

Sowohl van Gogh als auch Gauguin schrieben über ihre Verwendung gewisser Farben, um bestimmte Gefühle zu vermitteln. Gauguins Gemälde *Nafea Faa Ipoipo* 1892 (gegenüber) ist ein Muster aus verschiedenen satten Farben, von denen einige im Gegensatz zur Natur stehen und ein warmes tropisches Gefühl erzeugen. Er arrangiert Farben und Formen, um ein Gleichgewicht und Schönheit zu erreichen, wobei die scharfen, geschwungenen Konturen eher dekorative Formen auf der Oberfläche bilden, als dass sie Tiefe suggerieren. Gauguin nannte diesen Stil Synthetismus, der sich durch abgegrenzte einfarbige Flächen auszeichnet. Da er dazu diente, abstrakte Ideen in visuelle Formen zu übertragen, wird er auch als Symbolismus bezeichnet.

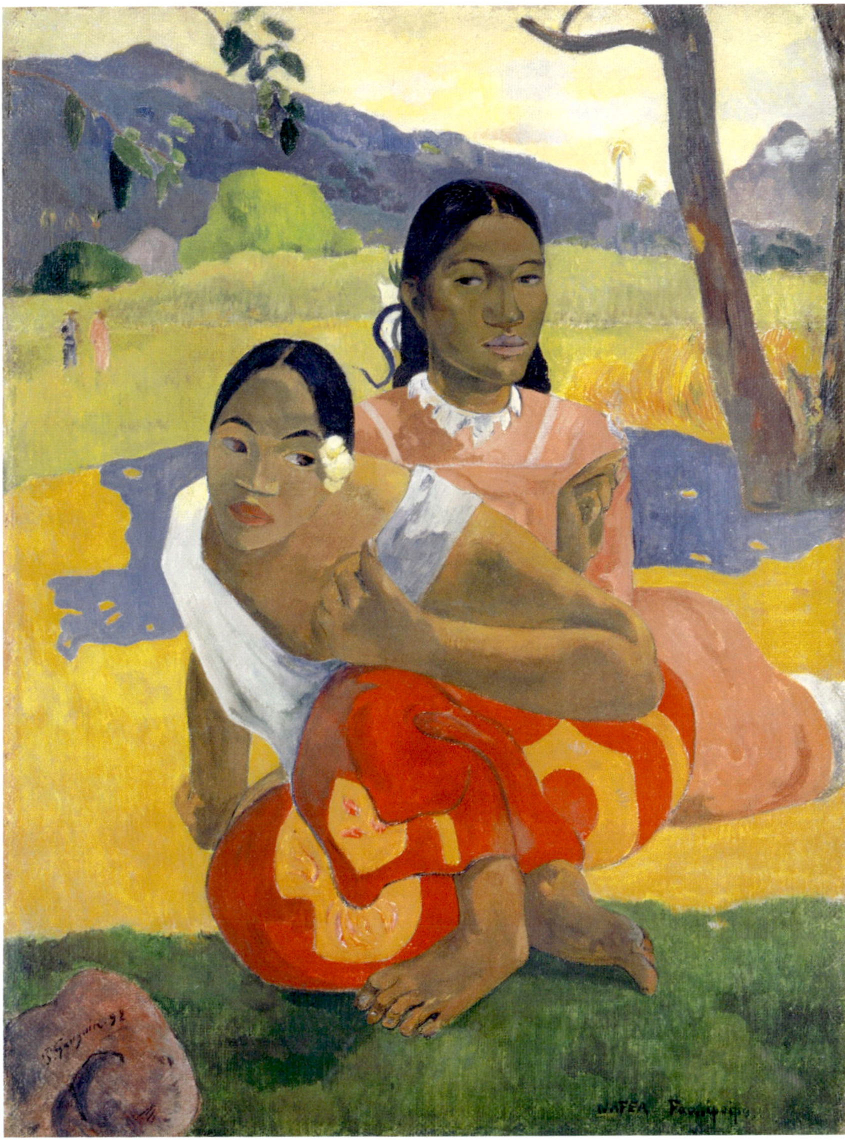

Paul Gauguin
Nafea Faa Ipoipo
1892
Öl auf Leinwand,
101 x 77 cm
Privatsammlung

Indem er vom akademischen Ansatz abwich und Farben und Formen verzerrte, um sie in Symbole umzuwandeln, befreite Gauguin die zukünftigen Künstler von der hemmenden Vorgabe, die sichtbare Außenwelt zu imitieren.

Kunst des frühen 20. Jahrhunderts

Wie wirkte sich der Erste Weltkrieg auf die bildende Kunst aus?

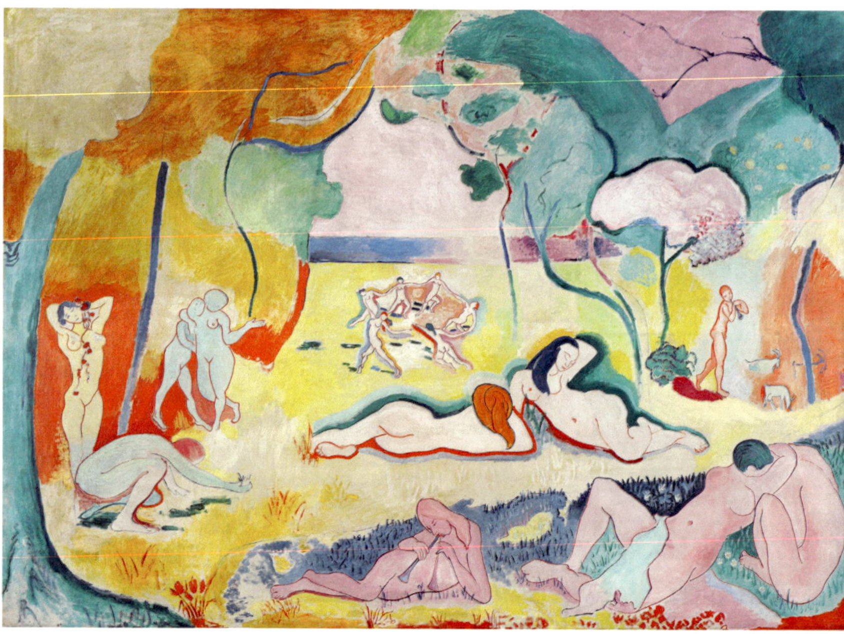

Das 20. Jahrhundert begann mit dem Optimismus der Belle Époque in Frankreich und des Goldenen Zeitalters in den USA. Diese Ära fand 1914 ein jähes Ende, als das Spannungsfeld der Allianzen zwischen den »Großmächten« den Ersten Weltkrieg in Gang setzte. Die zwanzigjährige Periode des relativen Friedens, die auf den Krieg folgte, beinhaltete einen wirtschaftlichen Aufschwung und dann eine Depression. Sie endete mit einem zweiten, noch zerstörerischeren Krieg, der das Nuklearzeitalter einleitete.

FAUVISMUS

Das Interesse der Künstler des späten 19. Jahrhunderts an unnatürlichen Formen und Farben verstärkte sich zu Beginn des 20. Jahrhunderts immer weiter. Die Farbe konnte dem entsprechen, was van Gogh »das Temperament des Künstlers« nannte, anstatt die Realität zu kopieren. Auf dem ungewöhnlich liberalen Pariser Herbstsalon von 1905 war ein Saal mit Gemälden von Henri Matisse und anderen Künstlern zu sehen. Der französische Kunstkritiker Louis Vauxcelles besprach die Ausstellung und nannte diese Künstler missbilligend *Les Fauves* (Die wilden Bestien) aufgrund ihrer lebhaften und wild unnatürlichen, verschmierten Farbe und des Mangels an offensichtlicher Raffinesse. Tatsächlich schufen die Fauves absichtlich Bilder, die den Betrachter visuell und emotional verstören sollten.

Henri Matisse
Lebensfreude
1905–06
Öl auf Leinwand,
1,77 x 2,41 m
Barnes Foundation,
Philadelphia,

Matisse begründete einen neuen Stil, der von Kritikern und Publikum zunächst als radikal angesehen wurde. Doch die Farben und Kurven, die lümmelnden und tanzenden Akte vermitteln Lebensfreude.

Die französischen Maler Henri Matisse (1869–1954) und André Derain (1880–1954) waren die Anführer der Fauves. Matisse verließ eine vielversprechende Karriere in den Bereichen Recht und Finanzen, um Künstler zu werden. Auf dem Herbstsalon 1905 stellte er *Dame mit Hut* (San Francisco Museum of Modern Art) aus, ein Porträt seiner Frau Amélie Parayre mit leuchtenden, unnatürlichen Farben, die auf die Leinwand geschmiert waren. Matisses *Lebensfreude* (nebenstehend), das 1905–06 entstand, weist ebenfalls nur wenige Ähnlichkeiten mit früheren Stilen auf. Anstatt mit kleinen Pinselstrichen zu malen, trug Matisse seine Farben flächig auf und modellierte die Formen nicht konsequent mit Licht und Schatten, um Dreidimensionalität zu suggerieren. Oft verwendete er die Farbe unvermischt in maximaler Intensität, zudem der Natur widersprechend, wie rosa Himmel und gelben Rasen. Dicke und dünne Linien mit gewundenen Kurven und sinnlichen Konturen definieren die wellenförmigen, rhythmischen Formen. Er verzerrt und vereinfacht die menschliche Gestalt; vieles wird weggelassen oder nur angedeutet.

ABSTRAKTE KUNST

Im späten 19. und frühen 20. Jahrhundert befreiten sich einige Künstler allmählich von der Nachahmung der sichtbaren Welt und entwickelten eine Kunstform, die kein erkennbares Thema hat. Diese abstrakte Kunst basiert weniger auf dem, was die Künstler wahrnehmen, als auf dem, was sie sich vorstellen.

Die schwedische Malerin und Mystikerin Hilma af Klint (1862–1944) studierte an der Kunstakademie in Stockholm und schloss ihr Studium mit Auszeichnung ab. Danach malte sie Porträts und Landschaften in einem naturalistischen, stark gegenständlichen Stil, der sich gut verkaufte. Gleichzeitig malte sie aber auch in einem ganz anderen, abstrakten Stil, der der Öffentlichkeit unbekannt (umseitig), aber nicht ohne Bedeutung war.

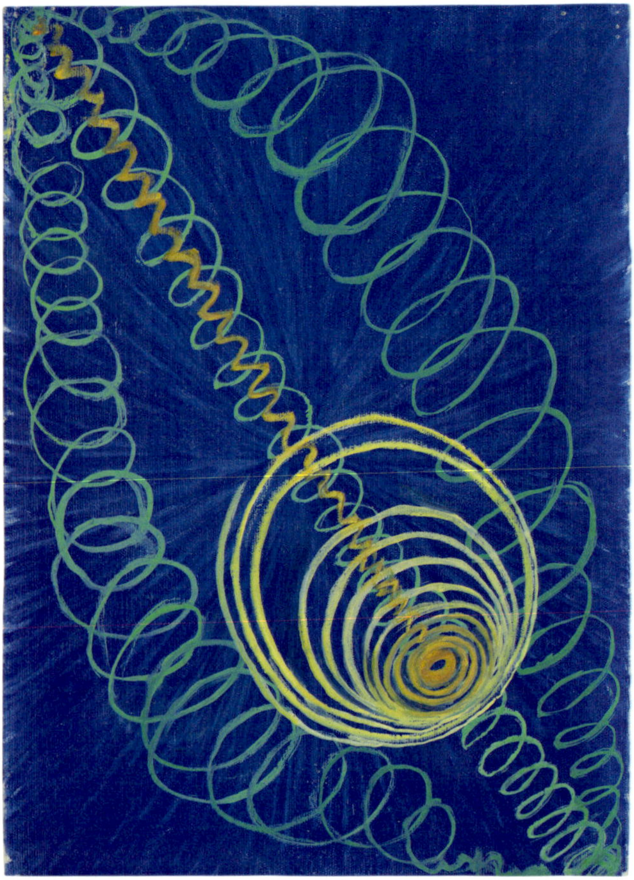

Hilma af Klint
Gruppe 1 – Urchaos – No. 16
1906–07
Öl auf Leinwand, 53 x 37 cm
Guggenheim Museum, New York

Aus Angst, die Menschen seien noch nicht bereit für ihre ungegenständlichen Bilder, verfügte af Klint in ihrem Testament, dass diese frühestens zwanzig Jahre nach ihrem Tod ausgestellt werden sollten. Die Öffentlichkeit bekam ihre abstrakten Gemälde erst 1986 zu sehen.

Die ersten vollständig abstrakten Gemälde werden heute af Klint zugeschrieben, deren Werke bereits 1906 entstanden. Zuvor galt der Russe Wassili Kandinski (1866–1944) aufgrund seiner 1910–11 entstandenen Gemälde als Begründer der abstrakten Kunst. Andere frühe abstrakte Maler sind der Russe Kasimir Malewitsch (1879–1935) und die Amerikanerin Georgia O'Keeffe (1887–1986). Af Klint scheint mit diesen Künstlern, die durch eine schrittweise Vereinfachung der äußeren Bildwelt zur Abstraktion gelangten, nichts zu tun gehabt zu haben. Im Gegensatz dazu schuf af Klint ihre Form der abstrakten Kunst voll entwickelt und als Antwort auf die inneren Geister, die sie angeblich leiteten. Die Gemälde übertrugen die spirituellen Botschaften in eine visuelle Sprache, um den unsichtbaren Geist sichtbar zu machen; af Klint suchte das Heilige durch Abstraktion.

KUBISMUS

Der Kubismus ist die Erfindung von zwei Malern: Pablo Picasso und Georges Braque, die beide unabhängig voneinander zu denselben Schlussfolgerungen über das Wesen unserer Welterfahrung gelangten. Bald entdeckten sie ihre gemeinsamen Überzeugungen und arbeiteten sieben Jahre lang bis zum Ausbruch des Ersten Weltkriegs zusammen.

Der spanische Künstler Pablo Picasso (1881–1973) war ein Wunderkind und Sohn eines Kunstprofessors. Er suchte ständig nach neuen Ausdrucksmöglichkeiten, erfand immer wieder neue künstlerische Stile und arbeitete während seines langen Lebens –

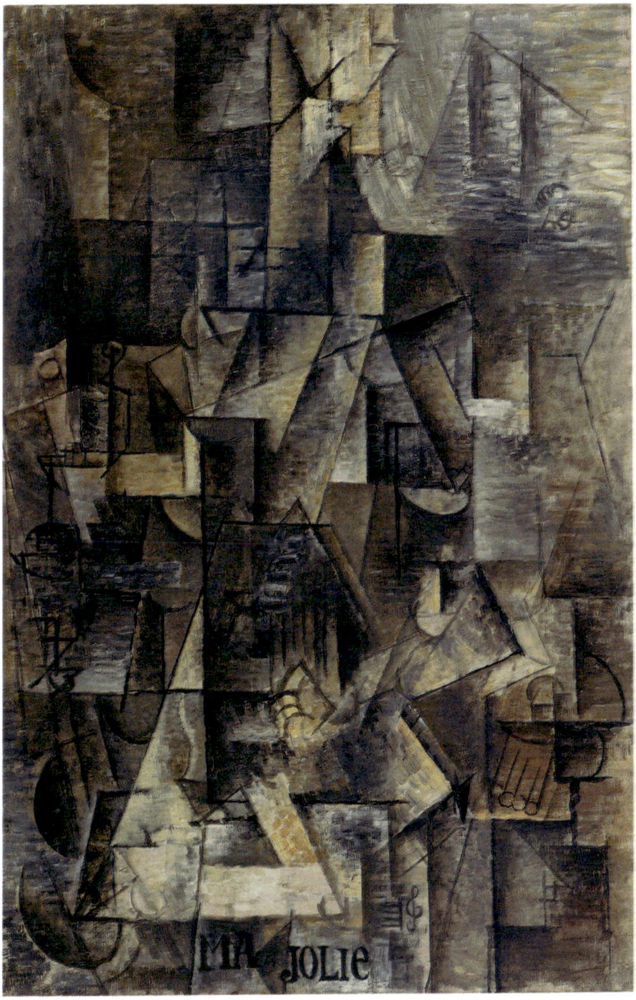

Pablo Picasso
Ma Jolie
1911–12
Öl auf Leinwand,
100 x 64,5 cm
Museum of Modern Art,
New York

Picassos Kunst ist nie völlig abstrakt, denn auch wenn es nicht sofort ersichtlich ist, enthält jedes Werk ein erkennbares Motiv, in diesem Fall eine junge Frau.

91 Jahre voller Vitalität, Energie, Produktivität und dramatischem Flair – in einer Reihe von Medien.

Der analytische Kubismus hatte den größten Einfluss auf die Zukunft der Malerei.

Bei dieser neuen Art der Analyse von Formen im Raum stellt der Künstler jede Figur oder jeden Gegenstand in einem Gemälde aus mehreren Blickwinkeln dar, indem er die Formen in Fragmente geometrischer Grundformen zerlegt.

Ma Jolie, gemalt 1911–12 (vorherige Seite), ist ein Porträt von Picassos damaliger Geliebten, Marcelle Humbert. Picasso stellte sie als eine Vielzahl von facettierten, kantigen, sich überlagernden Scherben dar und malte den Hintergrundraum auf die gleiche Weise, um die Komposition zu vereinheitlichen. Die Farben beschränkte er auf neutrale Töne, um nicht von diesem innovativen Ansatz abzulenken. Die im analytischen Kubismus verwendeten Formen können als eine Weiterentwicklung der »kleinen Flächen« von Cézanne betrachtet werden. Louis Vauxcelles, der dem Fauvismus seinen Namen gab, tat später dasselbe für den Kubismus.

FUTURISMUS

Die Künstler des Futurismus, die vor dem Ersten Weltkrieg vor allem in Italien ansässig waren, nutzten die kubistische Ästhetik für einen neuen Zweck: die Darstellung von Bewegung. Der italienische Dichter Filippo Marinetti (1876–1944) erläuterte das Konzept in seinem »Manifest des Futurismus«, das 1909 in der französischen Zeitung *Le Figaro* veröffentlicht wurde. Die Futuristen verherrlichten Aspekte des modernen Lebens, insbesondere Maschinen und Fahrzeuge, und propagierten Gefahr und Krieg.

Im Jahr 1910 unterzeichnete eine Gruppe von Malern, darunter Gino Severini (1883–1966), ein »Manifest der futuristischen Maler«. Severinis Gemälde *Red Cross Train Passing a Village*, 1915 (gegenüber), vermittelt die Dynamik und Geschwindigkeit des Zuges durch eine Vielzahl von facettenreichen Formen. Im analytischen Kubismus ist der Gegenstand unbeweglich, aber der Künstler bewegt sich, um ihn aus verschiedenen Blickwinkeln darzustellen, während sich im Futurismus der Gegenstand bewegt, der Künstler jedoch nicht.

Der Erste Weltkrieg zwischen den Mittelmächten (Deutschland, Österreich-Ungarn, das Osmanische Reich und Bulgarien) und den Alliierten (Frankreich, Großbritannien, das zaristische Russland und nach 1917 die USA) war während des größten Teils seiner vierjährigen Dauer eine

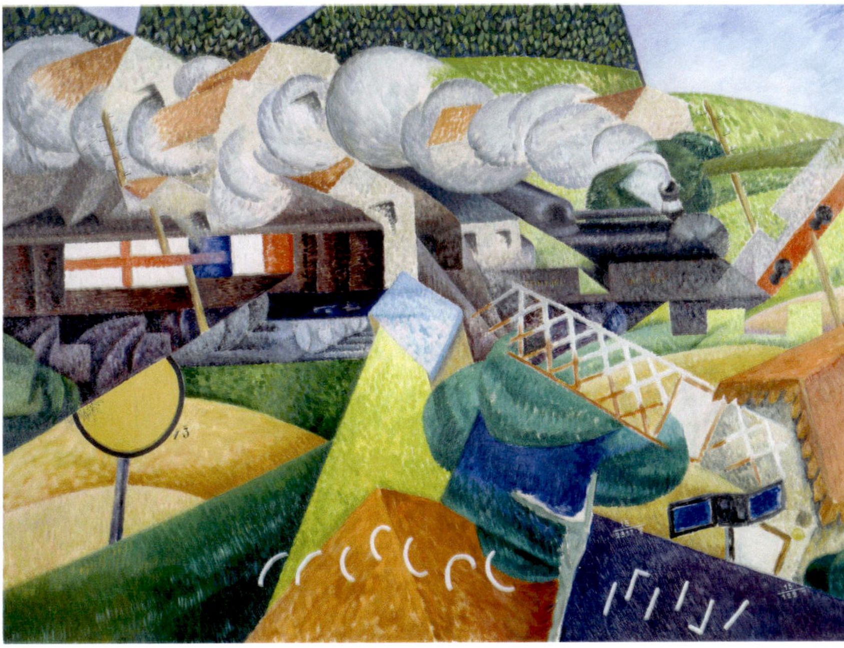

Gino Severini
Red Cross Train Passing a Village
1915
Öl auf Leinwand, 90,2 x 116,8 cm
Guggenheim Museum, New York

Das »Manifest« wandte sich gegen die Vergangenheit und forderte die Zerstörung von Bildungseinrichtungen wie »Museen, Bibliotheken und Akademien«.

Patt-Situation. Die russische Revolution begann 1917, und Anfang 1918 zog die neue kommunistische Regierung Russland, das nun Teil der Union der Sozialistischen Sowjetrepubliken (UdSSR) war, aus dem Krieg zurück. Dieser endete Ende 1918 nach rund 20 Millionen militärischen und zivilen Opfern mit der Kapitulation Deutschlands und Österreich-Ungarns.

Die große Zahl von Opfern und die massiven Zerstörungen des Ersten Weltkriegs führten bei vielen Menschen zu einer Enttäuschung über die bestehenden staatlichen und gesellschaftlichen Strukturen. Zu den anschließenden Veränderungen gehörten das Wahlrecht für Frauen in den großen Demokratien und die Liberalisierung sozialer Vorschriften. Urbanisierung, Arbeitsorganisation und Industrialisierung nahmen zu. Die Zeit von 1918 bis zur Weltwirtschaftskrise von 1929/30 wurde in den USA als »Roaring Twenties«, in Frankreich als »les années folles« (die verrückten Jahre) und in Deutschland als »Goldene Zwanziger Jahre« bezeichnet.

Italien hatte jedoch keinen Anteil an den guten Zeiten der 1920er Jahre. Die Unzufriedenheit der Futuristen mit der Regierung gründete sich auf politische Instabilität, steigende Inflation, Streiks und Arbeitslosigkeit. Sozialistische Parteien und Gewerkschaften gewannen an Stärke, ebenso wie eine neue Art von politischer Philosophie – der Faschismus. Der italienische Faschismus, der zu Beginn

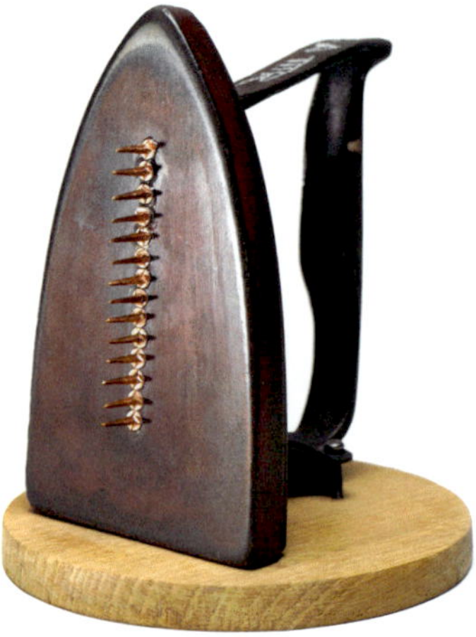

Man Ray
Cadeau
1921/1963
Bügeleisen, 14 Reißnägel, Farbe, Holzfuß
15,3 x 9 x 11,4 cm
Cleveland Museum of Art, USA

Welche Art von Kunst bringt eine satirische, kunstfeindliche Kunstbewegung hervor? Die Frage wird durch Duchamps *Fountain* und Rays *Cadeau* beantwortet. Bei beiden handelt es sich um Readymades – bestehende Objekte, die modifiziert, aus ihrem ursprünglichen Kontext herausgelöst wurden und nicht mehr die ihnen zugedachte Funktion erfüllen können.

der Kriegsjahre von Benito Mussolini (1883–1945) ins Leben gerufen wurde, setzte auf Nationalismus, Totalitarismus, eine staatlich kontrollierte Wirtschaft und eine expansionistische Außenpolitik. Bald entstanden auch in anderen europäischen Ländern faschistische Gruppen.

DADA

Tief betroffen von den Zerstörungen, den Schrecken und dem Wahnsinn des Krieges, gründeten Künstler, Schriftsteller und Musiker eine neue Bewegung. Der Ursprung des Begriffs »Dada« sowie die Frage, wo und von wem der Stil begründet wurde, sind umstritten. Eine Meinung besagt, dass er sich von »da da« ableitet, oft die ersten Worte eines Kindes. Andere behaupten, es bedeute »ja ja«. Marcel Duchamp, eine Schlüsselfigur der Dada-Bewegung, sagte jedoch, das Wort sei französisch für Steckenpferd und willkürlich aus einem Wörterbuch ausgewählt worden. Dada begann wahrscheinlich mit Treffen im Café Voltaire in Zürich und entwickelte sich separat in New York. Die Dadaisten sahen keinen Sinn in der traditionellen Ästhetik. Sie glaubten stattdessen an Fantasie und Irrationalität. Dada war eine kunstfeindliche Kunstbewegung mit einer anti-ästhetischen Ästhetik.

Zu den wichtigsten New Yorker Dadaisten gehörten Marcel Duchamp und Man Ray. Man kann sagen, dass der New Yorker Dadaismus begann, als der französische Künstler Marcel Duchamp (1887–1968) versuchte, ein auf dem Kopf stehendes Porzellanurinal mit dem Titel *Fountain*, das er signiert (aber nicht mit seinem eigenen Namen) und mit dem Datum 1917 versehen hatte, auf der Independents-Ausstellung in New York auszustellen. Dada war politisch motiviert und wollte die Öffentlichkeit schockieren.

Der dadaistische und surrealistische Künstler Man Ray (1890–1976) wurde als Emmanuel Radnitzky in Philadelphia geboren, lebte und arbeitete aber in New York und Paris. Ein ähnliches Werk wie Duchamps *Fountain* ist *Cadeau* (Geschenk) von Man Ray aus dem Jahr 1921 (gegenüber). Ein Alltagsgegenstand – ein Bügeleisen – wird in ein Kunstobjekt verwandelt, das völlig nutzlos ist. *Cadeau* wurde als Geschenk für den Besitzer der Galerie angefertigt. Dada dauerte von 1916 bis 1924.

KONSTRUKTIVISMUS

Der Konstruktivismus, der mit revolutionären Konzepten in Russland verbunden war, entstand 1915. Mit seiner Vorliebe für einfache geometrische Formen und Abstraktion war der Konstruktivismus modern und urban. In der Architektur setzte der Konstruktivismus auf Strenge

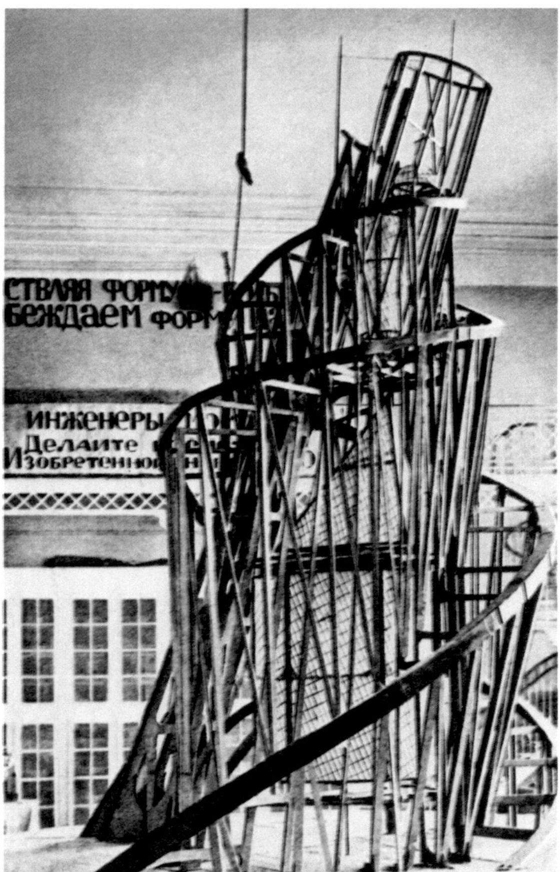

Wladimir Tatlin
Monument für die Dritte Internationale
1919–20
Modell, gedacht für den Aufbau in St. Petersburg, Russland

Der Tatlin-Turm repräsentiert den russischen Konstruktivismus des frühen 20. Jahrhunderts, eine Bewegung in Architektur und Kunst, die eng mit der russischen Revolution und politischen Bewegungen verbunden war. Modelle befinden sich in Museen in Stockholm, Moskau und Paris.

und die Verwendung industrieller Materialien. Der russische Künstler und Architekt Wladimir Tatlin (1885–1953) entwarf ein *Monument für die Dritte Internationale*, das als Tatlin-Turm (Seite 143) bekannt geworden ist. Es wurden Modelle gebaut, aber der geplante 400 m hohe Turm in St. Petersburg, Russland, wurde nicht realisiert. Der Tatlin-Turm sollte aus Metall und Glas gebaut werden, also aus modernen Industriematerialien, und nicht aus natürlichen Materialien wie Stein und Holz. Wie der Eiffelturm in Paris war auch der Tatlin-Turm eine riesige Metall-Skelettkonstruktion, aber Tatlin wollte seinen Turm noch höher bauen. In dem offenen zentralen Raum sollten geometrisch geformte Räume aufgehängt werden (ein Zylinder, eine Pyramide und ein Würfel), die jeweils einem anderen Zweck dienten und sich mit unterschiedlicher Geschwindigkeit drehten. Optisch kann Tatlins konstruktivistische Architektur als eine Form der abstrakten Kunst angesehen werden.

Marc Chagall
Der grüne Geiger
1923–24
Öl auf Leinwand,
1,98 x 1,09 m
Guggenheim Museum,
New York

Chagall verleiht seinen nostalgischen Gefühlen für sein früheres Leben visuellen Ausdruck. Obwohl in Paris gemalt, ist der Schauplatz seine ehemalige Heimatstadt in Russland.

EXPRESSIONISMUS

Anstatt sich auf das tatsächliche Erscheinungsbild der natürlichen Welt zu konzentrieren, nutzen die Künstler des Expressionismus die Verzerrung von Form und Farbe, um ihren Gefühlen und Gedanken eine visuelle Form zu geben – um sich selbst auszudrücken. Dieser Ansatz findet sich in der bildenden Kunst, der Musik und der Literatur.

Marc Chagall (1887–1985) wurde als Moishe Shagal oder Segal im russischen Witebsk als ältestes von neun Kindern in einem chassidischen jüdischen Elternhaus geboren. Bilder aus seiner Kindheit durchzogen seine Gemälde sein ganzes Leben lang. Er zog nach St. Petersburg, um Kunst zu studieren. 1910 ging er nach Paris, lernte die Sprache und liebte die Lebensart. Sein unverwechselbarer Stil – bewusst unbeholfen und naiv, mit charakteristischen schwebenden Figuren – war bereits ausgeprägt. Chagalls farbenfrohe Traumwelt umfasst sowohl jüdische als auch christliche Bilder. Er sagte, seine Kunst beziehe sich auf die Träume der gesamten Menschheit und nicht auf ein bestimmtes Volk. Seine eigenen Worte verraten, wie er Kunst verstand: »Wenn ich mit dem Herzen schaffe, funktioniert fast alles; wenn ich mit dem Kopf schaffe, fast nichts.«

Chagall malte *Der Geiger* erstmals 1912 und wiederholte dieses Thema als *Der grüne Geiger* (gegenüber) 1923–24 in Paris. Er ist bekannt für fantastische Bilder, wie z. B. einen Musiker, der auf Dächern tanzt, während ein kleiner Mensch durch den Himmel fliegt. Die facettierten Formen sind ein Überbleibsel des Kubismus. Chagalls Kunst ist romantisch und sentimental und enthält auch humorvolle Bilder. Aber es gibt auch ein Gefühl der Sehnsucht nach seinem früheren Leben in Russland, das hier in der Umgebung mit kleinen Holzhäusern zu sehen ist.

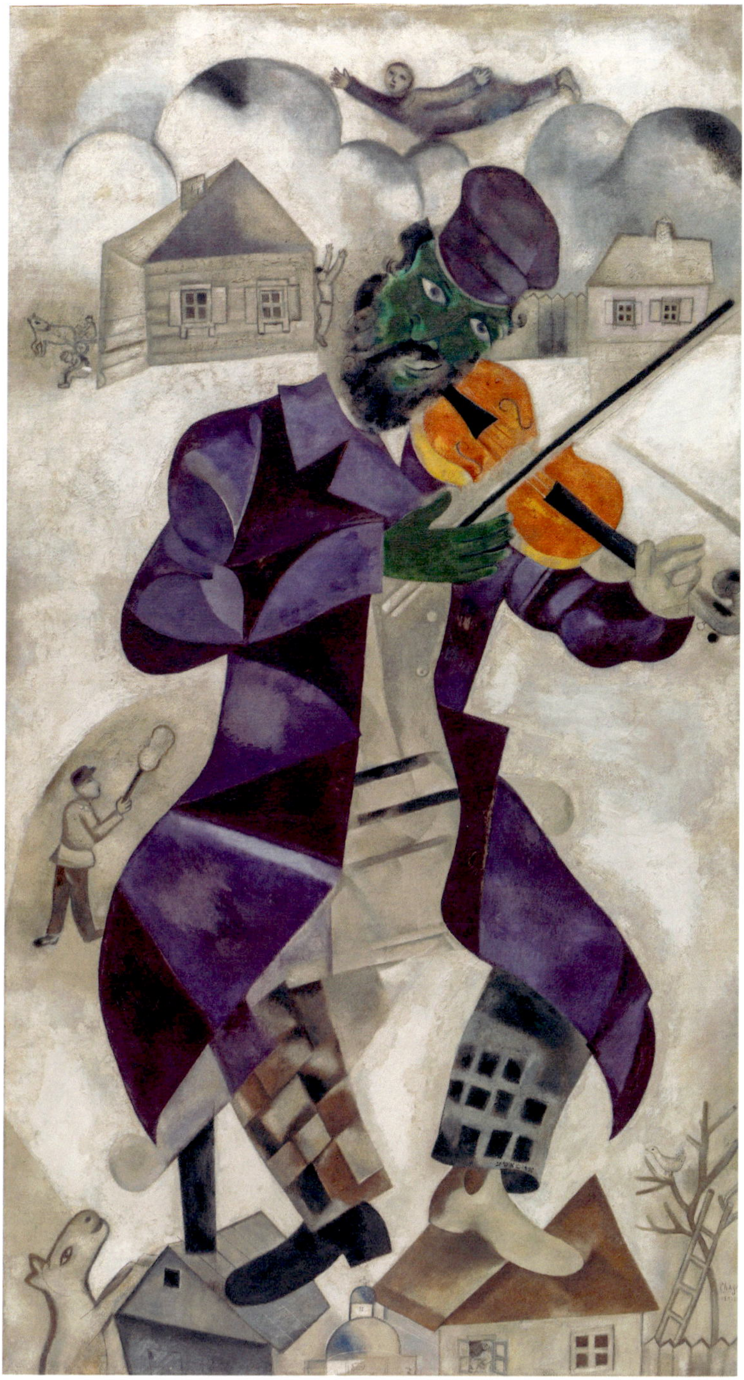

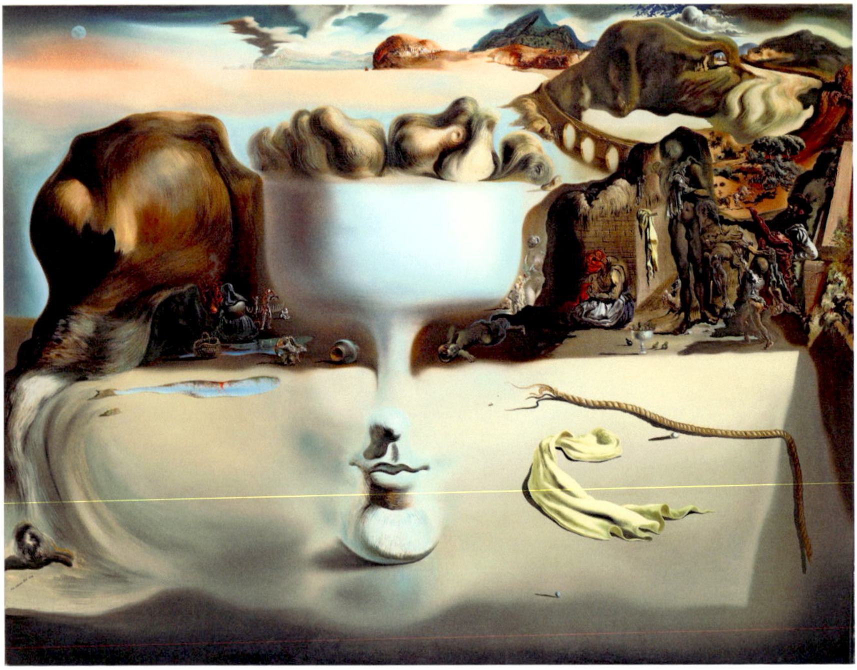

Salvador Dalí
Erscheinung von Gesicht und Obstschale am Strand
1938
Öl auf Leinwand,
1,15 x 1,44 m
Wadsworth Atheneum Museum of Art, Hartford

SURREALISMUS

Der Surrealismus begann als literarische Bewegung in Paris und fand schnell Eingang in die Malerei und Bildhauerei. Dieser bewusst innovative Stil konzentrierte sich auf Träume und Fantasie als Quellen für neue Themen.

Die unbewusste Traumwelt wurde mit der bewussten Wachwelt kombiniert, um einen Superrealismus – einen Surrealismus – zu schaffen.

Wie Dada kann auch der Surrealismus als Kunst der Unzufriedenheit mit der Gesellschaft betrachtet werden.

Der Spanier Salvador Dalí (1904–1989) ist der Inbegriff des Surrealismus – sowohl in seiner Kunst als auch in seinem Leben. Als er 1929 in Paris ankam, avancierte er durch eine Vielzahl scheinbar irrationaler, aber sorgfältig kalkulierter Verhaltensweisen zur surrealistischen Kultfigur, unter anderem durch die verschiedenen Arten, wie er seinen langen Schnurrbart stylte.

Durch die Verbindung von Psychologie und Kunst versuchten die surrealistischen Künstler, das Unbewusste zum Ausdruck zu bringen. Dalís Malerei ist absichtlich rätselhaft und geheimnisvoll und stellt das Unmögliche und Irrationale mit absoluter Überzeugung dar.

Dalís Gemälde *Erscheinung von Gesicht und Obstschale am Strand*, 1938 (oben), zeigt ein Gesicht, das auch als Obstschale mit Birnen zu sehen ist. Diese sind jedoch gleichzeitig die Flecken auf dem Rücken eines Hundes, im Profil gesehen. Und es gibt noch viel mehr an diesem Strand. Jeder Gegenstand ist einzigartig, mit der Technik eines Miniaturisten gemalt, fast greifbar real. Und doch existieren diese Dinge nur in unserer Vorstellung. Die Formen sind unmöglich kombiniert; die Kreatur ist teils Mensch, teils Hund, teils Birne und teils Landschaft. Dalí verschmilzt das Vertraute, das Gewöhnliche und schafft so absichtlich beunruhigende Bilder.

Die technische Virtuosität macht es schwierig, Dalís Behauptung zu akzeptieren, dass seine Bilder in einem psychologischen Delirium entstanden sind und er oft keine Ahnung hatte, was er malte, bis er wieder zu sich kam.

HARLEM-RENAISSANCE

Die Harlem-Renaissance, von 1920 bis in die 1930er Jahre, war eine Blütezeit der afroamerikanischen Kultur in Harlem, einem New Yorker Viertel im Norden Manhattans. Sie umfasste Musik, Tanz, Bildhauerei, Malerei und andere kreative Künste.

Die afroamerikanische Bildhauerin Augusta Savage (1892–1962) wurde in Florida als eines von vierzehn Geschwistern in einer armen Familie geboren und war doch sehr gebildet. Sie war in der Harlem-Renaissance aktiv und gründete 1932 das Savage Studio of Arts and Crafts, wo sie eine einflussreiche Lehrerin war.

Savages Skulptur *The Harp*, 1939 (umseitig), wurde für die Weltausstellung 1939 in Auftrag gegeben. Das Lied »Lift Every Voice and Sing« wurde 1905 von James Weldon Johnson und J. Rosamond Johnson zum Gedenken an den Geburtstag des amerikanischen Präsidenten Abraham Lincoln geschrieben, der 1863 die Emanzipationsproklamation zur Befreiung der Sklaven erlassen hatte. Leider wurden die Originalfiguren nach dem Ende der Messe zerstört. Ein Großteil von Savages Werken sind Porträts von Afroamerikanern.

Neben ihrer künstlerischen Arbeit war Savage eine Aktivistin, die sich für die Bekämpfung des Rassismus und die Förderung afroamerikanischer Künstler einsetzte. Sie trug zum Aufbau einer starken Gemeinschaft bei, die viele Künstler unterstützte, darunter auch Jacob Lawrence.

Der Boom ging an der Landwirtschaft vorbei, da die Nachfrage aus Europa versiegte. Kleinbauern, insbesondere ehemalige Sklaven und deren Nachkommen, waren besonders betroffen, weshalb sie auf der Suche nach Industriearbeit und einem besseren Leben von Süden nach

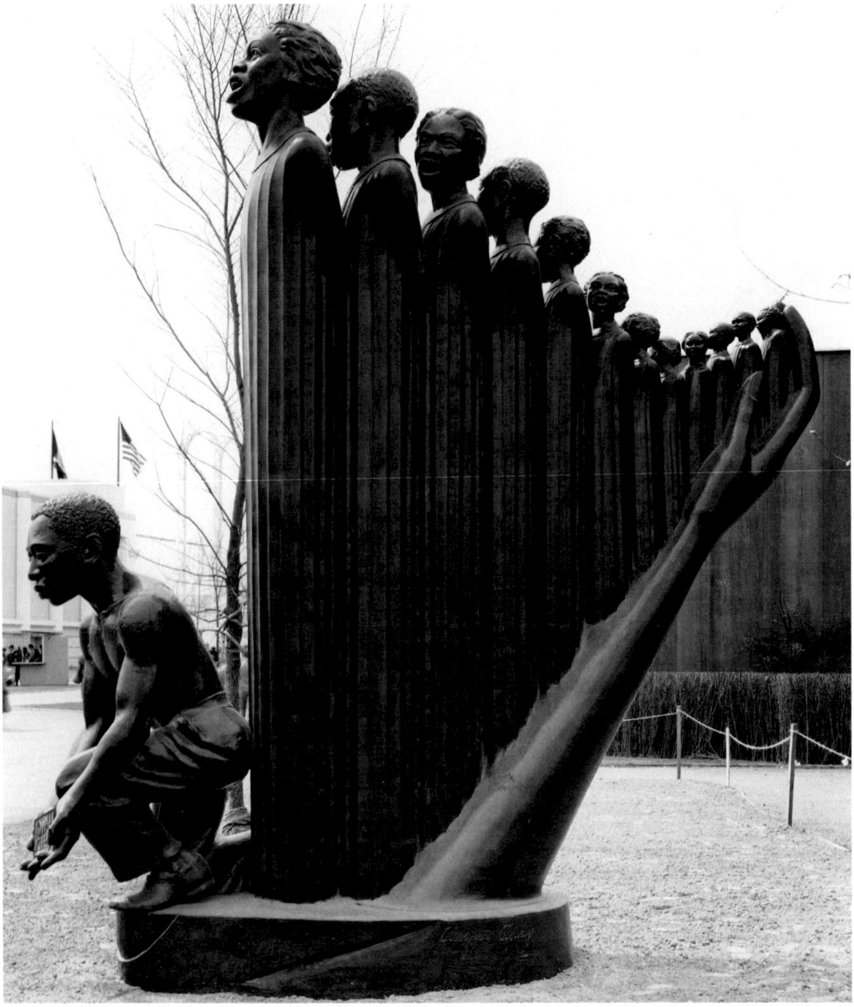

Augusta Savage
The Harp (Die Harfe)
1939
Gips, Original zerstört

Das Bild einer Harfe wird durch die Figuren von zwölf singenden Afroamerikanern erzeugt, die die Saiten der Harfe darstellen. Die Figur eines Mannes, der Notenblätter in der Hand hält, bildet das Fußpedal, und die Arme Gottes stellen den Resonanzboden dar.

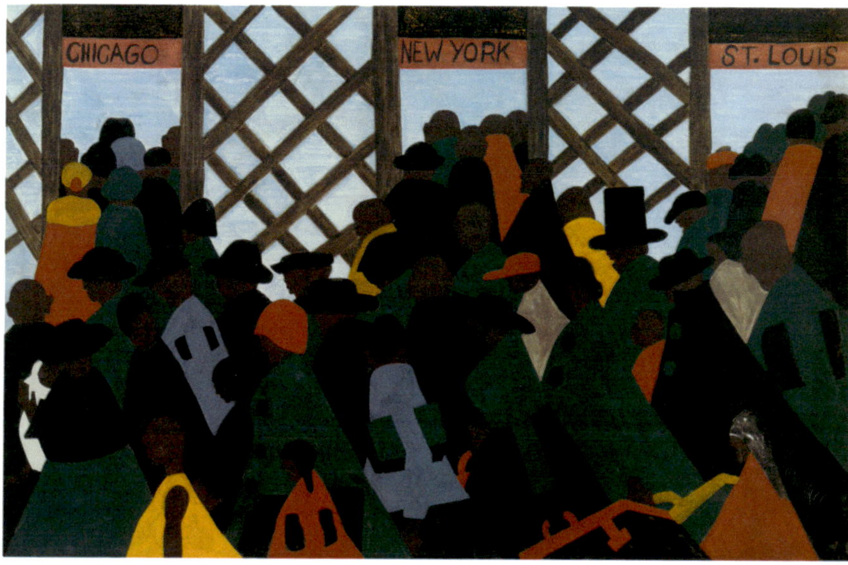

Jacob Lawrence
During the World War there was a Great Migration North by Southern Negros
1940–41
Tafel 1 aus *The Migration of the Negro*
Serie von 60 Tafeln, Tempera auf Hartpappe, 30,5 x 45,7 cm
Phillips Collection, Washington, DC

Diese Bilderserie dokumentiert die Rassenungleichheit in Amerika. Als sie 1941 ausgestellt wurden, wurden sie sowohl als historische Aufzeichnungen als auch als Kunstwerke gelobt.

Norden umsiedelten. Ab 1916 nahmen mehrere Millionen Afroamerikaner an der Großen Migration teil.

Der afroamerikanische Künstler Jacob Lawrence (1917–2000), geboren in Atlantic City, zog nach Harlem, wo er Kunst studierte. Unterstützt von der WPA (Works Progress Administration), die von Präsident Franklin D. Roosevelt zur Schaffung von Arbeitsplätzen während der Depression eingerichtet wurde, konzentrierte sich Lawrence in seinen Gemälden auf afroamerikanische Themen. Seine 1939–41 entstandene Gemäldeserie *The Migration of the Negro* (oben) dokumentiert die Reisen und Erfahrungen von Afroamerikanern in ihrer neuen Umgebung.

ARCHITEKTUR

Im Gegensatz zu der großen Vielfalt an Stilen, die sich in der ersten Hälfte des 20. Jahrhunderts in der Malerei und der Bildhauerei entwickelte, war die Architektur weitaus einheitlicher und bevorzugte den Internationalen Stil. Er war vor allem in den 1920er Jahren populär und zeichnete sich durch eine Vorliebe für moderne, künstliche Materialien wie Stahlbeton und Metall im Gegensatz zu natürlichem Holz und Stein aus.

Ein wichtiger Architekt des Internationalen Stils war Charles-Édouard Jeanneret (1887–1965), bekannt unter seinem Pseudonym Le Corbusier. In der Schweiz geboren, nahm er später die französische Staatsbürgerschaft an und entwarf die Villa Savoye in Poissy-sur-Seine, einem Vorort von Paris (umseitig), die 1928–31 erbaut wurde. Dieses Privathaus hatte bedeutenden Einfluss auf die moderne Wohnarchitektur und kann als Antwort auf die Kompositionen einfacher geometrischer Formen der abstrakten Kunst betrachtet werden. Le Corbusier bewunderte die präzisen Formen von Maschinen. Sein modernistisches Haus ist ein glatter weißer Kasten mit scharfen Kanten und einem umlaufenden Fensterband im Obergeschoss. Die untere Etage enthält Funktionsräume, eine spiralförmige Rampe führt in den darüber liegenden Wohnbereich. Hier ermöglichen die Fensterbänder den Bewohnern den Blick nach draußen, und ein aufgehängter Garten in der Mitte bietet einen Innen- und Außenhof. Statt dicker Steinmauern stützen dünne Pfähle, sogenannte Pilotis, das Gebäude. Diese Skelettstruktur befreit die Wände von ihrer tragenden Rolle, ermöglicht große Fenster und öffnet der architektonischen Kreativität Tür und Tor.

Der amerikanische Architekt Frank Lloyd Wright (1867–1959) wurde in Wisconsin geboren. Noch vor seiner Geburt entschied seine Mutter, eine Lehrerin, dass er Architekt werden würde. Später sagte er, dass die geometrisch geformten Fröbel-Blöcke, mit denen sie ihn als Kind spielen ließ, die geometrischen Formen seiner Gebäude beeinflussten. Wright betrachtete jedes Projekt als individuelles Problem und lehnte es ab, seine Entwürfe zu wiederholen. Er war der Ansicht, dass der Charakter eines jeden Gebäudes mit dem jeweiligen Standort zusammenhängen und sich durch die verwendeten Formen und Materialien in die natürliche Landschaft einfügen

Le Corbusier (Charles-Édouard Jeanneret)
Villa Savoye, Poissy-sur-Seine, Frankreich
1928–31

Le Corbusier bezeichnete die von ihm entworfenen Häuser als »machines à habiter«, was so viel bedeutet wie »Maschinen, in denen man lebt«.

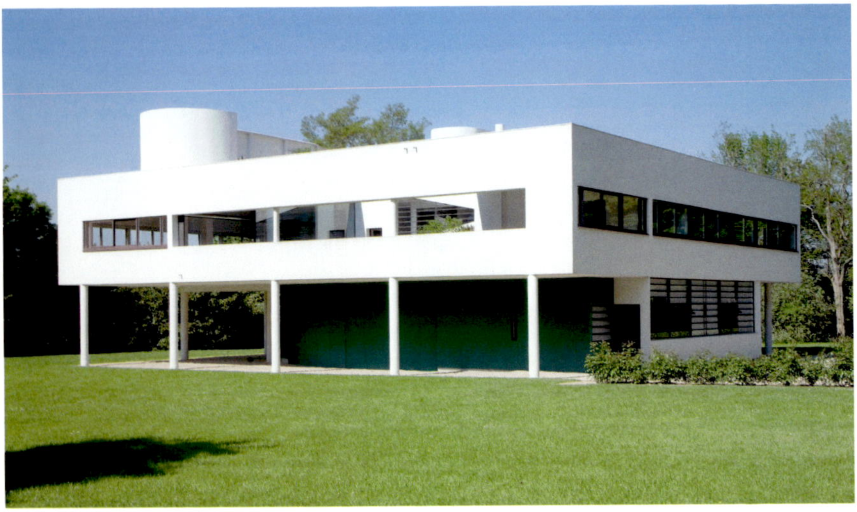

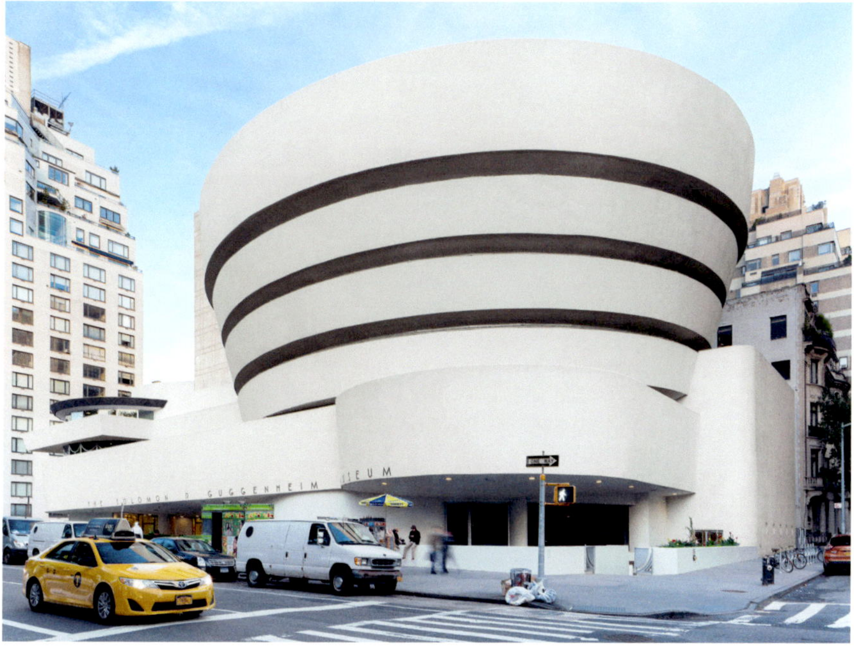

Frank Lloyd Wright
Guggenheim Museum,
New York
beauftragt 1943,
eröffnet 1959

Die außergewöhnliche Architektur dieses und anderer Museen, die in den letzten Jahren gebaut wurden, macht sie zu einem Ziel an sich.

sollte. Wright bezeichnete seine Theorie der Harmonie zwischen Mensch und Umwelt als »organische Architektur«, wobei die Form durch die Funktion bestimmt wurde. Wrights Architektur wuchs also von innen nach außen. Sein berühmtestes Privathaus ist das Kaufmann House (»Fallingwater«) in Bear Run, das 1935–39 erbaut wurde. Auf dem bewaldeten Grundstück befindet sich ein Wasserfall, und die übliche Lösung für die Frage, wo das Haus gebaut werden sollte, wäre gewesen, es so zu platzieren, dass die Bewohner den besten Blick auf den Wasserfall haben. Wright tat jedoch das Gegenteil: Er baute das Haus buchstäblich über dem Wasserfall.

Immer auf der Suche nach dem Einzigartigen, entwarf Wright 1932 das Solomon R. Guggenheim Museum in New York City (oben), das 1959 eröffnet wurde. Die außergewöhnliche Form des Guggenheim, eine Spirale, die oben breiter ist als unten, wurde durch Stahlbeton ermöglicht, ein Material, das sich perfekt für die Gestaltung geschwungener Formen in großem Maßstab eignet. Im Inneren windet sich eine Rampe um einen offenen Kern. Die Glaskuppel darüber ist lichtdurchlässig. Wright wollte, dass die Besucher mit dem Aufzug nach oben fahren und dann die Kunstwerke betrachten, während sie langsam nach unten und um die Spirale herumgehen. Das Guggenheim-Museum scheint selbst eine überdimensionale Skulptur zu sein.

Kunst des 20. und 21. Jahrhunderts
Ist Innovation in der bildenden Kunst immer gut?

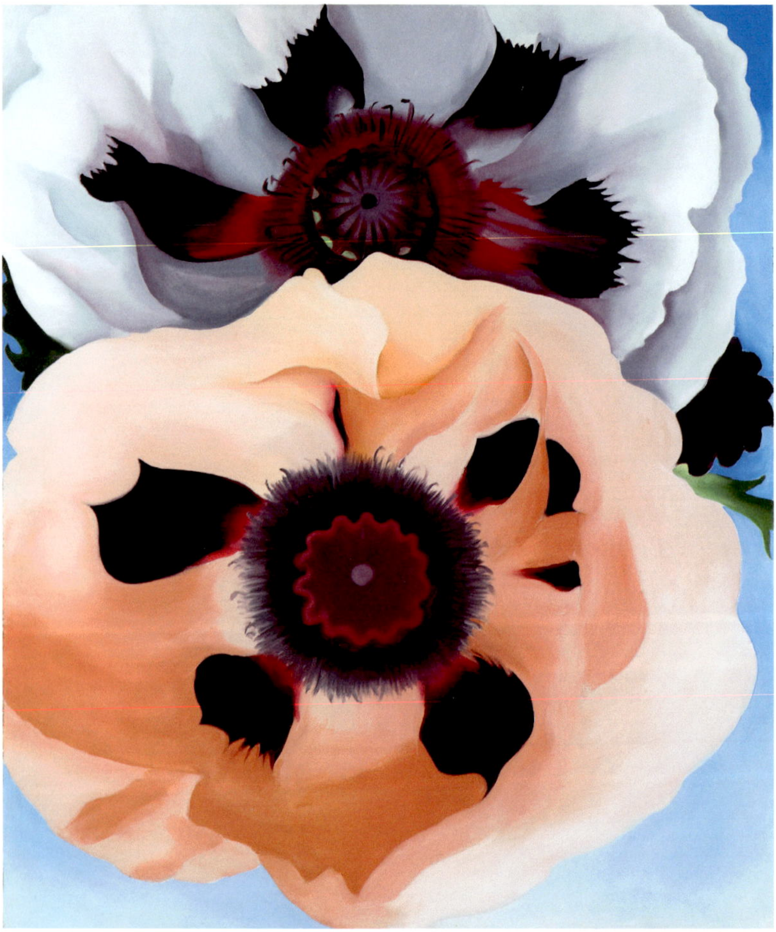

Der Angriff Deutschlands auf Polen 1939 und Russland 1941 sowie der Angriff Japans auf die USA im selben Jahr lösten einen weiteren multinationalen Konflikt aus. Der Zweite Weltkrieg forderte bis 1945 schreckliche Verluste an Menschenleben und verwüstete große Teile Europas. Letztlich besiegten die Streitkräfte Großbritanniens, der

USA, Frankreichs und der UdSSR Deutschland und seinen wichtigsten europäischen Verbündeten, Italien. Der Krieg im Pazifik endete, als amerikanische Atombomben die japanischen Städte Hiroshima und Nagasaki zerstörten und der Einsatz von Atomwaffen die Aussicht auf einen weltweiten Krieg um ein neues Schreckgespenst der Vernichtung erweiterte. Die Vereinten Nationen wurden 1945 gegründet, um ein Forum für die Beilegung internationaler Konflikte zu schaffen.

Unmittelbar nach dem Zweiten Weltkrieg erlebten die USA einen wirtschaftlichen Aufschwung und halfen Westeuropa beim Wiederaufbau, wobei sie zur größten Wirtschafts- und Industriemacht der Welt wurden und ihre Sprache in der ganzen Welt verbreiteten.

Die UdSSR verfügte dagegen über Truppen in ganz Osteuropa, und bald hatten die besetzten Länder kommunistische Regierungen. Im März 1946 hatte sich, in den Worten des britischen Premierministers Winston Churchill, »ein eiserner Vorhang über den Kontinent gesenkt«. Der Kalte Krieg zwischen der UdSSR und ihren Verbündeten (dem Ostblock) auf der einen und den USA und ihren Verbündeten (dem Westen) auf der anderen Seite hatte begonnen. Bis 1950 hatte die UdSSR Atomwaffen entwickelt und die beiden Großmächte befanden sich in einer Patt-Situation.

Georgia O'Keeffe
Poppies
1950
Öl auf Leinwand,
40,6 x 50,8 cm
Milwaukee Art Museum,
USA

Ausgehend von einer tiefen Liebe zur Natur wählte O'Keeffe oft eine natürliche Form, in der Regel eine Blume, aus der Nähe betrachtet und so weit vergrößert, dass sie sich einem abstrakten Muster nähert.

AMERIKANISCHE MODERNE

Die Moderne fördert die Entwicklung eines individuellen künstlerischen Stils, der durch die Abkehr von der Tradition erreicht wird. Anstatt die Vergangenheit zu wiederholen und zu verfeinern, suchten die Künstler der Moderne nach neuen Themen und Wegen, sie darzustellen. Die Moderne vertritt die Auffassung, dass kreative, innovative, originelle und sogar neuartige Arbeiten zum Fortschritt führen. Sie erstreckte sich nicht nur auf die bildende Kunst, sondern auch auf andere Kunstformen.

Die amerikanische Modernistin Georgia O'Keeffe (1887–1986) wurde in Wisconsin geboren und studierte und lehrte Kunst an verschiedenen Orten in den USA. Sie wird als amerikanische Modernistin bezeichnet, weil sie mit der Vergangenheit brach und nach neuen Ideen suchte. Bekannt für ihre Blumendarstellungen, sagte sie: »Wenn du eine Blume in die Hand nimmst und sie wirklich ansiehst, ist das für einen Moment deine Welt. Ich möchte diese Welt jemand anderem geben.« Sie entwickelte einen persönlichen Stil mit schönen Farbharmonien und sanften Formen, den sie jahrzehntelang beibehalten sollte. Sie war fasziniert von Licht und Farbe und sagte: »Farbe ist eines der großen Dinge auf der Welt, die das Leben für mich lebenswert machen.« Wie in ihren *Poppies* von 1950 (gegenüber) zu sehen ist, sind die Farben reich, gesättigt, prächtig und vielfältig.

ABSTRAKTER EXPRESSIONISMUS

Der abstrakte Expressionismus ist ein neuer Ansatz in der Kunst, vor allem in der Malerei, bei dem es um den individuellen Ausdruck durch nicht-naturalistische Bilder geht.

Die Künstler arbeiteten oft in großem Maßstab und malten in einem individuellen und persönlichen Stil, der keine Verbindung zu früheren Ansätzen hatte.

Der abstrakte Expressionismus unterscheidet sich von der abstrakten Kunst durch den Sinn für die körperliche Geste des Künstlers beim Malen.

Jackson Pollock
Blue Poles (Number 11)
1952
Email- und Aluminiumfarbe mit Glas auf Leinwand, 2,10 x 4,85 m
National Gallery of Australia, Canberra

Das Time-Magazin bezeichnete Pollock als »Jack the Dripper«.

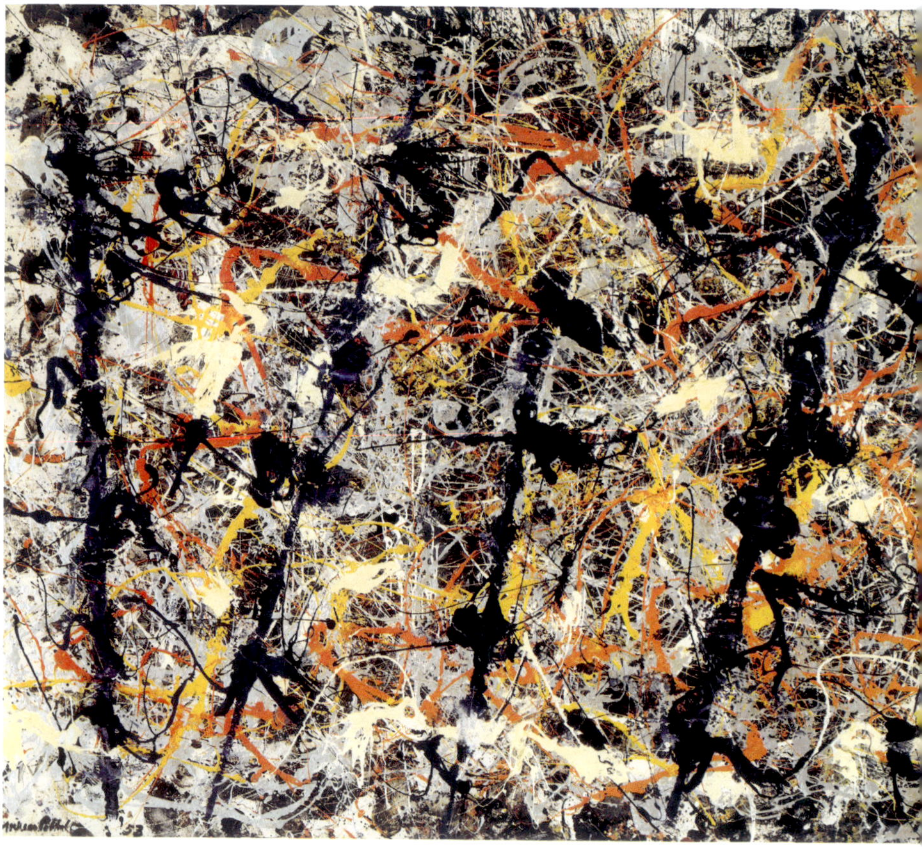

Der abstrakte Expressionist Jackson Pollock (1912–56) wurde als Paul Jackson Pollock in Wyoming geboren. Nachdem er von zwei High Schools verwiesen wurde, zog er nach New York, wo er Malerei studierte und in einem gegenständlichen Stil arbeitete. Diesen Stil gab er zugunsten seiner »Drip«-Gemälde auf, die ihn berühmt machten. Für diese Bilder rollte er die Leinwand auf dem Boden aus, hängte Eimer mit Emaille-Haushaltsfarbe an Seilen von der Decke und schwang sie, so dass die Farbe auf die darunter liegende Leinwand tropfte und spritzte. Pollock spritzte auch Farbe aus seinem Pinsel und anderen Utensilien auf die Leinwand, wobei er von allen vier Seiten arbeitete.

Ein Werk wie *Blue Poles (Number 11)*, 1952 (unten), wird als Action Painting bezeichnet, weil das Gemälde das Gefühl der körperlichen Aktivität des Künstlers während seiner Entstehung vermittelt. Pollock bewegte beim Malen seinen ganzen Körper. Für ihn war der Prozess der wichtigste Teil des Werks. Es gibt keinen einzelnen Bereich von

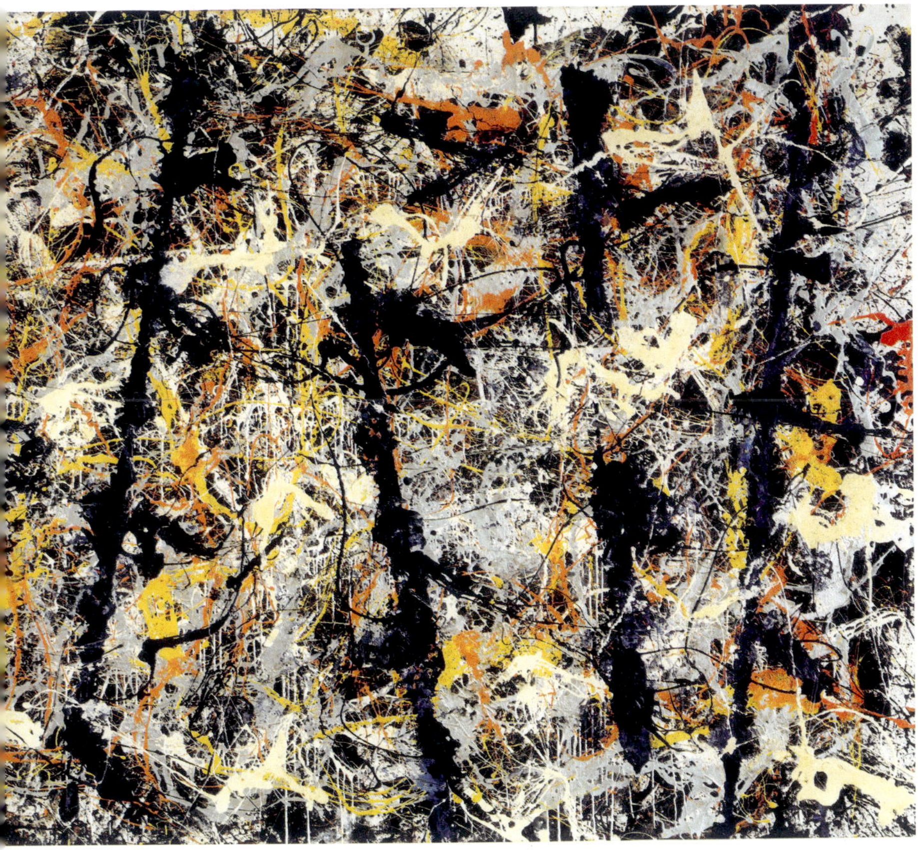

besonderem Interesse, und es gibt auch keinen oberen oder unteren Rand, außer dem, der durch die Position von Pollocks Signatur angedeutet wird. Stattdessen wird die gesamte Fläche durch ein Netz aus Farbe vereinheitlicht, das sich aus zahllosen Schichten zusammensetzt. Pollock beschrieb diese Bilder als »sichtbar gemachte Energie und Bewegung«. Schließlich gab er seinen Gemälden keine Titel mehr, sondern nur noch Zahlen und Daten, die neutral sind, dem Betrachter nichts suggerieren und es ihm ermöglichen, das Gemälde als solches zu betrachten.

Zu den Malern des abstrakten Expressionismus gehört die Afroamerikanerin Alma Thomas (1891–1978), die in Columbus geboren wurde und in Washington tätig war, wo sie viele Jahre lang Kunst an der Junior High unterrichtete. Bekannt für ihre farbenfrohen geometrischen Muster, wirken ihre Gemälde wie Lektionen in Farbtheorie. Vergleicht man die Gemälde von Thomas mit den streng kontrollierten, präzise ausgeführten, zurückhaltenden und raffinierten Mustern der in Kanada geborenen Amerikanerin Agnes Martin (1912–2004), die sich selbst als abstrakte Expressionistin bezeichnet, werden die Unterschiede zwischen den Stilen deutlich.

Pollock wurde bei der Entstehung seiner Action Paintings gefilmt, was sein Werk zu einer Art Performance-Kunst machen könnte. Dieses Medium gewann im späten 20. Jahrhundert an Popularität, wie die serbische Performance-Künstlerin Marina Abramovic (geb. 1946) zeigt, die Live-Performances veranstaltet, bei denen der Körper der Künstlerin kreativ eingesetzt wird.

POP ART

Dieser Stil, eine Abkürzung für Popular Art, griff bevorzugt Themen auf, die der Populärkultur entnommen waren und zuvor nicht die Aufmerksamkeit eines Künstlers verdient hatten. Der Amerikaner Andy Warhol (1928–87), geboren als Andrew Warhola in Pittsburgh, war der König der Pop Art. Obwohl er für seine Persönlichkeit und seinen unkonventionellen Lebensstil bekannt war, war er in vielerlei Hinsicht sehr traditionell. Er sprach die karpatho-russinische Sprache seiner Eltern und aß die traditionellen Speisen ihrer Kultur. Seine Mutter lebte die meiste Zeit seines Lebens bei ihm. Er war ein praktizierender ruthenischer Katholik und bezeichnete sich als religiös.

Warhol war fasziniert von Prominenten, insbesondere von Filmstars wie Elizabeth Taylor, Marilyn Monroe und Elvis Presley, und druckte öffentliche Fotos von ihnen im Siebdruckverfahren in leuchtenden Farben. Für seine Motive verwendete er sofort erkennbare, alltägliche Produkte wie Campbell's Tomatensaft (Seite 157) und Suppendosen, Coca-Cola-Flaschen und Dollarnoten. Auch wenn Warhol keine Meinung zu diesen Produkten

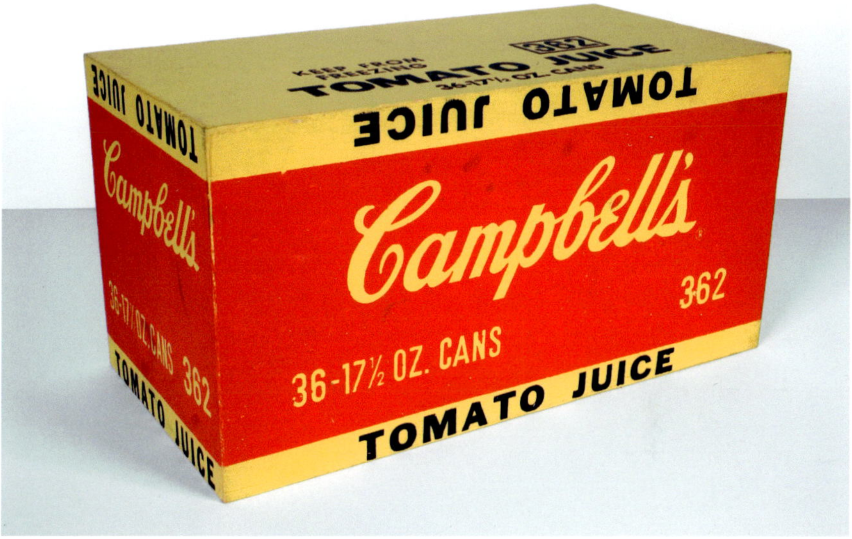

Andy Warhol
Campbell's Tomato Juice Box
1964
Polymerfarbe und Siebdruckfarbe auf Holz, 25,4 x 48,3 x 24,1 cm
Museum of Modern Art, New York, NY

In der Pop Art werden gewöhnliche, kommerzielle Konsumgüter abgebildet – weit entfernt von den Themen, die traditionell in der bildenden Kunst zu finden sind. Warhols Bilder erheben das Gewöhnliche in den Status der Kunst.

äußert, schließt das die Bedeutung nicht aus; er betrachtete gewöhnliche, weit verbreitete Produkte als soziale Gleichmacher. Er sagte: »Das Großartige an diesem Land ist, dass ... die reichsten Verbraucher im Wesentlichen die gleichen Dinge kaufen wie die ärmsten. ... Eine Cola ist eine Cola, und mit keinem Geld der Welt kann man eine bessere Cola kaufen als die, die der Penner an der Ecke trinkt.«

Weitere Pop-Art-Künstler sind der in New York City geborene Amerikaner Roy Lichtenstein (1923–97) und der gebürtige Schwede Claes Oldenburg (geb. 1929). Lichtenstein ist für seine vergrößerten Comicstrips bekannt, und Oldenburg für seine gigantischen Skulpturen aus Haushaltsgegenständen wie einer Wäscheklammer oder einem Löffel.

Pop-Art-Bilder, die spezifisch und identifizierbar sind, scheinen das Gegenteil der jüngsten Tendenzen von Künstlern und Kunsthistorikern zu sein, das Unklare zu suchen, die Adjektive zu vervielfältigen und verworrene Komplexitäten in ihren Ansätzen zur Kunst zu begehren, wie sie in der Postmoderne, der Semiotik, der Dekonstruktion und anderen Ansätzen zu finden sind, die absichtlich die Klarheit umgehen.

OP ART

Es war die Zeit des Vietnamkriegs, der von 1955 bis 1975 dauerte. Bis 1968 hatte der Krieg bei vielen Menschen in den USA, insbesondere bei Studenten, Misstrauen gegenüber der Regierung, Ablehnung etablierter sozialer Normen und zunehmende Unruhe ausgelöst. In Europa war eine ähnliche Ablehnung der bestehenden Ordnung im Gange. Diese Desillusionierung ging einher mit der Suche der Künstler nach einer Ordnung in einer ungeordneten Welt. Eine Form der präzisen Kontrolle entstand in der Op Art.

Op Art, kurz für Optical Art, befasst sich mit der Optik. Die eher intellektuellen als emotionalen Gemälde der Op Art sind nicht gegenständliche, präzise gemalte Muster mit harten Kanten auf Flächen mit oft lebhaften, kontrastreichen Farben. Victor Vasarely (1906–97), ein in Ungarn geborener französischer Künstler, malte zunächst mit Schwarz und Weiß; Zebras waren ein frühes Motiv. In den 1960er Jahren begann er, Farben auf geometrische Gittermuster anzuwenden. In *Vega-Nor*, 1969 (gegenüber), scheint sich ein Gitter aus scheinbar horizontalen und vertikalen Linien zum Betrachter hin zu wölben. Diese Illusion wird durch die systematische Veränderung der Abmessungen der Quadrate erreicht, wodurch auf einer zweidimensionalen Fläche drei Dimensionen suggeriert werden; die Linien werden hier nicht wie in der Linearperspektive verwendet. Obwohl nicht figurativ, kann die Op Art Bewegung suggerieren.

Weitere wichtige Op-Art-Künstler sind die britische Malerin Bridget Riley (geb. 1931) und der amerikanische Maler Richard Anuszkiewicz (1930–2020).

Vasarely benutzte einen Computer für seine späteren Op-Art-Bilder. Die 1960er und 1970er Jahre waren eine Zeit der rasanten technologischen Entwicklung, die sich in dem umfassenden Einsatz von Computern in der Wirtschaft und in der Entwicklung von Mobiltelefonen, PCs und sozialen Netzwerken zeigte. Die ersten kommerziellen Mobiltelefonnetze entstanden 1972 in Europa. Mit der Erleichterung der Kommunikation ging eine zunehmende wirtschaftliche Globalisierung einher.

KONZEPTKUNST

In der Konzeptkunst ist die Idee - das Konzept - wichtiger als das fertige Werk. Viele Künstler und Stile können als konzeptuell bezeichnet werden, besonders charakteristisch ist jedoch der Amerikaner Sol LeWitt (1928–2007). Bekannt für seine Wandzeichnungen, schuf LeWitt Anweisungen, die dann von Assistenten ausgeführt wurden. So konnten verschiedene Personen, die LeWitts Worten folgten, das Werk an mehr als einem Ort herstellen. So wurde zum Beispiel sein *Wall Drawing 289* aus dem Jahr 1976, bei dem er weiße Buntstiftlinien und ein schwarzes Bleistiftgitter auf schwarze Wände zeichnete, auf die Wände mehrerer Museen übertragen. Weitere Beispiele sind Fluxus, eine internationale Gruppe von Künstlern, die in den 1960er und 1970er Jahren aktiv war, sowie die YBAs (Young British Artists), die Ende der 1980er Jahre entstanden und zu denen auch Damien Hirst gehört.

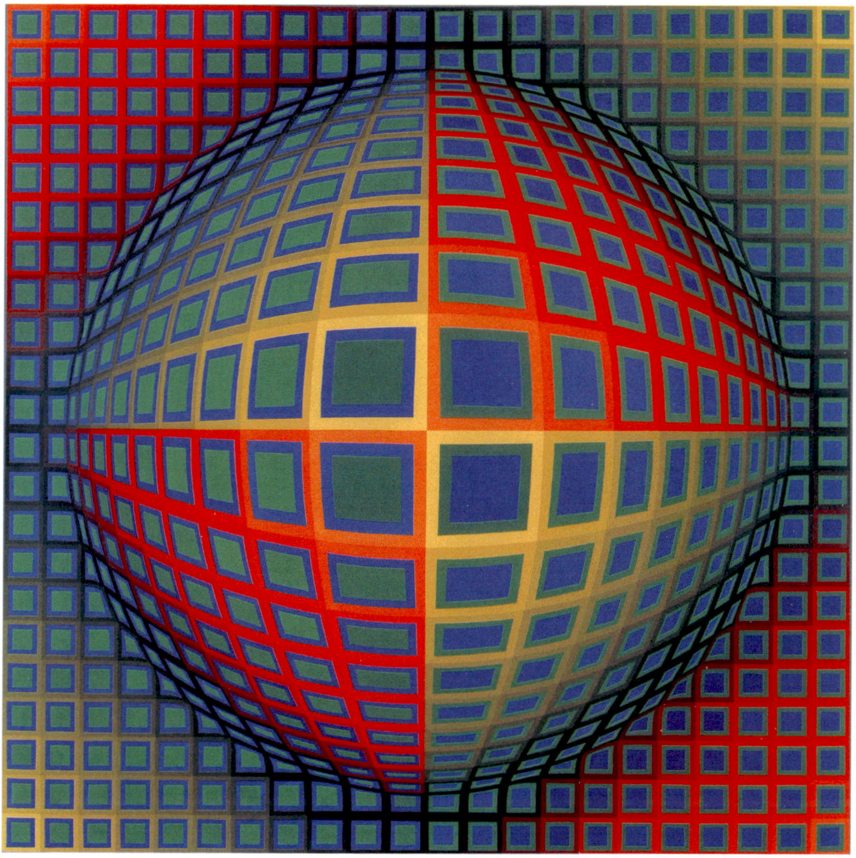

Victor Vasarely
Vega-Nor
1969
Acryl auf Leinwand,
2 x 2 m
Albright-Knox Art
Gallery, Buffalo, NY

Optische Kunst spielt mit unserem Sehvermögen und zieht unsere Augen in ihren Bann.

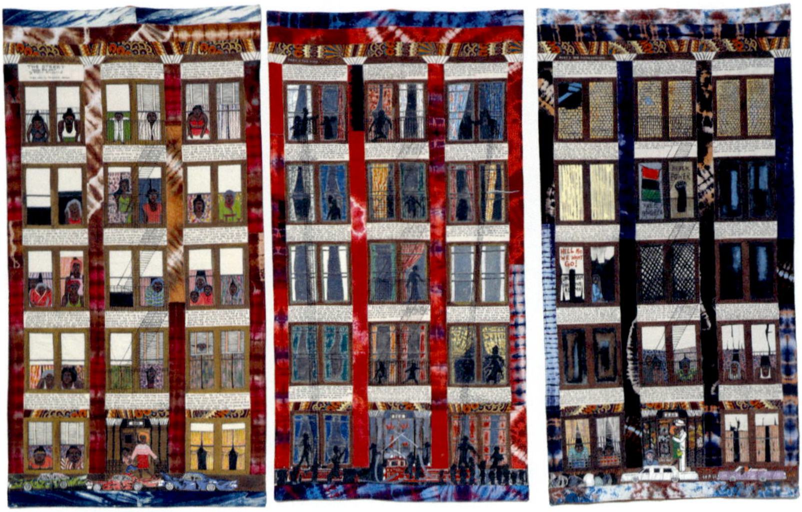

SOZIAL ENGAGIERTE KUNST

Entscheidend für die Frage der Rassentrennung in den USA war die bahnbrechende Entscheidung des Obersten Gerichtshofs von 1954 (Brown vs. Board of Education), die die Rassentrennung in öffentlichen Schulen im ganzen Land verbot und einen wichtigen Schritt im Kampf gegen den Rassismus darstellte. Im Jahr 1964 wurde das Bürgerrechtsgesetz verabschiedet, das die Diskriminierung aufgrund von »Rasse, Hautfarbe, Religion, Geschlecht oder nationaler Herkunft« verbietet.

Künstler begannen, Werke über Fragen der sozialen Gerechtigkeit zu schaffen. Die vielseitige afroamerikanische Künstlerin und Aktivistin Faith Ringgold (geb. 1930 in Harlem) setzt sich in ihrer Kunst mit Rassismus und Feminismus auseinander. Sie erklärte: »Kein anderer kreativer Bereich ist für alle, die nicht weiß und männlich sind, so verschlossen wie die bildenden Künste.« Ringgold ist bekannt für ihre Geschichten-Quilts (oben). Sie sind das Äquivalent von Publikationen, wenn sie an öffentlichen Orten aufgehängt werden. Im Laufe ihrer Karriere hat sie mit einer Vielzahl anderer Medien gearbeitet, darunter Malerei, Skulpturen, Kinderbücher, Masken und Performances.

Andere Künstler mit ähnlichen Interessen sind Betye Saar (geb. 1926), die ihre Geschichten mit Hilfe von Assemblagen erzählt, und Kara Walker (geb. 1969), die markante, aus schwarzem Papier

Faith Ringgold
Street Story Quilt
1985
Baumwollleinwand, Acrylfarbe, Tintenmarker, gefärbte und bedruckte Baumwolle und Pailletten, auf Baumwollflanellunterlage genäht, gesamt 2,29 x 3,66 m
Metropolitan Museum of Art, New York

Die Quilts sind Ringgolds Autobiografie, eine Art Tagebuch. Ihre Geschichten sind eng mit den Ereignissen rund um ihr eigenes Leben als Afroamerikanerin verbunden.

geschnittene Silhouetten schafft. Ihre Installation *A Subtlety* oder *The Marvelous Sugar Baby* von 2014 ist ein 10,70 m hohes, mit Zucker überzogenes Styroporbild einer sphinxartigen afrikanischen Frau.

ENVIRONMENTAL ART

Diese relativ neue Kategorie der Kreativität steht im Zusammenhang mit der wachsenden Sorge um Natur und Umwelt. Im späten 20. und frühen 21. Jahrhundert änderte sich die Einstellung zu den Auswirkungen des Menschen auf die Umwelt, sie spiegelte die Erkenntnis des Klimawandels und der globalen Erwärmung wider.

Während es unter Künstlern seit langem ein Interesse daran gibt, Aspekte der Natur abzubilden, nutzt die Environmental Art im Gegensatz dazu tatsächlich Teile der Natur, um Kunst zu schaffen. Der britische Bildhauer Andy Goldsworthy (*1956) schafft seine Werke, um die Aufmerksamkeit auf die Kräfte der Natur zu lenken, und zwar durch die raffinierte Verwendung natürlicher Materialien, um deren eigentliche Schönheit zu feiern. Mit seinem ausgeprägten ästhetischen Gespür sieht er das Potenzial gewöhnlicher Materialien, die – umgelagert, kombiniert und vervielfältigt – zu Skulpturen werden. Viele der von Goldsworthy verwendeten Materialien, wie z. B. der Baumstamm in *Wood Through Wall*, 1993 (unten), sind vergänglich und dazu bestimmt, irgendwann zu zerfallen und in die Erde

Andy Goldsworthy
Wood Through Wall
(Detail)
1993
Sammlung von Sherry und Joel Mallin, Pound Ridge

Ein Werk wie dieses ist eine ortsspezifische Installation, die nur für diesen Ort geschaffen wurde, ein einzigartiges Unikat, das sich nirgendwo anders exakt wiederholen lässt.

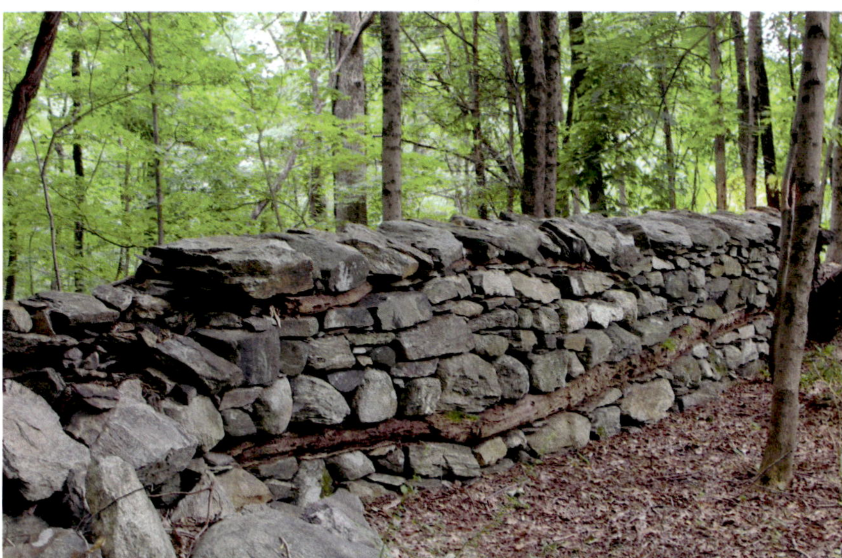

zurückzukehren. Dies gilt auch für seine Arbeiten mit Blättern und Blumen. Andere aus Stein gefertigte Werke sind dauerhafter.

Zu den Künstlern mit verwandten Interessen in der Land Art gehören der Amerikaner Robert Smithson (1938–73), der für seine großformatigen Werke wie Spiral Jetty, 1970, bekannt ist, und der britische Bildhauer Richard Long (geb. 1945), der mit Installationen wie White Water Line, 1990, auf sich aufmerksam machte.

PUBLIC ART (KUNST IM ÖFFENTLICHEN RAUM)

Wo ziehen Sie die Grenze zwischen Graffiti, Street Art und öffentlicher Kunst? Zugegeben, der Begriff »Graffiti-Kunst« mag heute wie ein Widerspruch in sich klingen. Graffiti, die ohne Erlaubnis des Eigentümers der Wand angebracht werden, sind eigentlich Vandalismus und damit eine Straftat.

Street Art wird im Gegensatz zu Graffiti eher von künstlerisch ausgebildeten Personen an Wänden angebracht. Der vielleicht berühmteste Street-Art-Künstler ist heute der anonyme Künstler Banksy, der nur als solcher bekannt ist. Seine Arbeiten an den Wänden sind nicht genehmigt, und seine Identität ist daher ein sorgfältig gehütetes Geheimnis. Obwohl er Brite ist, hat er auf der ganzen

Louise Bourgeois
Maman (Mother)
1999, gegossen 2003
Edelstahl,
Bronze, Marmor
9,27 x 8,91 x 10,24 m
National Gallery of
Canada, Ottawa

Kunst ist für alle da. Vor dem Museum steht, sehr groß und gut sichtbar, eine der sechs Maman-Spinnen, die Bourgeois geschaffen hat. Sie sind heute weltweit zu finden.

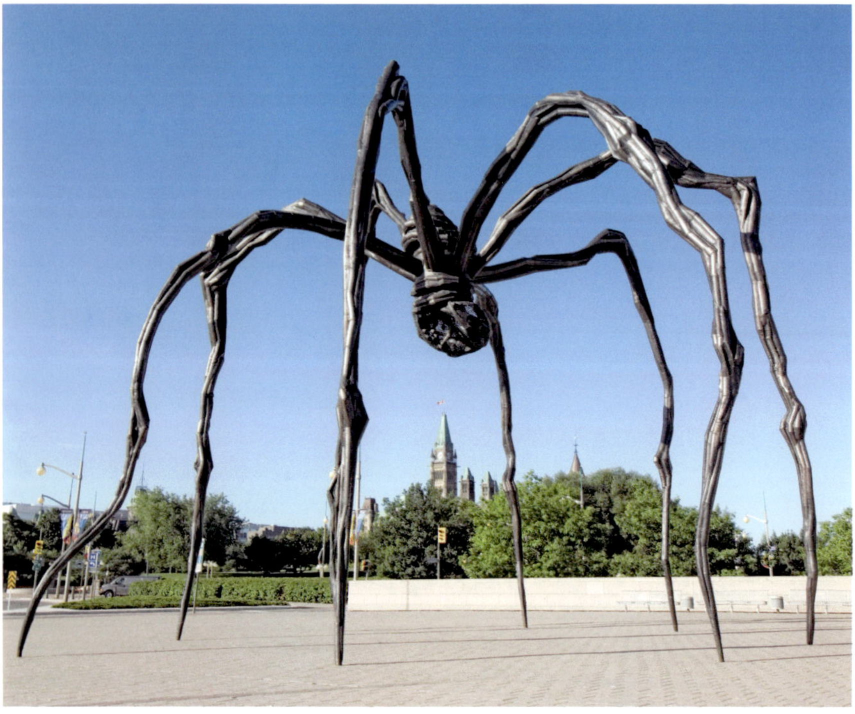

Welt an Wänden gearbeitet. Banksy ist clever und witzig, nimmt sich aber auch ernster Themen an. Er schablonierte ein Bild von Steve Jobs (Mitbegründer von Apple) als *Son of a Syrian Refugee* auf die Wand des Flüchtlingslagers in Calais, Frankreich.

Public Art wird in der Regel im Auftrag geschaffen, ist ortsspezifisch und wird im Hinblick auf ihren späteren Standort konzipiert.

Public Art soll einen Ort verschönern, aufwerten oder interessant machen und kann dauerhaft oder nur vorübergehend sein.

Ein wichtiges Anliegen sind die Haltbarkeit und Pflege der verwendeten Materialien, denn sowohl Mutter Natur als auch die Menschen selbst neigen dazu, Schäden zu verursachen. Ein Beispiel ist die riesige Spinne von Louise Bourgeois, *Maman*, 1999, gegossen 2003 (gegenüber), deren Titel sich aus der Überzeugung der Künstlerin erklärt, dass Spinnen uns beschützen. Diese Arbeit wurde als Hommage an die Mutter der Künstlerin entworfen.

Zu den Künstlern, die Public Art geschaffen haben, gehören der amerikanische Bildhauer Alexander Calder (1898–1976), die in Russland geborene Amerikanerin Louise Nevelson (1899–1988) und das bulgarisch-französische Künstlerduo Christo (1935–2020) und Jeanne-Claude (1935–2009).

FEMINISTISCHE KUNST

Die Bedeutung von Frauen in der Kunstwelt hat in den letzten Jahren deutlich zugenommen. In den 1970er Jahren entfielen nur 10% der Einzelausstellungen lebender Künstler auf die Werke von Frauen. Noch 1982 berichtete die Coalition of Women's Art Organizations, dass nur 2 Prozent der Museumsausstellungen lebender Künstler auf Frauen entfielen. Dem *Smithsonian* Magazine zufolge »machten Kunstwerke von Frauen zwischen 2008 und 2018 11% der Ankäufe und 14% der Ausstellungen in 26 großen [amerikanischen] Museen aus«.

Die Notwendigkeit einer stärkeren Repräsentation von Frauen in der Kunstwelt steht im Mittelpunkt einer Gruppe von Frauen, die als Guerrilla Girls bekannt sind und ihre Identität durch ihre Gorillamasken verbergen (umseitig). Ab 1985 pflasterten sie New York City mit Plakaten, auf denen sie öffentlich die Ungleichheit anprangerten, mit der Frauen in der Kunst dargestellt, ausgestellt und finanziert werden.

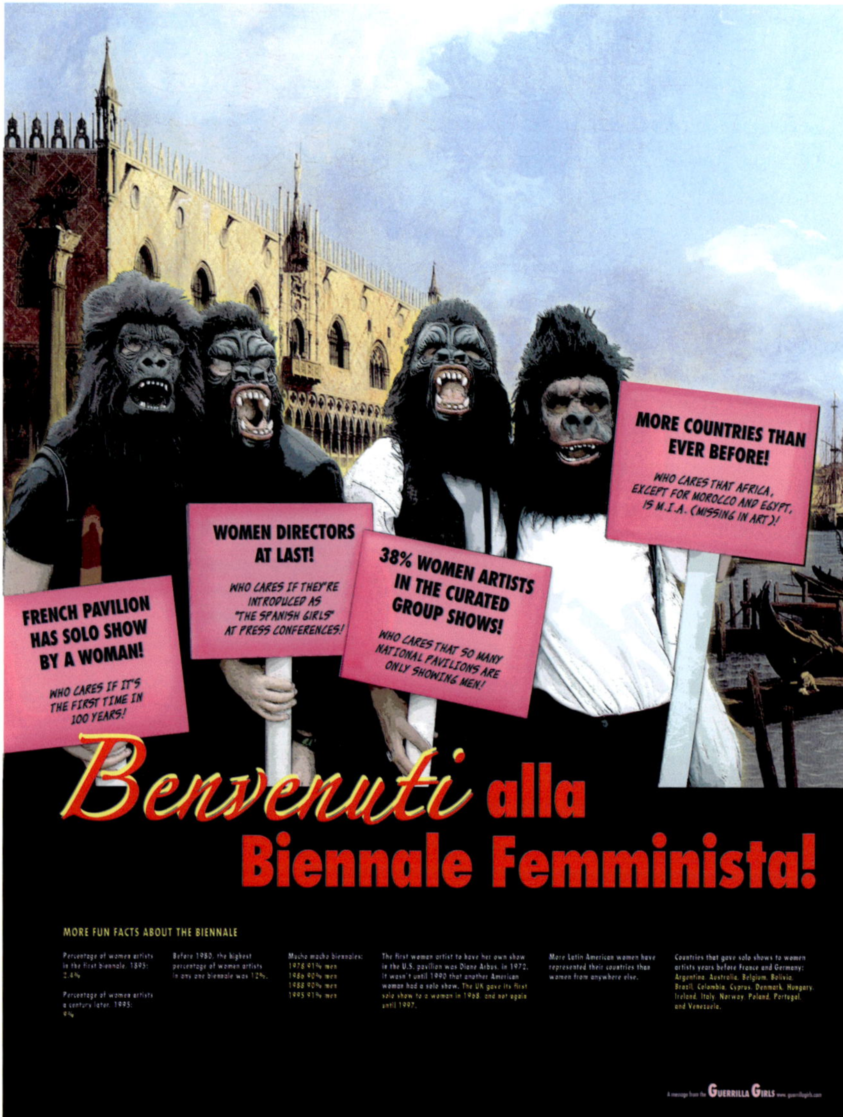
FRENCH PAVILION HAS SOLO SHOW BY A WOMAN!
WHO CARES IF IT'S THE FIRST TIME IN 100 YEARS!
WOMEN DIRECTORS AT LAST!
WHO CARES IF THEY'RE INTRODUCED AS "THE SPANISH GIRLS" AT PRESS CONFERENCES!
38% WOMEN ARTISTS IN THE CURATED GROUP SHOWS!
WHO CARES THAT SO MANY NATIONAL PAVILIONS ARE ONLY SHOWING MEN!
MORE COUNTRIES THAN EVER BEFORE!
WHO CARES THAT AFRICA, EXCEPT FOR MOROCCO AND EGYPT, IS M.I.A. (MISSING IN ART)!
Benvenuti alla Biennale Femminista!
MORE FUN FACTS ABOUT THE BIENNALE
Percentage of women artists in the first biennale, 1895: 2.4%
Percentage of women artists a century later, 1995: 9%
Before 1980, the highest percentage of women artists in any one biennale was 12%.
Mucho macho biennales:
1976 91% men
1986 90% men
1988 90% men
1995 91% men
The first woman artist to have her own show in the U.S. pavilion was Diane Arbus, in 1972. It wasn't until 1990 that another American woman had a solo show. The UK gave its first solo show to a woman in 1968, and not again until 1997.
More Latin American women have represented their countries than women from anywhere else.
Countries that gave solo shows to women artists years before France and Germany: Argentina, Australia, Belgium, Bolivia, Brazil, Colombia, Cyprus, Denmark, Hungary, Ireland, Italy, Norway, Poland, Portugal, and Venezuela.
GUERRILLA GIRLS

Guerrilla Girls
Benvenuti alla biennale femminista! aus der Serie »Guerrilla Girls Most Wanted: 1985–2006«
2005
Lithografie-Poster, 43,7 x 28,5 cm
National Museum of Women in the Arts, Washington, DC

Mit Humor und dokumentierten unwiderlegbaren Fakten und Statistiken haben die Guerrilla Girls die Stellung der Frauen in der Kunstwelt verbessert.

Zu den feministischen Künstlerinnen gehört die in Kanada geborene Miriam Schapiro (1923–2015), die »Femmages« schuf – Collagen aus Stoff. Die Amerikanerin Judy Chicago (geb. 1939) konzipierte in Zusammenarbeit mit vielen anderen Frauen die große Mischtechnik-Skulptur *The Dinner Party* (1974–79). An einem dreieckigen Tisch steht jedes der 39 Gedecke für eine bestimmte Frau. Die Anordnung für 13 Personen auf jeder Seite erinnert an Darstellungen des letzten Abendmahls von Jesus. Die *Dinner Party* ist ein Denkmal für die Leistungen von Frauen im Laufe der Jahrhunderte. Es wurde 2002 dauerhaft im Brooklyn Museum of Art in New York installiert und ist ein Beispiel für Installationskunst, die dreidimensional ist und den Betrachter auffordert, sich um das Werk herum oder durch es hindurch zu bewegen.

DIGITALE KUNST

Neu im Repertoire der Künstler ist die digitale Kunst, auch Computerkunst genannt, bei der die Technologie zur Schaffung oder Darstellung eines Kunstwerks eingesetzt wird. Zu den digitalen Künstlern gehören die in Kanada geborene Universitätsprofessorin und Autorin Margot Lovejoy (1930–2019) und der australische Schöpfer von experimentellen computergenerierten Bildern David McLeod (geb. 1960). Auch die Videokunst stützt sich auf die Technologie und kombiniert verschiedene bewegte Bilder mit Musik, wie die Arbeiten des amerikanischen Multimedia-Künstlers Bruce Nauman (geb. 1941) und der Schweizer Experimentalvideokünstlerin Pipilotti Rist (geb. 1962) zeigen.

AKTUELLE ARCHITEKTUR

Die Architekten des späten 20. und frühen 21. Jahrhunderts suchten aktiv nach Innovationen im Design, um den sich verändernden Bedürfnissen gerecht zu werden, und nutzten neue Materialien und computergestützte Konstruktionsmethoden, um scheinbar unmögliche Strukturen zu schaffen.

Eines der bemerkenswertesten Beispiele für die Internationalisierung im Leben und im Werk einer Architektin ist Zaha Hadid (1950–2016). Sie wurde im Irak in eine wohlhabende, politisch liberale Familie hineingeboren, ihre Mutter war Künstlerin. Sie wurde in verschiedenen Ländern ausgebildet, unter anderem in England, und nahm die britische Staatsbürgerschaft an. Ihr in London ansässiges Büro, Zaha Hadid Architects, hat Projekte in vierundvierzig Ländern realisiert. Sie ist bekannt für futuristische Architektur mit extrem komplexen, unerwarteten, ungewöhnlichen und asymmetrischen

Formen wie dem Pabellón Puente (Brückenpavillon) in Saragossa (unten).

Als im späten 18. Jahrhundert die ersten öffentlichen Museen entstanden, wurden bereits bestehende Gebäude wie Paläste (die Eremitage in St. Petersburg oder der Louvre in Paris) oder große Wohnhäuser geöffnet, um der Öffentlichkeit Zugang zu zuvor privaten Sammlungen zu gewähren. Das eigens zu diesem Zweck errichtete Museum könnte jedoch völlig einzigartig sein. Zu den bemerkenswerten Beispielen aus jüngster Zeit gehört der pyramidenförmige Eingang des Musée du Louvre in Paris, der 1988–89 von dem chinesischen Architekten I. M. Pei entworfen wurde. Für das Milwaukee Art Museum entwarf der spanische Architekt und Ingenieur Santiago Calatrava 1994 außerordentlich große, bewegliche Flügel, die 2001 fertiggestellt wurden. Ganz anders sieht das Whitney Museum of American Art in New York aus, das 2007–15 von dem italienischen Architekten Renzo Piano entworfen wurde und übereinandergestapelte geometrische Formen aufweist.

Der in Kanada geborene amerikanische Architekt Frank Gehry (geb. 1929 als Frank Owen Goldberg) wird aufgrund seines Bekanntheitsgrades als »Starchitekt« bezeichnet. Sein Guggenheim-Museum in Bilbao, Spanien, das 1992/1993–97 erbaut wurde, zeichnet sich durch glänzende Titanwände aus, die sanft gebogen zu sein scheinen, als wären sie flexibel, fast flüssig. Der Besucher mag sich fragen, ob es sich hier um Skulptur als Architektur oder um Architektur als Skulptur handelt. Die Grenzen zwischen zwei traditionell unterschiedlichen Disziplinen sind fließend geworden. Befindet sich die Kunst nur innerhalb des Museums oder ist sie das Museum selbst?

Zaha Hadid
Pabellón Puente (Brückenpavillon), Saragossa
2005–08
Betonverstärkte Glasfaser, Gesamtlänge 280 m

Diese geschlossene, mehrstöckige Fußgängerbrücke über den Fluss Ebro wurde als Ausstellungsfläche und Tor zur Expo 2008 in Saragossa gebaut. Bei den Entwürfen der Königin der Kurven, wie Hadid genannt wird, ist die Architektur wellenförmig.

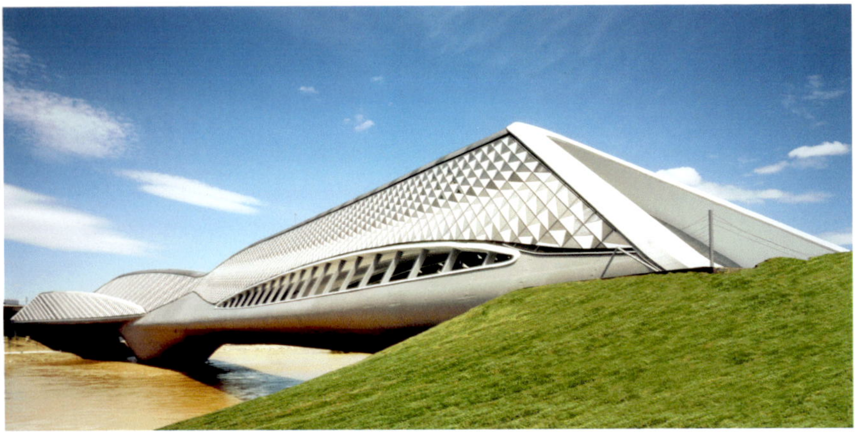

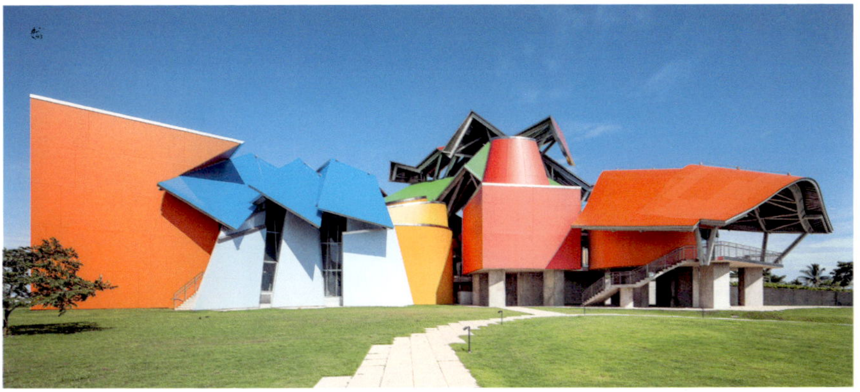

Frank Gehry
Biomuseo,
Panama-Stadt, Panama
Teileröffnung 2014,
Fertigstellung 2019

Im Inneren des Gebäudes, das als Museum für biologische Vielfalt fungiert, bilden die Deckenstützen Baumstämme mit ausladenden Ästen nach.

Gehrys Biomuseo in Panama-Stadt (gegenüber), das 2019 fertiggestellt wurde, ist ein naturhistorisches Museum der Artenvielfalt mit Exponaten zur drei Millionen Jahre alten Geschichte Panamas. Im Gegensatz zu Gehrys üblicher Vorliebe für nahezu monochromatische Gebäude beziehen sich die für das Biomuseo gewählten lebhaften Farben auf die farbenfrohen Pflanzen Panamas. Typisch für Gehry sind jedoch die ungewöhnlichen Formen, die an Origami erinnern.

WICHTIGE IDEEN

- Die Romantik: Emotionale Kunst reagiert auf politische Umwälzungen.
- Realismus: Maler stellen alltägliche Themen in einer nicht-idealisierten Weise dar.
- Impressionismus: Die Künstler bilden ihre unmittelbare Umgebung ab mit Schwerpunkt auf Licht und Farbe.
- Postimpressionismus: Die Künstler versuchen, eine persönlichere Interpretation der Themen zum Ausdruck zu bringen.
- 20. und frühes 21. Jahrhundert: Eine Vielzahl von sich schnell verändernden und gleichzeitigen Stilen spiegelt die Komplexität der politischen Macht und die Reaktion auf die Zerstörungen der Kriege wider.

GLOSSAR

Amphore: antike griechische Vase mit zwei Henkeln.

Atmosphärische Perspektive (aus der Luft): Maltechnik, die eine Illusion von Tiefe erzeugen soll, indem das natürliche Phänomen aufgezeichnet wird, dass die Atmosphäre die wahrgenommene Klarheit der Formen und Farben in der Ferne verringert.

Atrium: siehe **Christliche Kirche, Teile**.

Chiaroscuro: Italienisch für »hell und dunkel«, Maltechnik, die Licht und Schatten betont.

Christliche Kirche, Teile: Das Atrium ist ein offener Vorhof; der Narthex ist ein Eingangsbereich; das Kirchenschiff ist ein großer rechteckiger Raum, der von Seitenschiffen flankiert wird; das Querschiff ist der Bereich, der im rechten Winkel zum Kirchenschiff liegt; die halbkreisförmige Apsis schließt das Bauwerk ab.

Dorisch: antike griechische Architekturordnung, die durch den blockförmigen Abakus und den kissenförmigen Echinus auf den Säulenkapitellen gekennzeichnet ist.

Entasis: die Ausbuchtung in der Mitte einer Säule.

Entlastungsdreieck: der dreieckige Raum oberhalb des Türsturzes, der den Druck auf den Sturz verringern soll.

Fächergewölbe: ein Gewölbetyp, bei dem die Strahlenrippen einem offenen Fächer ähneln.

Gebrochene Farbe: Impressionistische Maltechnik, bei der jede Farbe aus kleinen Farbtupfern ihrer Bestandteile besteht.

Goldener Schnitt: ideales Seitenverhältnis, bei dem sich die kürzere zur längeren Seite verhält wie die längere zum Ganzen.

Graffiti, Street Art und **Public Art:** Graffiti bezieht sich auf Wörter und Bilder, die ohne Genehmigung an Wänden im öffentlichen Raum angebracht werden; Street Art ist ähnlich, wird aber eher von ausgebildeten Künstlern geschaffen; Public Art wird in Auftrag gegeben und öffentlich ausgestellt.

Guerrilla Girls: eine Gruppe von Frauen, deren Identität durch Gorillamasken verborgen ist und die sich für eine gleichberechtigte Vertretung von Frauen in der Kunstwelt einsetzen.

Hängegewölbe: eine extreme Form des **Fächergewölbes** mit hängenden Mittelsteinen.

Ikone: ein religiöses Bild, das den Gläubigen beim Gebet helfen soll, aber nicht selbst verehrt werden darf.

Ikonodulen: diejenigen, die den Gebrauch von künstlerischen Bildern im Gottesdienst befürworteten.

Ikonoklasten: diejenigen, die gegen die Verwendung von Bildern im Gottesdienst waren.

Illuminationen: detaillierte Illustrationen in mittelalterlichen Handschriften.

Impasto: dicker Farbauftrag auf einer Fläche.

Ionisch: antike griechische Architekturordnung, die durch die volutenförmigen Säulenkapitelle gekennzeichnet ist.

Kassette: viereckige Einbuchtungen an der Unterseite eines Bogens oder einer Kuppel.

Keilstein: keilförmige Steine, die einen Bogen bilden.

Kirchenschiff: siehe **Christliche Kirche, Teile**.

Kontrapost: eine Pose, bei der das Gewicht auf einem Bein liegt, wobei die Hüfte und die gegenüberliegende Schulter angehoben werden und die Wirbelsäule eine S-Kurve bildet.

Kore: weibliche Gewandstatue in der griechischen antiken Bildhauerei

Korinthisch: antike griechische Architekturordnung, die durch geschwungene Akanthusblätter an den Säulenkapitellen gekennzeichnet ist.

Kouros: großes antikes Standbild eines nackten Mannes.

Kreuzgewölbe: zwei Tonnengewölbe, die einander im rechten Winkel kreuzen.

Mandorla: ein spitzes Lichtoval, das häufig Jesus auf romanischen Tympana umgibt.

Megalith: riesiger Stein.

Menhir: aufrecht auf dem Boden stehender **Megalith**.

Mumifizierung: ägyptische Methode, den Körper des Verstorbenen für die Bestattung zu konservieren.

Narthex: siehe **Christliche Kirche, Teile**.

Oberlicht: das oberste Geschoss mit Fenstern.

Ochsenauge: in der Architektur rundes Fenster oder Öffnung.

Pendentif: Mauerwerk in Form von gekrümmten dreieckigen Abschnitten einer kugelförmigen Oberfläche, die einen Übergang zwischen einer quadratischen Basis und einer runden Kuppel bildet.

Peristyl: eine Kolonnade, die ein Gebäude umgibt.

Pfosten und Stürze: eine Bauweise, bei der vertikale Pfosten horizontale Stürze tragen.

Pietà: bedeutet »Mitleid«, ein Bild von Maria, die um ihren toten Sohn Jesus in ihrem Schoß trauert.

Pilgerreisen: lange Reisen, die unternommen werden, um religiöse Stätten aufzusuchen und Reliquien zu verehren.

Polyptychon: Kunstwerk aus mehreren Tafeln, zum Beispiel für einen Altar.

Poussinisten: diejenigen, die einen geradlinigen und ruhigen Stil bevorzugen, wie er in den Gemälden von Nicolas Poussin zum Ausdruck kommt, im Gegensatz zu den **Rubénisten**, die die Farben und Emotionen der Gemälde von Peter Paul Rubens bevorzugen.

Public Art: siehe **Graffiti, Street Art und Public Art**

Querschiff: siehe **Christliche Kirche, Teile**.

Readymades: Kunst, die aus bestehenden Objekten hergestellt wird, die verändert und in einem Kontext wiederverwendet werden, für den sie nicht bestimmt waren.

Registersystem: ägyptisches System zur Anordnung von Themen in Gemälden und Reliefs in horizontalen Bändern, z. B. auf einer Grabmalwand.

Reliefskulptur: Skulptur, bei der die Figuren mit dem Hintergrund verbunden sind.

Reliquien: physische Erinnerungsstücke wichtiger religiöser Persönlichkeiten, von denen man glaubte, dass sie Wunder bewirkten.

Rosenfenster (Rad): rundes Fenster.

Rotfigurige Malerei: altgriechische Technik, bei der die Zwischenräume zwischen den Figuren schwarz und die Details mit einem kleinen Pinsel gemalt werden.

Rubénisten: siehe **Poussinisten**.

Säulenordnung: der Stil eines Gebäudes, der durch die Art der Säulen bestimmt wird. Siehe **dorisch, ionisch, korinthisch.**

Schwarzfigurige Malerei: altgriechische Technik, bei der die Figuren schwarz gemalt und die Details eingeritzt werden.

Scriptorium: Lateinisch für »Ort des Schreibens«, Raum in einem Kloster, in dem Manuskripte geschrieben und illuminiert wurden.

Sfumato: aus dem Italienischen für »Rauch«, eine Maltechnik, bei der die Konturen weichgezeichnet werden.

Stele: senkrecht in die Erde eingelassene Steinplatte.

Street Art: siehe **Graffiti, Street Art und Public Art**.

Symbolismus: siehe **Synthetismus.**

Synthetismus: von Paul Gauguin benannter Malstil, der sich durch scharf umrandete Flächen mit flachen, lebhaften Farben auszeichnet. Da dieser Stil verwendet wurde, um abstrakte Ideen in visuelle Formen zu übertragen, wird er auch als **Symbolismus** bezeichnet.

Tenebrismus: aus dem Italienischen für »dunkel«, Maltechnik, bei der helles Licht die Aufmerksamkeit auf die wichtigsten Teile einer Szene lenkt, während dunkle Schatten alles andere verdecken.

Tessera: kleine Würfel aus farbigem Material, die in nassen Gips gedrückt werden, um ein Mosaik zu schaffen. Der Begriff leitet sich vom griechischen Wort für »vier« ab, da die vier Ecken der Würfel sichtbar sind, obwohl Mosaiksteine auch andere Formen haben können.

Tiermuster: Muster, die aus nicht identifizierbaren, oft schlangenartigen Tieren bestehen, deren Körper langgestreckt und verschlungen sind.

Tonnengewölbe: einfaches Gewölbe aus mehreren Rundbögen.

Triforium (Galerie): das Geschoss zwischen der Arkade des Kirchenschiffs und dem Obergeschoss

Tunnelgewölbe: siehe **Tonnengewölbe**.

Tympanon: halbrunder Bereich über einem Durchgang.

Wandelgang: umlaufender Gang in einer Kirche oder Kathedrale.

Winkelkontraktion: in der Architektur, insbesondere bei griechischen Tempeln, die Anordnung der Säulen an den Ecken eines Gebäudes, die näher beieinander stehen als die anderen Säulen an den vier Seiten.

LITERATUREMPFEHLUNGEN

Benton, Janetta Rebold, *Kunst betrachten* (Midas Verlag Zürich, Art Essentials, 2021)

Benton, Janetta Rebold und Robert DiYanni, *Arts and Culture: An Introduction to the Humanities* (Pearson/Prentice Hall, Upper Saddle River, NJ, 2012)

Benton, Janetta Rebold und Robert DiYanni, *Handbook for the Humanities* (Pearson, Upper Saddle River, NJ, 2014)

Bird, Michael, *100 Ideas that Changed Art* (Lawrence King Publishing, London, 2019)

Cheshire, Lee, *Wendepunkte in der Kunst* (Midas Verlag, Zürich, Art Essentials, 2018)

Farthing, Stephen (Hrsg.), *Art: Kunst, die ganze Geschichte* (DuMont, 2011)

Gormley, Antony und Martin Gayford, *Sculpture: Shaping the World from Prehistory to Now* (Thames & Hudson, London and New York, 2020)

Hall, Marcia B., *The Power of Color: Five Centuries of European Painting* (Yale University Press, New Haven, CT, 2019)

Hockney, David und Martin Gayford, *Welt der Bilder: Von der Höhlenmalerei bis zum Screen* (Sieveking, 2016)

Hodge, Susie, *The Short Story of Art* (Lawrence King Publishing, London, 2017)

Kemp, Martin, *Art History 600 BC–2000 AD* (Profile Books, London, Ideas in Profile series, 2014)

King, Ross, Vorwort, *Art: The Definitive Visual Guide* (DK, New York, NY, 2018)

Koeppe, Wolfram (Hrsg.), *Making Marvels: Science and Splendor at the Courts of Europe* (The Metropolitan Museum of Art, New York, NY, ex. cat., 2019)

Reilly, Maura (Hrsg.), *Women Artists: The Linda Nochlin Reader* (Thames & Hudson, London and New York, 2015)

Wilson, Matthew, *Symbole in der Kunst* (Midas Verlag Zürich, Art Essentials, 2020)

Zaczek, Iain (Hrsg.), *Die Geschichte der Kunst: Eine Chronologie der westlichen Kunst von der Steinzeit bis heute* (Librero, 2019)

INDEX

Illustrationen sind *kursiv.*

BILDNACHWEISE

l links r rechts

2 Wadsworth Atheneum Museum of Art, Hartford, CT. © Salvador Dalí, Fundació Gala-Salvador Dalí, DACS 2022; **4** Centre Guillaume le Conquérant, Bayeux, France; **8** Egyptian Museum, Cairo; **10** Urgeschichtliches Museum, Blaubeuren, University von Tübingen, Deutschland. Foto: Hilde Jensen; **11** Heritage Images/Fine Art Images/akg-images; **12** Matt Cardy/Stringer/Getty Images; **14, 15** Musée du Louvre, Paris; **16** British Museum, London. The Trustees of the British Museum; **17** Ägyptisches Museum, Kairo; **18** Nikolay Vinokurov/Alamy Stock Photo; **19** Museum of Fine Art, Boston. Harvard University—Boston Museum of Fine Arts Expedition; **20** Metropolitan Museum of Art, New York. Rogers Fund, 1915; **21** Neues Museum, Berlin. Adam Eastland/Alamy Stock Photo; **22** Allard Pierson, University of Amsterdam, APM15770; **24** Metropolitan Museum of Art, New York. Fletcher Fund, 1934; **26** Foto: Janetta Rebold Benton; **27** Bildarchiv Monheim GmbH/Alamy Stock Photo; **28, 29** Staatliche Antikensammlungen und Glyptothek, München; **31** Museo Archeologico Nazionale, Neapel. Adam Eastland/Alamy Stock Photo; **32** Galleria degli Uffizi, Florenz. Foto: Scala, Florenz; **33** akg-images/Nimatallah; **34** imageBROKER/ Peter Seyfferth/Getty Images; **37** Ministero della Cultura, Parco Archeologico del Colosseom, Rom; **38** Staatliche Antikensammlungen und Glyptothek, München; **39** Erin Babnik/Alamy Stock Photo; **40** Ronald Paras/EyeEm/Getty Images; **42** Angelo Hornak/Alamy Stock Photo; **44** San Vitale, Ravenna; **46** Photo Scala, Florenz; **47** akg-images; **49** San Vitale, Ravenna; **50** Stefania Barbier/Alamy Stock Photo; **53** Saint Catherine's Monastery, Mount Sinai, Ägypten; **54** Trinity College Library, Dublin, MS. A. I; **57** Kölner Dom. Foto: Winfrid Kralisch; **58** Ed Buziak/Alamy Stock Photo; **59** Manuel Cohen/Scala, Florenz; **60** Marshall Ikonography/Alamy Stock Photo; **61** Hervé Champollion/akg-images; **62** Centre Guillaume le Conquérant, Bayeux, Frankreich; **63** Album/Oronoz/Album Archivo/SuperStock; **64** Rauner Library, Dartmouth College, Hanover, NH, Ms. Codex 003103; **66** Mistervlad/Shutterstock; **67** akg-images/Bildarchiv Monheim; **69** Sainte-Chapelle, Paris; **70** Godong/Alamy Stock Photo; **71** Rheinisches Landesmuseum, Bonn; **73** John Michaels/Alamy Stock Photo; **74** Scrovegni Chapel, Padua; **76** Musée du Louvre, Paris; **78** Marc Scott-Parkin/Shutterstock; **81** Galleria degli Uffizi, Florenz; **82** Musée du Louvre, Paris; **83** Musée du Louvre, Paris; **85** Apostolischer Palast; Vatikanstadt; **86** akgimages/Andrea Jemolo; **87** Metropolitan Museum of Art, New York. Schenkung von Harry G. Friedman, 1960; **88** agefotostock/Alamy Stock Photo; **90** Gallerie Nazionale d'arte antica, Palazzo Barebini Rom. Gallerie Nazionali di Arte Antica, Rom (MIBACT) - Bibliotheca Hertziana, Istituto Max Planck per la storia dell'arte/ Enrico Fontolan; **92** Kunsthistorisches Museum, Wien; **93** DEA/G. DAGLI ORTI/Getty Images; **94** Bailey-Cooper Photography/Alamy Stock Photo; **96** irisphoto1/Shutterstock; **97** Pinacoteca Vaticana, Vatikanstadt; **98** Detroit Institute of Art, Detroit. Schenkung von Mr. Leslie H. Green; **99** Sant' Ignazio Rom. akg-images/Andrea Jemolo; **100** Musée du Louvre, Paris. Foto:o Josse/Bridgeman Images; **102** Mauritshuis, Den Haag; **103** Nationalgalerie, Prag, 0 2870. Foto: Nationalgalerie Prag 2021; **105** Eremitage, St. Petersburg. Foto: Scala, Florenz; **106** Foto: Myrabella/Wikimedia Commons; **107** Foto: Samuel Lloyd; **108** National Gallery of Art, Washington D.C. Chester Dale Collection; **110** Museum of the History of France, Versailles; **112** National Gallery, London; **113** The Art Institute Chicago. Schenkung von Thomas F. Furness in Erinnerung an William McCallin McKee; **114** National Gallery, London; **115** Musée du Louvre, Paris; **116** State Capitol, Richmond, Virginia; **117** © Anthony Shaw/Dreamstime; **118** National Gallery, London; **120** Museo del Prado, Madrid; **122** Musée du Louvre, Paris; **123** National Gallery, London; **124** Musée d'Orsay, Paris; **126** National Gallery of Art, Washington. Patrons' permanent fund; **127** Musée Marmottan Monet, Paris; **128** Musée d'Orsay, Paris; **130** Los Angeles County Museum of Art. Mrs. Fred Hathaway Bixby Bequest (M.62.8.14); **131** Philadelphia Museum of Art. Bequest of Jules E. Mastbaum, 1929; **132** Courtauld Gallery, London; **134** Puschkin-Museum, Moskau; **135** Privatsammlung; **136** Barnes Foundation, Philadelphia. © Succession H. Matisse/DACS 2022; **138** Guggenheim Museum, New York; **139** Museum of Modern Art, New York. © Succession Picasso/DACS, London 2022; **141** Guggenheim Museum, New York. Fine Art Images/VG-Bild-Kunst Bonn/Diomedia. © ADAGP, Paris and DACS, London 2022; **142** Cleveland Museum of Art. Delia E. Holden Fund 2011.198. © Man Ray 2015 Trust/DACS, London 2022; **143** Vladimir Tatlin, Monument an die Dritte Internationale, 1920. Holz und Metall, Höhe 4,2m, **145** Guggenheim Museum, New York. The Solomon R. Guggenheim Foundation/Art Resource, NY/Scala, Florenz. © ADAGP, Paris and DACS, London 2022; **146** Wadsworth Atheneum Museum of Art, Hartford, CT. © Salvador Dalí, Fundació Gala-Salvador Dalí, DACS 2022; **148** New York World's Fair 1939–1940 records, Manuscripts and Archives Division, The New York Public Library, Astor, Lenox and Tilden Foundations; **149** Phillips Collection, Washington D.C. © The Jacob and Gwendolyn Knight Lawrence Foundation, Seattle/Artists Rights Society (ARS), New York and DACS, London 2022; **150** Bildarchiv Monheim GmbH/Alamy Stock Photo; **151** Image Professionals GmbH/Alamy Stock Photo; **152** Milwaukee Art Museum. Gift of Mrs. Harry Lynde Bradley M1977.133 Photo John R. Glembin. © Georgia O'Keeffe Museum/DACS 2022; **154** National Gallery of Australia, Canberra. © The Pollock-Krasner Foundation ARS, NY and DACS, London 2022; **157** Museum of Modern Art, New York. Museumsankauf und Schenkung von The Andy Warhol Foundation for the Visual Arts, Inc. Photo Bridgeman Images. © 2022 The Andy Warhol Foundation for the Visual Arts, Inc./Licensed by DACS, London; **159** Albright-Knox Art Gallery, Buffalo, New York. Albright Knox Art Gallery/Art Resource, NY/Scala, Florenz. © ADAGP, Paris and DACS, London 2022; **160** Metropolitan Museum of Art, New York. The Metropolitan Museum of Art/Art Resource/Scala, Florenz. © Faith Ringgold/ARS, NY and DACS, London, Courtesy ACA Galleries, New York 2022; **161** Collection of Sherry and Joel Mallin, Pound Ridge, NY. Courtesy Galerie Lelong & Co.; **162** National Gallery of Canada, Ottawa. Ulana Switucha/Alamy Stock Photo. © The Easton Foundation/VAGA at ARS, NY and DACS, London 2022; **164** National Museum of Women in the Arts, Washington DC. Mit frdl. Gen. www.guerillagirls.com; **166** Foto Fernando Alda; **167** View Pictures/SuperStock

ART ESSENTIALS

www.artessentials.de
www.midascollection.com

IMPRESSUM

ISBN 978-3-03876-236-2

Herausgeber: Gregory C. Zäch
Übersetzung: Claudia Koch
Korrektorat: Kathrin Lichtenberg
Layout: Ulrich Borstelmann

Midas Verlag AG
Dunantstrasse 3
CH 8044 Zürich

www.midas.ch

Englische Originalausgabe:
The History of Western Art © 2022
Thames & Hudson Ltd, London
Text © Janetta Rebold Benton
Design by April

Die deutsche Nationalbibliothek verzeichnet diese Publikation in der Deutschen Nationalbibliografie; detaillierte bibliografische Daten sind im Internet abrufbar unter: http://www.dnb.de

QUELLENANGABEN

1. Umschlagseite: Eugène Delacroix, *Der 28. Juli; Die Freiheit führt das Volk* 1830 (Detail von Seite 122). Musée du Louvre, Paris

Titelseite: Salvador Dalí, *Erscheinung von Gesicht und Obstschale am Strand*, 1938 (Detail von Seite 146). Wadsworth Atheneum Museum of Art, Hartford, Connecticut. © Salvador Dalí, Fundació Gala-Salvador Dalí, DACS 2022

Seite 4: *Harald fällt in der Schlacht, Teppich von Bayeux*, spätes 11. Jahrhundert (Detail von Seite 62). Centre Guillaume le Conquérant, Bayeux, Frankreich

Kapitelanfangsseiten: Seite 8 *Narmer-Palette*, ca. 3100 v. Chr. (Detail von Seite 17). Ägyptisches Museum, Kairo; **Seite 45** *Justinian und Gefolge*, San Vitale, Ravenna ca. 547 (Detail von Seite 49). San Vitale, Ravenna; **Seite 76** Leonardo da Vinci, *Anna selbdritt* ca. 1503 (Detail von Seite 83). Musée du Louvre, Paris; **Seite 118** J. M. W. Turner, *Regen, Dampf und Geschwindigkeit – The Great Western Railway*. ausgestellt 1844, evtl. früher gemalt (Detail von Seite 123). National Gallery, London